☐ 湖北省社科后期资助项目"英美研究型大学跨学科研究生培养体系研究"
（2021049）
中国地质大学（武汉）研究生教育教学改革研究项目"世界一流大学交叉学科研究生培养机制及对我校的启示"（YJG2021101）、"双一流背景下研究生学位论文质量保障体系构建与实践"(YJG2021110)

研究成果

☐ 中国地质大学（武汉）教育学学科培育计划、湖北省高校人文社科重点研究基地——大学生发展与创新教育研究中心科研开放基金（DXS2022001）

资助出版

中外高等教育比较研究丛书

A STUDY ON THE TRAINING SYSTEM OF INTERDISCIPLINARY GRADUATE STUDENTS IN BRITISH AND AMERICAN RESEARCH UNIVERSITIES

英美研究型大学跨学科研究生培养体系研究

陈翠荣　胡成玉　杜美玲　李冰倩 ◎ 著

华中科技大学出版社
http://press.hust.edu.cn
中国·武汉

图书在版编目（CIP）数据

英美研究型大学跨学科研究生培养体系研究/陈翠荣等著．—武汉：华中科技大学出版社，2023.10
（中外高等教育比较研究丛书）
ISBN 978-7-5680-9253-1

Ⅰ.①英… Ⅱ.①陈… Ⅲ.①研究生教育-研究-英国 ②研究生教育-研究-美国
Ⅳ.①G649.561 ②G649.712

中国国家版本馆CIP数据核字（2023）第045108号

英美研究型大学跨学科研究生培养体系研究
Yingmei Yanjiuxing Daxue Kuaxueke Yanjiusheng Peiyang Tixi Yanjiu

陈翠荣　胡成玉
杜美玲　李冰倩　著

策划编辑：周晓方　张馨芳
责任编辑：余晓亮
封面设计：廖亚萍
责任校对：张汇娟
责任监印：周治超

出版发行：华中科技大学出版社（中国·武汉）　　电话：(027) 81321913
　　　　　武汉市东湖新技术开发区华工科技园　　邮编：430223
录　　排：华中科技大学出版社美编室
印　　刷：湖北金港彩印有限公司
开　　本：710mm×1000mm　1/16
印　　张：19　　插页：2
字　　数：321千字
版　　次：2023年10月第1版第1次印刷
定　　价：98.00元

本书若有印装质量问题，请向出版社营销中心调换
全国免费服务热线：400-6679-118　竭诚为您服务
版权所有　侵权必究

前 言

当今世界，跨学科教育（Interdisciplinary Education）已经从边缘向主流发展，跨学科教育的时代已经到来。在我国，伴随着《统筹推进世界一流大学和一流学科建设总体方案》的颁布，"双一流"建设成为当下高等教育改革发展的主旋律，其核心在于培养"一流的人才"，而培养一流人才的根本举措在于优化高校的人才培养体系。传统意义上"以学科/专业为中心"的大学教育存在着诸多的弊端，多学科的知识结构是创新型人才素质的核心要素和显著特征。2020年5月，教育部发布《未来技术学院建设指南（试行）》，强调在面向未来经济社会发展的基础性、关键性领域，凝练独具优势、基于专业交叉的未来技术特色。2020年7月29日，首届全国研究生教育会议召开，我国决定新增交叉学科作为新的学科门类。同年12月30日，《国务院学位委员会 教育部关于设置"交叉学科"门类、"集成电路科学与工程"和"国家安全学"一级学科的通知》正式发布，探索科学的跨学科人才培养体系是我国高等教育面临的重要研究课题。而学位授予单位自设的二级学科和交叉学科也越来越多，这表明跨学科培养拔尖创新人才已成为未来高等教育发展的一大趋势。

"双一流"建设高校作为我国高等教育发展的领头雁，理应肩负起为社会培养高层次复合型领军型人才的重任，加快跨学科研究生培养改革的步伐是其必由之路。放眼世界，英美两国的主要研究型大学最早开始了跨学科教育的实践探索与理论研究，如今其跨学科研究生培养已成常态化，培养体系也较为健全。探寻如何通过借鉴英美研究型大学跨学科研究生培养的经验，在"双一流"建设大格局中建设一流的研究生教育，无疑是摆在我们面前的一个亟待研究解决的时代命题。基于此，本研究选取"英美研究型大学跨学科研究生培养体系研究"这一主题，以期为我国"双一流"建设高校探索跨学科研究生培养改革提供借鉴。

全书的主要内容包含四个组成部分。

第一部分为绪论，即第1章。主要介绍了研究背景、研究意义、文献综述和研究方法，其意义在于为后续研究奠定基础。

第二部分为相关概念界定及理论基础分析，即第2章。本部分界定了研究型大学、跨学科、跨学科研究生、跨学科研究生培养体系等核心概念，系统阐述了知识生产模式变革理论、系统理论和自由教育理论三个研究的理论基础及其适用性，以此指导研究的深入开展。

第三部分为研究的主体部分，针对英美研究型大学跨学科培养体系的构成设计了五章。包括第3章"英美研究型大学跨学科研究生的培养目的"，从社会发展需求、学科交叉融合推动和自由教育传统引导三个方面分析其动因，探讨了英美研究型大学开展跨学科研究生培养的三大目标追求，即培养能够解决社会复杂难题、推动社会发展的创新型复合型领军型人才，促进不同学科直接交叉融合，并对贯彻落实培养目的的培养方案进行了探讨。第4章"英美研究型大学跨学科研究生的培养内容"，探究了培养内容的主要构成，即灵活的跨学科课程设置、多样化的跨学科研究、系统的跨学科实践、广泛的跨学科学术交流；探讨了培养内容的组织方式，包括个体式、整合式和组合式三种；分析得出培养内容具有多学科知识融合、以问题为中心、"寓研于教"、注重可迁移技能、与社会前沿接轨等特点。第5章"英美研究型大学跨学科研究生的培养方式"，从招生选拔机制、教育形式、评价考核机制三个方面进行了探讨。第6章"英美研究型大学跨学科研究生培养的保障机制"，从制度保障、师资保障、平台保障和资金保障四个方面分析了英美研究型大学为跨学科研究生培养提供的相关支持。第7章"英美研究型大学跨学科研究生培养的典型案例"，选取牛津大学、密歇根大学、麻省理工学院、斯坦福大学、加州理工学院、普林斯顿大学、加州大学伯克利分校等几所代表性高校，深入分析其跨学科人才培养的理念基础、背景动因、实现途径等，并对其进行了反思。

第四部分为启示部分,即第 8 章"对我国'双一流'建设高校完善跨学科研究生培养体系的启示"。研究认为:明确的培养定位是跨学科研究生培养的先决条件,开放综合的培养内容是跨学科研究生培养的关键,多元化的培养方式是提升跨学科研究生综合素养的有效途径,健全的保障机制是跨学科研究生培养的发展支柱。

本书在撰写过程中,得到许多人的帮助,参阅并借鉴了国内外有关文献资料,在此谨向原著作者表示诚挚的感谢。华中科技大学出版社周晓方、张馨芳等老师为本书出版付出了辛勤的劳动,在此深表感谢。

由于作者知识水平有限,研究尚不够深入,敬请读者给予批评指正。

作者于武昌南望山

2023 年 3 月 1 日

目 录

第1章 绪论 ··· 1
  1.1 研究背景 ··· 1
  1.2 研究意义 ··· 6
  1.3 文献综述 ··· 7
  1.4 研究方法及思路 ··· 36

第2章 相关概念界定及理论基础分析 ······················· 38
  2.1 相关概念界定 ··· 38
  2.2 知识生产模式变革理论及其适用性 ····················· 48
  2.3 系统理论及其适用性 ··· 51
  2.4 自由教育理论及其适用性 ··································· 56
  2.5 本章小结 ··· 60

第3章 英美研究型大学跨学科研究生的培养目的 ··· 62
  3.1 跨学科研究生培养的动因 ··································· 62
  3.2 跨学科研究生培养的目的定位 ··························· 70
  3.3 跨学科研究生的培养方案 ··································· 80
  3.4 本章小结 ··· 87

第4章　英美研究型大学跨学科研究生的培养内容 89
4.1　培养内容的主要构成 89
4.2　培养内容的组织方式 106
4.3　培养内容的主要特点 110
4.4　本章小结 120

第5章　英美研究型大学跨学科研究生的培养方式 122
5.1　设置科学的招生选拔机制 122
5.2　采用多样化的教育形式 130
5.3　运用完善的评价考核机制 140
5.4　本章小结 153

第6章　英美研究型大学跨学科研究生培养的保障机制 155
6.1　跨学科研究生培养的制度保障 155
6.2　跨学科研究生培养的师资保障 165
6.3　跨学科研究生培养的平台保障 178
6.4　跨学科研究生培养的资金保障 187
6.5　本章小结 196

第7章　英美研究型大学跨学科研究生培养的典型案例 198
7.1　牛津大学跨学科研究生培养的理念基础及实施路径 198
7.2　密歇根大学跨学科研究生培养的理念基础及实施路径 214
7.3　美国五所研究型大学跨学科培养科技创新人才的背景及策略 230
7.4　本章小结 248

第8章　对我国"双一流"建设高校完善跨学科研究生培养体系的启示 250
8.1　明确的培养定位是跨学科研究生培养成功的先决条件 250
8.2　开放综合的培养内容是跨学科研究生培养的关键 255
8.3　多元化的培养方式是提升跨学科研究生综合素养的有效途径 264

8.4 健全的保障机制是跨学科研究生培养的发展支柱 ………… 271
8.5 本章小结 ………………………………………………… 279

结语 ………………………………………………………… 281

参考文献 …………………………………………………… 284

第1章

绪论

随着现代科学技术的高速发展,社会生产力水平得到了极大的提升,然而人类社会面临的复杂性难题也更加突出,人类无法仅凭某一学科领域的知识全面解决这一难题。打破学科壁垒,将碎片化的学科知识有机地整合在一起,跨学科培养高层次复合型创新人才,以应对一系列的重大社会挑战和问题,是当今世界高等教育改革的重要任务与发展方向。研究型大学作为高等教育发展的领头羊,是高层次创新人才培养的主阵地,跨学科研究生培养体系建设无疑是其教育改革发展的核心内容之一。放眼世界,英美研究型大学较早开始了跨学科研究生培养的探索且成效显著,其跨学科研究生培养体系建设具有很强的代表性和指导性。因此,深入分析英美研究型大学跨学科研究生培养体系的主要构成及其特点,总结其建设规律及经验,对我国"双一流"建设高校的发展和跨学科研究生培养体系的完善具有宝贵的借鉴意义,对各级教育管理部门进一步贯彻落实国家科教兴国和人才强国战略具有重要的指导作用。

1.1 研究背景

20世纪中叶,随着知识经济时代的到来,世界主要国家的社会生产力获得了长足的进步,社会在高度发展的同时也伴随着各种难题的不断出现,如环境问题、资源问题、生态问题、健康问题等,这些难题具有极强的复杂性和综合性,涉及多个学科领域,问题相互交织,难以通过单一学科思维和工具得到彻底解决。过度专业化的学科分类体系严重阻碍了人类解决复杂性社会问题，德国物理学家普朗克曾指出，科学是内在的统一体，它被分解成单独的部门是由于人类认识能力的局限性。① 利用跨学科的知识来应对复杂难题成为当代社会和科技发展的时代特征，具备多学科领域知识的高层次复合型人才是建设知识经济社会的急需人才。研究型大学作为高等教育领域的领头羊，理应肩负起为社会培养高层次复合型领军型人才的重任，加快跨学科研究生培养改革的步伐是其必由之路。营造跨学科的培养环境及构建跨学科的培养体系，成为研究型大学进行研究生教育改革的主要发展趋势。从世界范围来看，英美两国是开展跨学科研究生培养最早的国家，如今其培养模式已常态化，培养体系也较为健全，为其他国家的高校开展跨学科研究生培养积累了许多宝贵的经验。

当今世界，跨学科教育（Interdisciplinary Education，IDE）已经从边缘向主流发展，跨学科教育的时代已经到来。以英美为代表的西方国家，在第一次世界大战至第二次世界大战期间，开始了跨学科教育的初步探索，20世纪60—70年代加深了对"跨学科""跨学科教育""跨学科研究"等的定义、本质、类别及特点等的研究。20世纪90年代以来，英国接连发表了《高等教育的框架》和《21世纪的教育和训练》教育白皮书，提出高等教育要文理并重，从重视专业人才培养到积极开展综合教育和跨学科培养，实施宽口径课程教学，加强复合型人才培养。② 面对日益复杂的全球问题，牛津大学设置了一系列的跨学科专业，旨在培养能够应对未来挑战的领袖人才和学术精英。这些跨学科专业的毕业生会到世界各地的知名实验室、研究院所继续进行开创性学术研究，或者成为政府、慈善机构、商业部门的未来领导。目前，牛津大学各个学部都比较注重设置跨学科专业，如人文学部共有41个研究生专业，其中涉及跨学科的专业包括电影美学、中世纪研究、艺术史与视觉文化、哲学神学等15个，占人文学部研究生全部专业的37%。③

---

① 张炜. 学术组织再造：大学跨学科学术组织的成长机制 [M]. 杭州：浙江大学出版社，2012：1.

② 李兴业. 美英法日高校跨学科教育与人才培养探究 [J]. 现代大学教育，2004（5）：71-75.

③ University of Oxford. Humanities [EB/OL]. (2019-01-03) [2019-08-22]. https://www.ox.ac.uk/admissions/graduate/courses/humanities? wssl=1.

美国的高等教育处于世界前列，研究生教育质量有目共睹。1995 年，美国科学、工程和公共政策委员会（Committee on Science, Engineering, and Public Policy）在《科学、工程和公共政策》的报告中指出：大学教育应该让学生为日益跨学科、协作性和全球性的就业市场做好准备，而不应该仅仅把高等教育看作是沉浸在密集的研究体验中的副产品，毕业生应保持开放的职业选择开始他们的职业生涯。[1] 1997 年，美国国家科学基金会启动了"研究生教育与科研训练一体化项目"，为跨学科研究生培养提供政策和资金支持。2015 年，麦肯锡顾问公司（McKinsey Company）对美国工业型企业展开关于员工文化背景、知识结构等多样性背景的调查，共计调查美国 1400 多家生产型企业，涉及材料加工、航天工程、化学工程、农业技术研发、能源开发等多种工业生产领域，调查结果表明，拥有跨学科背景的人才更能胜任其工作，具有跨学科知识结构和能力素养的复合型人才在未来也更容易受到工业型企业的青睐。[2] 2018 年，美国工程教育协会（ASEE）的一项研究指出，美国社会对于复合型科技人才的职业需求数量高达 60 万个，社会工业生产日益体现出对跨学科协作的需求，尤其是在信息技术和工业自动化领域，ASEE 的研究人员据此认为美国高校应着力开发机械工程、计算机工程、自动化等领域的跨学科教育，培养学生的跨学科创新兴趣和创造能力，以此帮助学生适应未来跨学科生产和就业的形势。[3] 2019 年，美国劳工统计局最新的职业分离模型，研究了劳动力的人口特征如何影响他们离开劳动力市场或改变职业的可能性。分析显示，受教育程度对职业增长、职业转移（如会计成为经理）的影响成正比，对劳动力退出（如退休）的影响成反比。美国劳工统计局预计，在 2016—2026 年，平均每年有 4.7% 的劳动力将离开劳动力市场，6.4% 将实现职业转移，职业更替比例较 2016 年之前持续增长。受教育程度越高，退出劳动力市场的可能性越低，未来职业流动可能性越大。

---

[1] Griffiths P A. Reshaping the Graduate Education of Scientists and Engineers[J]. Academic Medicine, 1995, 70(9): 826-827.

[2] McKinsey & Company. Diversity Matters[R]. Chicago: US Design Center Press, 2015: 3-14.

[3] Ghariban N, Ansari A, Leigh-Mack P. Design and Development of a Multidisciplinary Industry Supported Course in Mechatronics[C]. 2018 ASEE Conferences-Confeience for Industry and Education Collaboration/San Antonio Proceedings. 2018.

社会职业更替加快、职业转移逐渐普遍使得社会对能适应多元就业市场的人才需求日益强盛,美国研究型大学也积极通过跨学科培养复合型高层次人才,为学生准备多维度的职业生涯选择,以应对未来人才市场的挑战。

美国国家教育数据统计中心(National Center for Education Statistics, NCES)发布的数据表明,近年美国跨学科学位的授予数量在逐年增长。2010—2017年,授予自然科学与工程学领域跨学科学位65万个。① 2019年,NCES的统计数据表明,各级跨学科学位数量增长迅速(见图1.1)。2006—2018年,在自然科学与工程学领域,美国跨学科副学士学位从15838个增长至30482个②,跨学科学士学位从32118个增长至49658个③,跨学科硕士学位从4613增长至9234个。④ 此外,跨学科博士学位从2278个增长至2836个。⑤

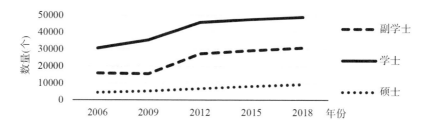

图1.1 2006—2018年美国高校自然科学与工程学领域跨学科学位授予数变化图

资料来源:https://nces.ed.gov/programs/digest/2018menu_tables.asp。

---

① NCES. List of 2018 Digest Tables [EB/OL]. [2019-08-30]. https://nces.ed.gov/programs/digest/2018menu_tables.asp.

② NCES. Associate's Degrees Conferred by Postsecondary Institutions, By Sex of Student and Discipline Division: 2006-07 through 2016-17 [EB/OL]. [2019-09-12]. https://nces.ed.gov/programs/digest/d18/tables/dt18_321.10.asp.

③ NCES. Bachelor's Degrees Conferred by Postsecondary Institutions, By Field of Study: Selected Years, 1970-71 through 2016-17 [EB/OL]. [2019-09-12]. https://nces.ed.gov/programs/digest/d18/tables/dt18_322.10.asp.

④ NCES. Master's Degrees Conferred by Postsecondary Institutions, By Field of Study: Selected Years, 1970-71 through 2016-17 [EB/OL]. [2019-09-12]. https://nces.ed.gov/programs/digest/d18/tables/dt18_323.10.asp.

⑤ NCES. Doctor's Degrees Conferred by Postsecondary Institutions, By Field of Study: Selected Years, 1970-71 through 2016-17 [EB/OL]. [2019-09-12]. https://nces.ed.gov/programs/digest/d18/tables/dt18_324.10.asp.

我国政府也充分意识到了社会生产的跨学科趋势，相继出台了一系列政策支持高校开展跨学科人才培养和研究工作。2001年，科技部、教育部、中科院等联合印发《关于加强基础研究工作的若干意见》，提出要加强学科建设，优化学科布局，要大力推动和加强学科交叉研究，积极鼓励和支持新兴学科和交叉学科的发展，努力在世界科学前沿形成我国的新优势。2006年2月9日，国务院发布《国家中长期科学和技术发展规划纲要（2006—2020年）》，要求对基础学科进行全面布局，突出学科交叉、融合与渗透，培育新的学科生长点。2017年1月10日，国务院发布《国家教育事业发展"十三五"规划》，提到加强专业设置政策引导，及时修订中职、本专科专业目录和研究生学科目录，调减社会需求不足的长线专业。2018年，《教育部等六部门关于实施基础学科拔尖学生培养计划2.0的意见》中，提出高校人才培养改革应"创新学习方式""促进学科交叉、科教融合""深化国际合作""科学选才鉴才"。同年4月，教育部学位委员会印发《关于高等学校开展学位授权自主审核工作的意见》，提出20所高校可开展学位授权的自主审核，赋予部分高校更大范围的办学自主权，培养高素质人才。该意见允许高校根据本校实际情况经学位委员会审批后自主设置交叉学科，并按一级学科管理，它为跨学科学位提供了政策依据。2020年5月教育部发布《未来技术学院建设指南（试行）》，强调在面向未来经济社会发展的基础性、关键性领域，凝练独具优势、基于专业交叉的未来技术特色。2020年7月29日首届全国研究生教育会议召开，我国决定新增交叉学科作为新的学科门类，即第14个学科门类。从这一系列的国家政策中不难发现，我国已经认识到跨学科人才培养及跨学科研究在新一轮科技革命中的重要作用，努力为跨学科人才成长提供政策支持。

特别值得一提的是，自2015年国务院发布了《统筹推进世界一流大学和一流学科建设总体方案》，"双一流"建设成为当下高等教育改革发展的主旋律，其核心在于培养"一流的人才"，而培养一流的人才的根本举措在于优化高校的人才培养体系。传统意义上"以学科/专业为中心"的大学教育存在诸多弊端，多学科的知识结构是创新型人才素质的核心要素和显著特征。"双一流"建设高校作为我国高等教育发展的领头雁，理应肩负起为社会培养高层次复合型领军型人才的重任，加快跨学科研究生培养改革的步伐是其必由之路。放眼世界，代表世界高等教育先进水平的英美研究型大学，最早开始了跨学科教育的实践探索与理论研究,如今其跨学科研究生培养已成常态化,培养体系也较为健全。鉴于此,探寻如何通过借鉴牛津大学、密歇根大学等英美研究型大学跨学科研究生培养的经验,在我国"双一流"建设大格局中建设一流的研究生教育,无疑是摆在我们面前的一个亟待研究的时代命题。

1.2 研究意义

1.2.1 理论意义

其一,有助于丰富我国"双一流"建设与高等教育改革的理论体系。积极开展跨学科研究生培养,是我国世界一流大学建设高校和世界一流学科建设高校发挥研究生教育高端引领作用的重要途径,通过深入分析英美研究型大学跨学科研究生培养体系,并开展中外在跨学科研究生在培养目的、培养内容、培养方式、保障机制等方面的比较分析,有助于深化高等教育界对跨学科研究生教育及培养体系的理论认识,为我国"双一流"建设提供必要的理论支持,丰富和完善我国高等教育研究的论题视域和理论构架。

其二,围绕英美研究型大学这一世界教育的典范,深入分析其跨学科研究生培养体系,探讨其跨学科研究生培养体系的内涵、基本要素、体制机制,并对其跨学科研究生培养取得的成功经验加以总结归纳,探索其发展的规律,有助于加深对英美研究型大学跨学科研究生培养体系建设规律的理解,加深我国"双一流"高校对跨学科研究生培养体系建设的理论认识,扩展高等教育领域有关研究生教育改革、高层次人才培养规律等的知识宝库。

1.2.2 实践意义

其一,当前我国正处在创建高质量研究生教育的关键时期,而跨学科培养复合型高层次人才已经成为世界主要发达国家推动研究生教育改革的战略选择。通过对英美研究型大学跨学科研究生培养体系进行深入的研究,吸取其跨学科教育的经验，深入探讨影响我国高校跨学科研究生培养的关键因素，可为我国各级政府开展研究生教育改革提供政策指导，为构建跨学科培养体制机制提供决策依据。

其二，跨学科人才培养的时代已经到来，跨学科研究生培养是我国建设"双一流"的内在需要。本书特选取英美研究型大学跨学科研究生教育的代表——牛津大学、密歇根大学、麻省理工学院、斯坦福大学、加州理工学院、普林斯顿大学、加州大学伯克利分校，围绕个案深入分析其跨学科人才培养的理念基础、背景动因、实现途径等，并对其进行了反思，更有利于提出具有针对性、适用性的启示借鉴，为我国高校落实"双一流"建设方案提供前瞻性、时代性的实践框架，为进一步完善具有中国特色的跨学科研究生培养体系提出可操作性的意见。

1.3 文献综述

以"研究型大学""跨学科研究生""研究生培养体系""研究生教育""interdisciplinary""cross-disciplinary""graduate education""graduate training"等为关键词，通过对中国知网、万方数据库、Web of Science、Springer Link、IEEE、EBSCO数据库等电子文献库以及大学图书馆等进行文献资料收集、整理和分析，发现目前高校跨学科研究生培养的国内外研究现状如下。

1.3.1 国内研究现状

我国关于跨学科的研究起步较晚，直到20世纪80年代"跨学科"的概念才传入我国，早期跨学科多被称作"交叉学科"。1985年，首届交叉科学学术讨论会在北京召开，该会议首次提出"迎接交叉学科的新时代"的口号[1]，以此为开端，我国关于跨学科研究的文献开始逐渐增多。20世纪跨学科研究的代表人物是刘仲林，从公开发表的文献来看，刘仲林（1986）发表

---

① 柯亚. 全国交叉科学学术讨论会在京举行[J]. 科研管理, 1985 (3): 80.

的《交叉科学与交叉（跨学科）教育》一文，率先阐述了跨学科学的基本内涵和有关问题；①刘仲林（1990）主编的《跨学科学导论》就跨学科的概念界定、认识论和方法论等问题展开了细致的理论分析，是我国第一部跨学科的专著，其中首次明确提出"跨学科"和"跨学科教育"的概念②，为跨学科教育的研究做出了开创性的贡献。此外，20世纪还有多部涉及跨学科的专著问世，如李光、任定成（1989）所著的《交叉科学导论》，具体分析了跨学科兴起的背景、形态，并进行了元研究；③徐飞（1991）所著的《科学交叉论》；④刘仲林（1991）所著的《跨学科教育论》等。⑤总体来看，这个时期我国跨学科逐渐成为专门研究的对象，研究重点在"跨学科研究"领域，主要停留在理论意义层面，跨学科教育和跨学科人才培养方面的研究还较少，传统的、单一的学科力量还相当强大，大部分高校还没有真正落实跨学科教育，一部分进行跨学科教育的高校也不够系统和深刻，带有中国特色的跨学科教育改革尚未正式展开。

进入21世纪之后，随着科学技术的迅猛发展和国家政策制度的不断推动，学者们开始将关注的重点逐渐转向跨学科教育和人才培养方面，并且不断深化了关于跨学科教育的相关概念和机制研究，发表了许多相关文章和著作，同时翻译了许多国外优秀的研究文献，为国内跨学科教育的理论发展和人才培养工作提供了广泛的借鉴，如李文鑫和黄进的《跨学科人才培养的理论研究》⑥、《跨学科人才培养的实践探索》⑦对我国的跨学科人才培养进行了进一步探讨，主要集中于跨学科人才培养的实践探索，并一度引领了当时跨学科教育的潮流。从国家政策上看，在21世纪来临之际，教育部于1998年颁发《关于深化教学改革，培养适应21世纪需要的高质量

---

① 刘仲林.交叉科学与交叉（跨学科）教育［J］.天津师大学报，1986（4）：29-35.
② 刘仲林.跨学科学导论［M］.杭州：浙江教育出版社，1990：50-52.
③ 李光，任定成.交叉科学导论［M］.武汉：湖北人民出版社，1989：87-93.
④ 徐飞.科学交叉论［M］.合肥：安徽教育出版社，1991：187-192.
⑤ 刘仲林.跨学科教育论［M］.郑州：河南教育出版社，1991：8-12.
⑥ 李文鑫，黄进.跨学科人才培养的理论研究［M］.武汉：武汉大学出版社，2004：75-80.
⑦ 李文鑫，黄进.跨学科人才培养的实践探索［M］.武汉：武汉大学出版社，2004：114-119.

人才的意见》①,强调"要积极为学生提供跨学科选修、双学位、主辅修等多种教育形式,培养大批复合型人才",明确提出了跨学科教育和人才培养的要求,确定了跨学科教育的重要发展方向。2013年,《"十二五"国家自主创新能力建设规划》②指出高校要"发挥多学科综合优势并进行系统集成创新,进一步推进新兴、交叉学科的形成,建立有利于人才脱颖而出、合理流动、人尽其才的机制与环境"。2017年,国务院印发《国家教育事业发展"十三五"规划》③,指出要注重发展跨学科教育,在深化教育教学改革中要探索通识教育与专业教育相结合的人才培养模式,推行模块化通识教育,促进文理交融。

有国内学者利用实地调研、问卷调查、访谈提纲等形式,辅以政策文本分析,总结了我国高校在跨学科教育方面取得的主要成效,并指出了我国现阶段跨学科教育存在的诸多问题。2012年,于汝霜、牛梦虎等人对全国56所高校进行了调研④,从跨学科课程设置、教育组织、跨学科认同程度、毕业论文选题情况等多方面入手,指出我国大部分高校都能落实一些跨学科教育的基本要求,各个基层教学组织也创设了利于跨学科教学的条件,同时也存在跨学科招生考试形式单一、院系建制阻碍教育资源共享、教师跨学科专业素养缺乏等诸多问题。2013年,王锋雷、邹晓东、陈婵等从国家层面出发,认为尽管我国在国家层面的跨学科战略基本确立,但是仍缺乏针对跨学科教育的专门研究报告。⑤

通过历史梳理发现,该时期国内研究主要聚焦于三个方面:其一,理论探讨,集中于跨学科教育以及跨学科人才培养的内涵和意义研究层面;其

---

① 中华人民共和国教育部. 关于印发《关于深化教学改革,培养适应21世纪需要的高质量人才的意见》等文件的通知[EB/OL]. (1998-04-10)[2019-11-22]. http://www.moe.gov.cn/srcsite/A08/s7056/199804/t19980410_162625.html.

② 中华人民共和国中央人民政府. 国务院关于印发"十二五"国家自主创新能力建设规划的通知[EB/OL]. (2013-01-15)[2019-11-22]. http://www.gov.cn/zwgk/2013-05/29/content_2414100.htm.

③ 中华人民共和国教育部. 国务院关于印发国家教育事业发展"十三五"规划的通知[EB/OL]. (2017-01-10)[2019-11-22]. http://www.moe.gov.cn/jyb_xxgk/moe_1777/moe_1778/201701/t20170119_295319.html.

④ 于汝霜,牛梦虎,贾斌,等. 研究生跨学科教育现状调查研究[J]. 中国高教研究,2012(4):61-64.

⑤ 王锋雷,邹晓东,陈婵,等. 我国跨学科研究与发展的现状探析——基于构建我国国家层面跨学科体系的思考[J]. 高等工程教育研究,2013(1):98-102.

二,比较研究,分析西方研究型大学跨学科教育的管理和教学经验,包括课程、教学、评价和保障机制多个方面,为我国提供借鉴;其三,状况审视,对我国高校跨学科教育状况进行审视,初步归纳了国内跨学科人才培养取得的主要成效,总结了我国跨学科教育的状况。

当前,国内学者对于跨学科研究生培养体系的研究,主要集中在高校跨学科研究生培养模式、跨学科保障机制、英美跨学科研究生培养、跨学科研究生教育存在问题及对策等方面。

■ 1.3.1.1 高校跨学科研究生培养模式研究

跨学科课程是进行跨学科人才培养的重要手段,合理的跨学科课程设置是跨学科人才培养取得成功的关键步骤,国内学者的研究主要从课程设置的广博性和课程之间的联系性两个维度来论述。部分学者研究认为跨学科课程设计的亮点在于要体现出多个学科的知识,保证学生对广博知识的获取,吴雪萍、袁李兰(2019)总结了美国高校跨学科课程设置概况,发现美国研究型大学均设置了多门学科课程,力求拓展学生知识的广度和深度,训练其从不同学科视角出发分析问题、解决问题,培养其创新思维能力。① 张伟(2014)对普林斯顿大学的研究认为其课程设置十分注重知识的广博性,强调多学科的交叉渗透,学校选修课数量较大,保证了学生开阔的知识面。② 在多样化课程设置的基础上,一些学者进一步强调跨学科课程之间的联系性与整合性,王娜、黄巨臣(2018)认为跨学科知识结构和素质能力的获得取决于课程设置时包含了多少跨学科知识以及课程结构在多大程度上进行了学科交叉,多学科知识需要互为基础、互为补充、互相促进,使得多学科知识能有效地培养跨学科素质和能力③;胡德鑫、张晶(2020)介绍了加拿大高校典型的研究式课程组织形态,以问题为中心最大限度地整合学科内容是加

---

① 吴雪萍,袁李兰.美国研究型大学研究生创新人才培养的基础、经验及其启示[J].高等教育研究,2019(6):102-109.

② 张伟.跨学科教育:普林斯顿大学本科人才培养案例研究[J].高等工程教育研究,2014(3):118-125.

③ 王娜,黄巨臣.推进跨学科建设:我国世界一流大学形成的路径选择[J].现代教育管理,2018(5):24-29.

拿大高校跨学科课程设计的最大亮点;① 侯佛钢等（2018）②、郑昱等（2019）③ 都做过类似的研究论述。

为促进跨学科研究生教育的顺利进行，部分学者强调，必须借助适合当代研究生学习行为习惯的教学方式，在跨学科背景下，打破传统单一的教学方式尤为重要。朱小刚等（2018）指出，我国传统单一的教学方式严重制约了跨学科研究生培养体系的构建，针对这个问题，创新跨学科研究生培养可以采取的教学方式包括讨论式和互动式教学、以专题课程形式开展教学、利用互联网平台和线上教学资源等。④ 丁学芳等（2019）认为，对于研究生而言，从教转向学是教学方式变革的方向，教学方式要以研究生为主体，推进研究生的跨学科学习兴趣和主观能动性。⑤ 还有部分国内学者介绍了西方国家跨学科研究生培养所采取的较为新颖的教学方式，如郑石明（2019）对七所世界一流大学的跨学科教学方式进行了探究，总结得出国外一流大学常用的跨学科教学方式是研讨教学法和研究型教学法，主要特色是以小班制教学为主。⑥ 李丽娟等（2020）认为，对新工科跨学科人才培养的重要方式是开展高校与工商界的跨界联合培养活动。⑦ 由此可见，国内学者对跨学科教学方式的研究主要集中在如何突破传统的教学方式，构建适合跨学科教育特征的新型教学方式，为此，研究聚焦于我国可行的教学方式构建和国外优秀的教学方式介绍。

跨学科教育最终所要培养的是能运用多学科知识解决复杂问题的人才，

---

① 胡德鑫，张晶. 加拿大研究型大学跨学科人才培养改革路径与借鉴 [J]. 中国高校科技，2020（9）：44-48.

② 侯佛钢，张学敏. 地方高校跨学科复合应用型人才培养的学科集群探究 [J]. 清华大学教育研究，2018（3）：99-104.

③ 郑昱，蔡颖蔚，徐骏. 跨学科教育与拔尖创新人才培养 [J]. 中国大学教学，2019（Z1）：36-40.

④ 朱小刚，王琴，龙怿. 师生联动模式背景下跨学科研究生培养体系构建初探 [J]. 科技资讯，2018（36）：185-186.

⑤ 丁学芳，韩映雄. 跨学科研究生的学科文化融入及培养探讨 [J]. 学位与研究生教育，2019（9）：20-25.

⑥ 郑石明. 世界一流大学跨学科人才培养模式比较及其启示 [J]. 教育研究，2019（5）：113-122.

⑦ 李丽娟，杨文斌，肖明，等. 跨学科多专业融合的新工科人才培养模式探索与实践 [J]. 高等工程教育研究，2020（1）：25-30.

因此，系统的科研训练是培养体系中必不可少的一个环节，关于科研能力培养的研究主要聚焦于科研训练的重要意义研究和国外科研训练的方式介绍上。包水梅（2020）对国内48所高校研究生院开展跨学科科研训练的情况进行了研究，调查结果表明，跨学科科研训练对提升研究方法、跨学科思维和研究能力都有显著的促进作用，且科研训练可以推进研究生科研成果的产生。① 庞岚等（2020）以地质类跨学科教育的科研训练方式为例，介绍了国内高校采取的校内科研平台、野外实训基地、国家和地市级的建设平台、校际联盟平台等多种科研训练形式。② 由于我国科教分离的现象比较严重，国内学者大多将眼光聚焦于西方发达国家，探索世界知名高校采用何种方式培养学生的科研能力，刘晓璇、林成华（2019）对六所世界一流大学进行了案例研究，归纳总结出科研训练的三种主要形式：一是校内外实验室轮训；二是体验式科研项目，以真实的研究主题或项目为载体；三是跨学科学术交流活动。③ 李金等（2015）认为，研究生的科研训练体系应更突出开放性，包含前沿讲座和学术活动、实验平台、实践项目锻炼、产学研合作等多种方式。④ 此外，还有不少学者对其他知名一流高校的科研机制进行了探索，如杜克大学（陈艾华、邹晓东，2017⑤）、东京大学（陈艾华、邹晓东，2012⑥）等。

1.3.1.2 高校跨学科人才培养保障机制研究

尽管当前跨学科人才培养工作方兴未艾，但高校并不天然具有创设和发展跨学科的动力，还有赖于政府的政策保障。我国学者研究发现，许多国家

---

① 包水梅. 跨学科博士生科研能力培养状况研究——基于48所研究生院的调查 [J]. 中国高教研究，2020（3）：86-91.

② 庞岚，吕军，周建伟. 新工科建设背景下的地质类专业跨学科人才培养模式探析 [J]. 高等工程教育研究，2020（1）：62-66.

③ 刘晓璇，林成华. 研究型大学研究生跨学科培养模式的要素识别与模式构建——基于内容分析法的多案例研究 [J]. 中国高教研究，2019（1）：66-71.

④ 李金，王磊，梁洪. 研究型大学跨学科研究生培养模式研究 [J]. 黑龙江高教研究，2015（9）：138-140.

⑤ 陈艾华，邹晓东. 杜克大学提升跨学科科研生产力的实践创新 [J]. 高等工程教育研究，2017（5）：115-119.

⑥ 陈艾华，邹晓东. 日本研究型大学提升跨学科科研生产力的实践创新——以东京大学GSFS为例 [J]. 高等工程教育研究，2012（5）：84-89.

通过制定相关政策来保障跨学科人才培养工作的顺利进行，主要分为文本政策和科研项目支撑两种形式。首先，在文本政策层面，陈艾华、邹晓东（2012）研究了战后日本促进跨学科教育的文本政策，日本1995年颁布的《科学技术基本法》，对开创新知识领域的尖端研究、联合研究进行了重点关注，2001年制定的《大学法人化制度》、2002年制定的《二十一世纪卓越研究教育中心计划》和《全球化卓越教育中心计划》都强调以合作研究为基础的跨学科研究。① 焦磊（2017）研究美国的政策支持，《莫雷尔法案》《国防教育法》《杜拜法案》等都是对跨学科人才培养具有深远影响的政策文件。② 其次，以科研课题和项目的形式，吸引广大师生参与跨学科的学习和研究，主要典型代表是美国。朱永东等（2012）研究发现美国联邦政府对跨学科教育的投入极大，通过国防部、能源部、国家卫生研究院及航空航天局等经费拨款机构将国家实验室托管于一些主要的研究型大学。③ 美国国家科学基金会还于1998年发起了"综合性研究生教育与研究训练项目"（Integrative Graduate Education and Research Traineeship，IGERT），该项目通过项目征集的形式，以竞争的方式鼓励高校进行申报，主要资助高校跨学科研究与教育提升活动（胡甲刚，2009④；高磊、赵文华，2014⑤；焦磊等，2017⑥）。

跨学科组织形式的创新是打破传统学科壁垒的有效形式，国内相关学者主要依据管理体制的差异划分跨学科人才培养的组织机制，在组织形式方面国内最具代表性的学者是焦磊和谢安邦，他们通过对国外研究型大学跨学科组织机制的持续性研究，在2014—2019年先后发表了四篇研究论文探究国

---

① 陈艾华，邹晓东. 日本研究型大学提升跨学科科研生产力的实践创新——以东京大学GSFS为例[J]. 高等工程教育研究，2012（5）：84-89.

② 焦磊. 美国研究型大学培养跨学科研究生的动因、路径及模式研究[J]. 外国教育研究，2017（3）：16-26.

③ 朱永东，向兴华，叶玉嘉. 美国研究型大学跨学科研究的产生及其发展动因分析[J]. 科技管理研究，2012（12）：85-88，92.

④ 胡甲刚. 美国跨学科研究生培养管窥——以华盛顿大学"城市生态学"IGERT博士项目为个案[J]. 学位与研究生教育，2009（10）：71-75.

⑤ 高磊，赵文华. 美国学科交叉研究生培养的现状及启示——以美国研究生教育与科研训练一体化项目为例[J]. 学位与研究生教育，2014（8）：54-60.

⑥ 焦磊，谢安邦，赵军. 美国大学STEM领域博士生跨学科"规训"研究——基于IGERT项目[J]. 清华大学教育研究，2017（2）：50-56.

外知名高校的跨学科组织形式（焦磊、谢安邦，2014[①]；焦磊、谢安邦，2015[②]；焦磊，2018[③]；焦磊、谢安邦，2019[④]），并将国外跨学科组织形式归结为三种：一是"托管式"，即政府在科研实力雄厚的大学投资建立的国家实验室；二是"矩阵式"，是高校内部各个学院基于跨学科研究议题需要而组建的实验室或组织；三是"无学科边界式"跨学科大学，即大学整体组织架构基于跨学科的学科理念设置，其内部本身不存在实体意义的学院（系）。茹宁、李薪茹（2018）研究发现现今高校更多会在院系之外设置与之平行发展的跨学科机构，称为"外延型"跨学科组织，其组织形式主要有两种：一是跨院系组织，在学院之外单独设置，接受大学的垂直管理；二是跨校区组织，将研究生院从学院中独立出来，设置宽口径的学科单元，承担跨学科人才的教育与研究任务。[⑤]

1.3.1.3　美国高校跨学科研究生培养研究

国内学者关于美国研究型大学跨学科研究生培养的研究，主要包括动因研究、组织形式研究、培养模式及特点研究。

对于美国研究型大学跨学科培养研究生的动因，部分学者认为当今社会出现了很多难以解决的复杂问题，从多学科、跨学科的知识寻找突破口是解决现实问题的有效途径。王霞（2010）从布鲁姆以及卡内基教学促进基金会的报告中找到了其认同的动因，即社会需要解决诸如环境问题、人口问题等复杂的重大问题，帮助学生加深对生活和知识更深刻综合的理解，使知识分裂走向知识融合是大势所趋。[⑥] 吴立保等（2017）认为社会文明进程的加快

[①] 焦磊，谢安邦. 国外跨学科研究生教育组织形式探究［J］. 中国高教研究，2014（11）：54-58.

[②] 焦磊，谢安邦. 美国跨学科研究生教育组织形式与机制探究［J］. 中国高教研究，2015（10）：70-75.

[③] 焦磊. 国外知名大学跨学科建制趋势探析［J］. 高等工程教育研究，2018（3）：124-129.

[④] 焦磊，谢安邦. 美国研究型大学跨学科学术组织的建制基础及样态创新［J］. 中国高教研究，2019（1）：60-65.

[⑤] 茹宁，李薪茹. 突破院系单位制：大学"外延型"跨学科组织发展策略探究［J］. 中国高教研究，2018（11）：71-77.

[⑥] 王霞. 美国研究型大学通识教育反思［M］. 杭州：浙江大学出版社，2010：46-47.

使得社会发展面临的问题越来越庞杂,例如环境、信息、交通问题等,都具有普遍性和复杂性的特征,有的成为全球性问题,单一学科专业知识已无法解决。因此,突破传统的学科壁垒,跨学科研究与教育逐渐被广泛接受。①学者们认为国家的政策支持也是推动美国研究型大学开始探索跨学科研究生培养的动因。魏玉梅(2016)②、焦磊等(2019)③通过分析美国联邦机构发布的政策报告,认为国家政策有助于消除跨学科研究的观念性及制度性障碍,为跨学科教育与跨学科研究的发展提供动力。科学技术进步对复合型、创新型人才的需求增多等因素也被学者视为其驱动因素。李雪飞(2016)分析了杜克大学对跨学科研究生的培养,指出其目的是使学生综合不同的知识,培养学生解决真实世界问题的能力。④焦磊等(2017)认为,由于全球化、信息化、产业经济的多元化导致了传统高等教育所培养的精致人才适应不了飞速发展的社会需要,高等教育只有实行跨学科培养模式,才能增强学生的竞争力。⑤

对于美国研究型大学跨学科研究生培养的组织形式方面,国内学者一致认为创新教育组织形式是跨学科研究生培养的必然路径。有学者从学位点属性的分类角度探讨了美国跨学科培养研究生的组织形式。包水梅、魏玉梅(2015)以哈佛大学教育研究生院博士生跨学科培养为例,指出其组织形式包括两种:一种是学位点的属性是跨学科的,由相关学院、学科联合申报、培养;另一种是学位点属于某一个学院或学科,需由其他学院或学科共同参与培养。⑥张晓报(2017)将美国跨学科培养研究生的组织形式概括为两种:一是"独立模式",即构成跨学科培养人才的某种要素本身就是跨学科的,

---

① 吴立保,茁容英,吴政.跨学科博士研究生培养:缘起、困境与策略[J].研究生教育研究,2017(4):36-40,55.

② 魏玉梅.美国教育学博士研究生培养的"跨学科"特色及其启示——以哈佛大学教育哲学博士(Ph.D.)培养项目为例[J].外国教育研究,2016(3):43-57.

③ 焦磊,谢安邦.美国研究型大学跨学科学术组织的建制基础及样态创新[J].中国高教研究,2019(1):60-65.

④ 李雪飞.美国研究型大学竞争力发展策略研究[M].北京:科学出版社,2016:124-125.

⑤ 焦磊,谢安邦,赵军.美国大学STEM领域博士生跨学科"规训"研究——基于IGERT项目[J].清华大学教育研究,2017(2):50-56.

⑥ 包水梅,魏玉梅.美国博士生跨学科培养的基本路径及其特征研究——以哈佛大学教育研究生院为例[J].中国高教研究,2015(5):47-54.

其学位点的属性属于跨学科，其性质属于跨学科专业；二是"组合模式"，即构成跨学科培养人才的某种要素通过跨学科组合而实现，例如双学位，其学位点的属性属于多个学科。① 有学者从管理体制的角度探讨了美国研究型大学跨学科培养研究生的组织形式。张炜（2012）以麻省理工学院为例，介绍了其跨学科组织的三种基本形式：一是由一个学院或系负责组织和管理，相关学院或系共同参与；二是由单独行政或研究部门组织管理（如教务长办公室、副校长和院长研究管理办公室），相关部门参与；三是独立学院自主管理或作为附属机构独立运行。② 唐磊等（2016）将跨学科的组织形式分为两类：一类是研究中心、研究所的形式，可聚集大学内部与外部的人文社会科学的学者共同参与讨论跨学科问题，在一个特定的跨学科框架中工作；另一类是企业、国家实验室形式，主要服务于科技领域的跨学科活动。③ 焦磊（2017）研究得出当前美国研究型大学跨学科培养研究生主要有四种路径：一是设立校级独立的跨学科研究机构，通过跨学科研究生教育学位项目来培养跨学科研究生；二是由研究生院统筹资源，组织管理跨学科研究生培养；三是具备跨学科属性的学院内部整合设置跨学科研究生学位项目；四是各学院之间联合培养跨学科研究生。④ 此外，还有学者从其他角度对其组织形式进行了分类，张炜、邹晓东（2012）⑤ 和郭强（2014）⑥ 认为，美国跨学科教育现存两种组织形式——渐进增量式和动态创新变革模式。朱永东（2021）明确指出当前美国研究型大学主要以项目为切入点，在传统的"校-院-系"的直线垂直形态组织结构中增加横向的水平联系，从而形成横向到边、纵向

---

① 张晓报．独立与组合：美国研究型大学跨学科人才培养的基本模式［J］．外国教育研究，2017（3）：3-15.

② 张炜．学术组织再造：大学跨学科学术组织的成长机制［M］．杭州：浙江大学出版社，2012：45-46.

③ 唐磊，刘霓，高媛，等．跨学科研究的理论与实践：基于研究文献的考察［M］．北京：中国社会科学出版社，2016：49-56.

④ 焦磊．美国研究型大学培养跨学科研究生的动因、路径及模式研究［J］．外国教育研究，2017（3）：16-26.

⑤ 张炜，邹晓东．美国大学的跨学科战略实践及其经验启示［J］．自然辩证法研究，2012（3）：61-64.

⑥ 郭强．伯克利跨学科组织发展与研究生培养路径探析［J］．中国研究生，2014（9）：53-54，57.

到底的"矩阵式"跨学科教育组织结构。①

对于美国研究型大学跨学科研究生培养模式及特点的研究方面,我国学者主要从招生选拔、课程设置、师资队伍、科研训练、资助体系等方面的构建进行研究。在招生选拔方面,学者们一致认为挑选具备跨学科综合素质的生源是跨学科培养研究生极其关键的一步,因此招生理念较为开放,招生机制较为严格,不以入学考试成绩为唯一招生标准。朱永东等(2015)以麻省理工学院为例,发现其招生流程与康奈尔大学基本一致,其跨学科研究生教育项目的选拔流程非常严格,包含从提交申请材料、推荐信和成绩单到研究生招生委员会对申请者的知识积累、创新思维、动手能力、团队协作能力和语言表达能力等方面的层层考察,通过人数少之又少。② 包水梅、魏玉梅(2015)介绍了哈佛大学哲学博士跨学科学位项目每年的招生录取率仅为9%,能够顺利通过的申请人都具有深厚的学术背景、领导潜质、丰富的生活和工作经历,并对改善世界教育难题有强烈的愿景。③ 学者们对于美国各高校跨学科培养研究生的跨学科课程设置也进行了研究,认为科学、完备和灵活的跨学科课程体系是开展跨学科研究生培养的重要保障(包水梅、魏玉梅,2015;郭德红,2017)。美国跨学科师资队伍的建设大多通过创新教师聘任制度得以完善,美国各大高校采用定性与定量相结合的科学评价方式来留住优质的跨学科教师。焦磊、谢安邦(2016)分析了威斯康星大学麦迪逊分校跨学科教师的"集群聘任"模式④,耿益群(2017)介绍了宾夕法尼亚大学的"共同资助聘任"制度⑤,包水梅、谢心怡(2018)探讨了普林斯顿大学跨学科教师采用的"联合聘任制"。⑥ 科学系统的科研训练也是跨学科研

---

① 朱永东. 研究型大学学科组织结构创新探析 [J]. 高等工程教育研究, 2021 (4): 147-151.

② 朱永东, 张振刚, 叶玉嘉. MIT跨学科培养研究生的特点及启示 [J]. 高等工程教育研究, 2015 (2): 134-138.

③ 包水梅, 魏玉梅. 美国博士生跨学科培养的基本路径及其特征研究——以哈佛大学教育研究生院为例 [J]. 中国高教研究, 2015 (5): 47-54.

④ 焦磊, 谢安邦. 美国研究型大学跨学科研究发展的动因、困境及策略探究 [J]. 国家教育行政学院学报. 2016 (10): 89-95.

⑤ 耿益群. 美国研究型大学跨学科研究教师绩效评价的原则、途径与特点 [J]. 现代教育管理, 2017 (4): 41-45.

⑥ 包水梅, 谢心怡. 美国研究型大学博士生跨学科培养的基本路径与支撑机制研究——以普林斯顿大学为例 [J]. 江苏高教, 2018 (3): 95-100.

究生培养中必不可少的一环，有学者分析了麻省理工学院跨学科研究生培养的理论伦理行为培训、不同实验室轮转、不定期开展研讨会或独立日等学术活动。① 有学者将美国跨学科研究生培养的科研训练归纳为"学院主导式""研究生院统筹式""独立建制式"三种不同的形式。② 刘继安等（2021）基于未来科技发展的融合趋势，认为高校必须通过组织管理制度的创新来建设跨学科教育组织和未来跨学科教育发展平台，主要包括科教融合学院的组织架构，交叉学科方向的确定与动态调整机制，多元协同的学院治理体系等，保障师生之间跨学科教研的顺畅运作。③ 就资助体系方面而言，学者们一致认为健全、独立的跨学科资助体系对培养跨学科研究生有促进和激励作用。

1.3.1.4　英国高校跨学科人才培养研究

相比美国而言，国内学者对英国跨学科人才培养的研究相对较少，主要集中于以下三个方面：一是英国对跨学科人才培养的重视程度；二是英国高校跨学科人才培养的做法；三是英国高校跨学科人才培养的特点。

部分国内学者认为英国各高校都将"跨学科人才培养"置于顶层设计的高度，国家政策、高校战略中无一不体现出跨学科人才培养的重要性。杨连生等（2013）研究发现，20世纪英国政府出台了各种政策推进跨学科人才培养，包括《跨学科研究与科研评价活动》《促进跨学科研究与教育》等多个文本，从国家层面肯定了推进跨学科人才培养的重要意义。④ 杜基尔、蔡富有（2005）在其著作中论述了英国研究理事会为满足市场对跨学科人才的需求，从顶层设计层面倡导跨学科教育，推进复合型人才培养。⑤ 郭婧（2019）

---

① 朱永东，张振刚，叶玉嘉. MIT 跨学科培养研究生的特点及启示 [J]. 高等工程教育研究，2015（2）：134-138.

② 焦磊，谢安邦. 美国跨学科研究生教育组织形式与机制探究 [J]. 中国高教研究，2015（10）：70-75.

③ 刘继安，李岳璟，丁黎. 未来技术人才培养：挑战与体系重构——基于中国科学院大学未来技术学院的案例研究 [J]. 高等工程教育研究，2021（2）：22-31.

④ 杨连生，吴卓平，钱甜甜. 英德日高校跨学科研究组织的运行机制及其启示 [J]. 学术论坛，2013（9）：212-215.

⑤ 杜基尔，蔡富有. 创新发展和战略选择 [M]. 北京：中国经济出版社，2005：592-603.

认为培养跨学科知识和技能的目标人才是英国各个高校的主流人才培养目标。① 王梅、张琪佩（2020）分析了英国一流大学近年的战略规划内容，其中一个显著特征就是重视跨学科人才培养，牛津大学、剑桥大学、爱丁堡大学、曼彻斯特大学、伦敦大学学院等都是典型的例子。②

部分国内学者针对英国研究型大学、不同学科领域的跨学科人才培养进行了研究，分析其跨学科人才培养的做法。樊秀娣、石雪怡（2020）对2021年施行的英国高校科研评价体系进行研究，发现英国在不断加大对跨学科教育教学和科研成果的评价，激励高校开展跨学科工作。③ 高鹏飞等（2013）以新大学代表——苏塞克斯大学为例，介绍了英国早期跨学科人才培养的做法，包括创新教学组织形式、设立"研究主题"促进不同学科融合、促进跨学科教学与科研融合、启用专项跨学科研究生培养资助来促进跨学科研究生培养。④ 韩萌（2016）以牛津大学教育学院为例，分析了其跨学科博士生培养采取的措施，包括严格的招生选拔机制、集约化的学术训练和生活化课程等。⑤ 此外，刘盛（2019）⑥对华威大学，饶舒琪（2015）⑦、陈艾华等（2012）⑧对剑桥大学，杨国富等（2020）⑨对剑桥大学、牛津大学和帝国理工学院都进行了相关研究。

---

① 郭婧. 英国高校国际组织人才培养与输送研究［J］. 比较教育研究，2019（2）：12-19.

② 王梅，张琪佩. 英国一流大学战略规划的建设特征及启示［J］. 中国高校科技，2020（5）：54-58.

③ 樊秀娣，石雪怡. 英国高校跨学科研究成果评价：困境、对策及启示［J］. 中国高校科技，2020（6）：54-59.

④ 高鹏飞，李知闻，张彦通. 英国大学交叉学科建设——以苏塞克斯大学为例［J］. 现代教育管理，2013（12）：116-119.

⑤ 韩萌. 英国一流大学博士生培养机制及其启示——基于牛津大学教育学院的经验［J］. 高等教育研究，2016（8）：96-104.

⑥ 刘盛. 英国华威大学工程教育的经验与启示［J］. 高等教育研究，2019（9）：104-109.

⑦ 饶舒琪. 科研与实践能力兼顾的跨学科综合培养——剑桥大学研究生教育的新路径选择［J］. 外国教育研究，2015（5）：25-36.

⑧ 陈艾华，邹晓东. 英国研究型大学提升跨学科科研生产力的实践创新——基于剑桥大学卡文迪什实验室的分析［J］. 自然辩证法研究，2012（8）：54-58.

⑨ 杨国富，付慧真. "双一流"建设背景下高校跨学科性与学术影响力的国际比较——以环境科学领域为例［J］. 高等工程教育研究，2020（3）：176-182.

国内学者还总结了英国开展跨学科教育的特点。李兴业（2004）认为英国高校的跨学科教育的突出特点是注重学生能力教育，不断强调跨学科人才培养的"社会相关性"。① 孙刚成、杨晨美子（2019）研究发现跨学科学习和教学是英国研究生培养的最大特点，具体表现为学科知识融合程度深、学习和教学注重多学科共进、学生学习的知识扩张力大且创新创造能力得到了很好的发展。②

由上可知，国内学者研究了英国跨学科人才培养的重视程度，同时从英国各所高校的跨学科人才培养情况出发，从招生选拔、课程、科研训练、资助等多方面论述了其培养跨学科学生的具体措施，并对培养特点进行了概括总结。

1.3.1.5 跨学科研究生培养存在的问题及对策研究

国内学者普遍认为我国跨学科研究生教育尚处于起步阶段，还存在诸多问题，通过分析国外高校的优秀经验，结合我国高校所面临的实际情况，学者们提出了许多对策建议，为未来跨学科研究生教育提供了改革的方向。学者们一致认为，当前跨学科研究生培养的困境主要集中在学术组织制度制约、配套制度落后两个主要层面。

在跨学科学术组织困境方面，学者普遍认为，我国高校"院-系-专业"型的组织结构是制约我国大学跨学科教育的根本性或结构性障碍，张炜等（2011）具体阐述了我国高校跨学科学术组织的基本特点和制约因素③，关辉（2013）指出我国跨学科研究生教育的本质困境是学术组织机构不健全，由此产生培养资源不共享、制度措施不连续、学科文化不融合等系列问题④。李盼盼（2020）综合运用多种研究方法对国内高校跨学科人才培养现状进行

---

① 李兴业. 美英法日高校跨学科教育与人才培养探究［J］. 现代大学教育，2004（5）：71-75.

② 孙刚成，杨晨美子. 发达国家研究生教育教学改进的典型方式及启示——以美国、德国、英国、日本为例［J］. 黑龙江高教研究，2019（7）：127-132.

③ 张炜，童欣欣. 我国大学跨学科学术组织发展的现实困境与对策建议［J］. 中国高教研究，2011（9）：34-37.

④ 关辉. 跨学科研究生教育的"碎片化"及其整合［J］. 学位与研究生教育，2013（10）：40-44.

了调查，指出存在跨学科人才培养理念、培养体系和保障机制三个层面的问题。[①] 此外，也有许多学者分别从学术组织的冲突、成长逻辑和特征等方面分析了各种存在的问题。可见，健全我国跨学科研究生培养的学术组织是当下急需解决的事务。国内学者主要从以下三个方面提出解决对策：① 在原有院系结构上进行组织革新，通过跨学科组织机制拓展传统院系的机能；② 突破传统学科院系壁垒，创新高效跨学科组织形式，积极培育各类新型跨学科学术组织；③ 采用虚实组织相结合的办法，除增设实体跨学科组织机构外，还设立虚拟跨学科组织机构，以学科群的形式进行院系组织结构的重组与革新（曾开富、王孙禺，2016[②]；张洋磊、张应强，2017[③]；李峻、陈楚伦，2017[④]；陈良，2018[⑤]；朱永东，2018[⑥]；焦磊、赵庆年，2019[⑦]）。

在制度困境方面，国内学者从跨学科研究生培养的各个配套制度出发，论述了从国家到教育主管部门再到高校存在制度漏洞。一方面，从国家和教育主管部门角度来看，我国高校跨学科人才培养从 20 世纪 80 年代起步至今近 40 年历程，外部相关制度设计始终落后，难以跟进跨学科发展的脚步，张晓报（2017）以双学位为例，尽管高校已经实行多年，但迄今教育部尚未出台任何关于双学位的提法或相关文件，也就是说双学位目前仅在各个高校自行开展授予，缺乏国家制度的保障和认证。[⑧] 胡乐乐（2017）提出我国十三大学科中均为单一学科，高校人才培养必须紧密围绕十三个学科招生、授予学位，这样的学科设置与分类方法对跨学科招生和人才培养造成了森严的

[①] 李盼盼. 我国高等教育学专业硕士研究生跨学科培养模式研究 [D]. 保定：河北大学，2020：48-55.

[②] 曾开富，王孙禺. 战略性研究型大学的崛起：1917—1980 年的麻省理工学院 [M]. 北京：科学技术文献出版社，2016：92.

[③] 张洋磊，张应强. 大学跨学科学术组织发展的冲突及其治理 [J]. 教育研究，2017（9）：55-60.

[④] 李峻，陈楚伦. 大学跨学科学术组织的成长逻辑与创新策略 [J]. 江苏高教，2017（10）：13-17.

[⑤] 陈良. 大科研背景下跨学科学术组织发展建议 [J]. 中国高校科技，2018（12）：4-6.

[⑥] 朱永东. "双一流"高校要重视跨学科学术组织建设——基于美国研究型大学跨学科学术组织管理模式的分析 [J]. 研究生教育研究，2018（6）：64-69.

[⑦] 焦磊，赵庆年. 从"结构"到"准则"：研究型大学跨学科转向的组织行为学研究 [J]. 高等工程教育研究，2019（4）：139-144，187.

[⑧] 张晓报. 我国高校跨学科人才培养面临的困境及突破——基于理念、制度和方式的分析 [J]. 江苏高教，2017（4）：48-52，98.

学科壁垒。① 另一方面，从高校内部自身的制度设计层面来看，跨学科课程设计、教学方式、教师配置和考核制度仍然是阻碍跨学科研究生培养面临的重大难题，刘海涛（2018）以课程设计为例，表明我国许多高校的选修课程设置只是让学生在一个多学科的环境中自由地选修不同学科的课程，课程之间没有在跨学科引导下进行整体规划和协调，导致跨学科课程呈现"复而不合"的情况，未能真正达到跨学科教育的目的。李爱彬、梅静（2020）聚焦于博士生跨学科课程，指出在跨学科课程顶层设计上存在碎片化、知识共享困难、学术交流活动缺失这几大困境。② 黄勇荣等（2016）认为我国目前很多高校或科研院所的研究生导师素质有待加强，主要表现在跨学科学术交流少、进修制度不健全、教师跨学科创新意识不足等方面。③ 田贤鹏等（2021）认为在传统培养机制下形成的以学科为中心的、相对完善的研究生考核评估规章制度体系，正在制约着跨学科的研究生考核评估变革。④

此外，还有学者指出了跨学科培养目标定位不够明确，教师跨学科素养不足的问题。李爱彬等（2022）指出，当前一流学科群的研究生跨学科培养存在着培养目标定位不明确的问题，通常基于单一的学科视角，这既不利于学生融合能力的培养，也不利于一流的学科群建设。⑤ 王欢、田康（2022）认为跨学科教学应以教师跨学科素养为支撑，否则会出现跨学科思维欠缺、其他学科知识储备不足、跨学科技巧方法缺少、跨学科水平能力较低等问题，影响跨学科教学效果。⑥ 李学书（2019）以STEAM跨学科课程教学为例，指出跨学科教师严重短缺且分布不均。大部分跨学科教师都是由传统的单一学科培养出来或是经过短期培训后上岗的，整合能力和跨学科思维有

---

① 胡乐乐．论"双一流"背景下研究型大学的跨学科改革［J］．江苏高教，2017（4）：42-47．

② 李爱彬，梅静．博士生跨学科课程实施：内在逻辑、现实困境与突破路径［J］．研究生教育研究，2020（3）：29-34．

③ 黄勇荣，蒋婷婷，刘楚珂．论研究生科技创新能力的培养——跨学科的观点［J］．黑龙江高教研究，2016（11）：82-84．

④ 田贤鹏，李翠翠，袁晶．从学科立场到问题导向：跨学科研究生培养的机制变革［J］．高教探索，2021（3）：52-59．

⑤ 李爱彬，邵楠，杨晨美子，等．一流学科群视域下研究生跨学科培养模式研究［J］．研究生教育研究，2022（3）：44-50．

⑥ 王欢，田康．教师跨学科素养的现实问题与应然追求［J］．教育理论与实践，2022（2）：39-41．

限，跨学科教学效果不佳。

学者们也从高校外部和高校内部两个层面分别对国家主管部门和高校提出了建议，国家层面有：① 政府应尽快修订高等学校学科专业目录，改革学科和专业设置的行政审批制度，让学科专业目录成为学术活动的参考框架或工作向导，而不是制约；② 给予高校更大专业调整权，鼓励高校会同校内外专家论证、网上评议、国务院学位办专家商议学科发展，根据社会需求自主设置跨学科方向（张炜，2012[①]；张晓报，2019[②]；郝莉等，2020[③]）。高校层面有：① 重视跨学科选修课程建设工作，选课制度在"自由"前提下也有必要的限度，保证学生选修课的合理性，所选课程必须与主修学科间有内在关联，导师也应给予必要的指导与合理的监控；② 通过设立跨学科交流平台，健全跨学科教师进修制度来提升教师综合素质，教师评价标准应尽可能从科研、教学能力、社会服务等多个方面进行全面的评价，充分考虑跨学科教育的不确定性，给予教师正向激励（耿益群，2017[④]；陈艾华等，2018[⑤]；陈婵、邹晓东，2015[⑥]；孙丽珍等，2020[⑦]）；③ 创新跨学科组织，朱永东（2021）比较美国研究型大学，对高校学科组织创新提出若干建议，认为跨学科教育组织的创立、设计与管理必须勇于突破"学科中心论"，充分体现组织的开放式、国际化，形成"扁平化"学科组织结构，如此跨学科人才的培养才是国际通行的。[⑧]

---

① 张炜. 学术组织再造：大学跨学科学术组织的成长机制 [M]. 杭州：浙江大学出版社，2012：145.

② 张晓报. 美国研究型大学跨学科专业教育的实践及启示 [J]. 高等教育管理，2019 (5)：92-103.

③ 郝莉，冯晓云，宋爱玲，等. 新工科背景下跨学科课程建设的思考与实践 [J]. 高等工程教育研究，2020 (2)：31-40.

④ 耿益群. 美国研究型大学跨学科研究教师绩效评价的原则、途径与特点 [J]. 现代教育管理，2017 (4)：41-45.

⑤ 陈艾华，吴伟，王卫彬. 跨学科研究的协同创新机理：基于高校跨学科组织的实证分析 [J]. 教育研究，2018 (6)：70-79.

⑥ 陈婵，邹晓东. 美国高校跨学科独立研究机构建设的经验与借鉴——以哈佛大学拉德克里夫高等研究院为例 [J]. 科技进步与对策，2015 (2)：35-38.

⑦ 孙丽珍，周培，曹正伟，等. 高校农业跨学科交叉研究的思考与实践 [J]. 中国高校科技，2020 (11)：26-30.

⑧ 朱永东. 研究型大学学科组织结构创新探析 [J]. 高等工程教育研究，2021 (4)：147-151.

1.3.2 国外研究现状

国外跨学科研究生培养的理论研究和实践探索均开展得较早。从历史沿革来看，国外关于跨学科教育的探索大致经历了三个阶段。

第一阶段是从第一次世界大战到第二次世界大战，是强调通识教育的兴起时期，进行了一些初级探索性的教育实践。Dary（1986）认为第一阶段集中于对文科传统教育的改革，跨学科课程及相关教育活动被视为通识教育的一部分，是对专业化的分科教育的纠正和补充。① 这个时期一些高校教师和有关学者开始进行自发的探索，Alexander 在所任教的高校引入了"社会与经济机构"（Social and Economic Institutions）课程，让学生同时了解社会和经济方面的问题。10 年后他又为一年级和高年级学生开设了通识课程（General Course）和调查课程（Survey Course），后者成为现在高校讨论课程的前驱。② 这一阶段具有跨学科性质的通识课程和教育理念开始进入大众视野，赫钦斯的名著课程与艾略特的经典五步课程出现在大学课堂之中，这些课程实质上都具有跨越学科界限的性质。

第二阶段是从第二次世界大战后到 20 世纪 60 年代末，"跨学科"概念开始频繁地出现在各种刊物上，成为欧美国家的一个流行词，为了满足战后社会经济的发展需要，世界范围内掀起了教育改革的浪潮，跨学科教育得到很大程度的发展。20 世纪 60 年代，经济合作与发展组织在世界范围内对高校的跨学科教育与研究问题展开了一次调查，发现了跨学科教育得以发展的五大原因，即自然科学发展的需要、学生需要、职业训练的需要、社会革新需要，最后一点与大学管理相关，跨学科教育与研究可以更有效地利用学校的资源设备，高校出于现实益处的考虑将其作为提高管理效率的手段。③ 由于社会、学生和高校各方面需求的推动，跨学科教育开始在高校中不断拓展，

---

① Dary C E. Interdisciplinary Analysis and Research：Theory and Practice of Problem Focused Research and Development[M]. Maryland：Lomond Publications,1986:412.

② John S. Brubacher and Willis Rudy Higher Education in Transition：A History of American Colleges and Universities[M]. London：Transaction Publishers,1997:272.

③ Clark M E, Wawrytko S A. Rethinking the Curriculum ：Toward an Integrated Interdisciplinary College Education New York Westport Connecticut[M]. London ：Greenwood Press,1990:99.

一些大学还在校内为一些有共同兴趣爱好的学生和教师提供小组研究机会，帮助他们进行多学科的交流和研究，但此时，这类课程只局限在少部分学生中，还属于学校课程的边缘部分。①

第三阶段是从20世纪70年代至今，高校和学者开始对跨学科教育的本质及其实现进行主动探讨，研究跨学科教育的论文和著作数量激增。始于经济合作与发展组织（OECD，1972）出版《跨学科：大学中的教育和研究问题》，对跨学科的定义、类别、动力和特点等进行分析，深入探讨了高校跨学科教学工作和跨学科研究等问题，引发广大学者对跨学科教育的关注。②随后，1979年经济合作与发展组织又成立了两个专业性交叉学科研究组织，一个是整合学习委员会（Association for Integrative Studies），另一个是国际交叉学科研究调查委员会（International Association for the Study of Interdisciplinary Research），前者旨在推动跨学科教育的理论、方法、课程和管理，后者通过周期性的会议来讨论跨学科组织和管理问题。以OECD的国际性推动为基础，在20世纪90年代出现了跨学科教育发展的一次小高潮，跨学科教育研究专著显著增加，代表人物克莱恩（1990）出版了《跨学科的历史、理论与实践》一书，阐述了跨学科的历史、定义及其与其他学科之间的关系，分析了以问题为中心的跨学科教育、跨学科研究等实践问题。③此时，跨学科的有关课程不再仅仅是通识教育的附属品，出现了专门的跨学科课程。1998年，美国卡内基教学促进会发布《重建本科教育：美国研究型大学发展蓝图》报告，指出研究型大学应致力于打破学科壁垒，消除跨学科教育的障碍，建立跨学科教育与研究组织；2000年，英国科联委（The UK J. R. C）在调查国内13所高校的基础上发表了《促进跨学科研究的教育》报告；2003年，美国国家科学院、国家工程院和医学研究所发出了"国家科学院凯克未来创新计划"（National Academies Keck Futures Initiative，NAKFI），这项为期15年的资助计划旨在推动科学、工程和医学的跨学科教育发展，打破相关机构

---

① Gaff J G. Interdisciplinary Studies in Higher Education[J]. The Education Digest，1989(10):57-60.

② Leo A, et al. Interdisciplinary: Problems of Teaching and Research in University[M]. Washington:OECD Publications Center,1972:26.

③ Klein J T. Interdisciplinarity: History, Theory, and Practice [M]. Durham: Duke University Press,1990:133.

和系统的壁垒。① Brint 等（2009）统计 294 所美国高校的本科生跨学科学习项目后发现，跨学科教育项目由 1975—1976 年的 674 个猛增到 2000—2001 年的 1663 个。② 这一时期，跨学科教育的研究趋势已经是"远离那些主要关注模式、形式和结构的问题，转向支撑结构的行为观察和过程分析"。③ 与此同时，高校也为积极应对社会发展需求，设置了更多的跨学科学位项目，跨学科相关的课程和活动不再局限于作为通识教育的附属品，其课程、组织与管理方式展现出了新面貌，跨学科教育项目大量增加，并出现了专门的跨学科教育课程。

国外一些发达国家较早开始跨学科研究生培养工作的探索，跨学科研究生院、机构数量和比例不断提升，越来越多的跨学科学位项目不断涌现并呈上升趋势，形成了较为完善的跨学科研究生培养体系。部分学者从现实社会需求角度出发，论述了跨学科研究生教育的必要性，Hsu-Chan Kuo 等（2019）指出，在现实世界复杂问题不断涌现的大背景之下，具备跨学科知识和技能的高学历人才需求旺盛，因此近些年在科学、技术、工程和数学（STEM）领域，跨学科研究生教育得到了广泛的提倡和实施。④ 部分学者从学科融合的角度研究了跨学科研究生教育的进程，Ashley 和 David（2019）研究认为人文与艺术科学、工程和医学这类学科的研究生教育中学科融合较为密切，并举例说明欧美许多研究生院都较好地整合了跨学科教学方法。⑤ 还有学者指出促进跨学科研究生教育已经成为 21 世纪大学的使命所在，DePauw（2019）认为研究生教育是现代大学的重要组成部分，变革传统研

---

① National Academy of Sciences, National Academy of Engineering, Institute of Medicine Sciences. Facilitating Interdisciplinary Research[R]. Washington, DC: The National Academies Press, 2005.

② Brint S G, Turk-Bicakci L, Proctor K, et al. Expanding the Social Frame of Knowledge: Interdisciplinary, Degree-granting Fields in American Colleges and Universities, 1975—2000[J]. The Review of Higher Education, 2009, 32(2): 155-183.

③ [美]朱丽·汤普森·克莱恩. 跨越边界：知识·学科·学科互涉[M]. 蒋智芹, 译. 南京：南京大学出版社, 2005: 37.

④ Kuo H C, Tseng Y C, Yang Y T C. Promoting College Student's Learning Motivation and Creativity Through a STEM Interdisciplinary PBL Human-computer Interaction System Design and Development Course[J]. Thinking Skills and Creativity, 2019, 31: 1-10.

⑤ Ashley B, David S. The World Needs Students with Interdisciplinary Education[J]. Issues in Science and Technology, 2019, 35(2): 60-62.

究生教育，促进研究生教育朝着跨学科方向发展，是当代大学发展的必然趋势，也是各所大学面临的机遇与挑战。①

综上所述，无论从社会发展还是学科发展来说，跨学科研究生教育在国外尤其是英美发达国家的高等教育领域得到了极大程度的重视，并且未来各所高校会继续推进跨学科研究生的培养工作。从有关跨学科研究生培养研究的现状来看，国外学者主要采取实验或案例分析的方式，选定某所案例学校或某个跨学科项目开展研究，其主要研究可以归纳为以下几个方面：高校跨学科人才培养的动因研究、研究型大学跨学科研究生培养路径研究、跨学科研究生培养存在的问题及优化对策研究。

1.3.2.1 高校跨学科人才培养的动因研究

概括而言，国外学者将推动跨学科人才培养的原因归结为三个主要方面，即社会经济发展的客观需求、学科内在逻辑的演变和政策引导。

首先，学者们普遍认为，随着社会经济的不断进步，当今世界逐渐演变为一个极其复杂的世界，单一学科知识已经难以解决复杂的社会问题，如国外学者主要从近年来人类社会所面临的共同的问题出发，论证了对跨学科人才的急需程度。Kaygan 等（2018）认为现今跨学科教育的需求比以往任何时候都更加突出，在科学领域如能源、气候变化和水资源，急需在现有的学科之间开展跨学科合作，急需从不同学科视角共同努力推动跨学科人才培养。② Hains-Wesson 等（2020）进一步指出现实世界面临的问题需要高校毕业生拥有强大的技术技能和跨越不同知识领域的能力。③ 此外，不少学者从不同具体领域的视角出发，论述了各自领域也需要具备多学科领域知识的跨学科人才。Shaw 等（2018）以管理学科领域为例，发现为解决一个管理问

---

① DePauw K P. Evolving Landscape of Global Higher Education: Challenges and Opportunities from a Graduate Education Perspective[J]. Major Challenges Facing Higher Education in the Anab World: Quality Assurance and Relevance, 2019: 125-132.

② Kaygan P, Aydinoǧlu A U. The Role of Space in Interdisciplinary Collaboration in Design Education[J]. International Journal of Technology & Design Education, 2018, 28(3): 803-817.

③ Hains-Wesson R, JI K Y. Students' Perceptions of an Interdisciplinary Global Study Tour: Uncovering Inexplicit Employability Skills [J]. Higher Education Research & Development, 2020, 39(4): 657-671.

题，还需要物理和生物科学领域的理论来辅助。[1] Kim（2019）认为医疗系统的问题，需要工程、护理、信息学、临床等各学科背景的复合型人才。[2] Suzuki 等（2021）认为工程领域对具备跨学科视野的专业人才有强烈的需求，因此高校在工程教育领域开展跨学科的教学工作十分必要。[3]

其次，学科逻辑的不断演变融合也推动了跨学科教育，早在 1852 年，著名教育学家纽曼在其著作《大学的理想》中就关注到了各个学科分支之间的超强联系性，他认为知识是一个相互联系的完整的整体，大学应提供普遍与完整的知识，让学生生活在代表整个知识领域的人之间，强调学生在一种洋溢着普遍知识的益智团体氛围中进行自我教育。[4] 跨学科教育正是纽曼思想的重要体现，到了今天也有越来越多的学者强调学科之间相互联系、融合的重要意义，Shaw 等（2018）[5] 和 Clark 等（2015）[6] 分别从学科理论联系性与学科整合趋势两个角度出发，论证了跨学科人才培养的学科演变的必然趋势。Xue 等（2020）强调知识是相互联系、相互影响的完整体，跨学科教育组织使广大学生身处益智团体，促进学生在跨学科文化氛围中自我发展。[7] Gallemí-Pérez（2021）通过研究发现目前的学科体系有趋向融合的态势，跨学科教育组织逐渐成为美国研究型大学发展的必然选择。[8]

---

[1] Shaw J D, Tangirala S. New Ways of Seeing: Theory Integration across Disciplines[J]. Academy of Management Journal, 2018, 61(1): 1-4.

[2] Kim H N. A Conceptual Framework for Interdisciplinary Education in Engineering and Nursing Health Informatics[J]. Nurse Education Today, 2019, 12(74): 91-93.

[3] Suzuki K, Shibuya T, Kanagawa T. Effectiveness of a Game-based Class for Interdisciplinary Energy Systems Education in Engineering Courses[J]. Sustainability Science, 2021, 16(2): 523-539.

[4] Newman T H. The Idea of a University : Defined and Illustrated [M]. Bristol: Thoemmes Press , 1994: 20-22.

[5] Shaw J D, Tangirala S. New Ways of Seeing: Theory Integration across Disciplines[J]. Academy of Management Journal, 2018, 61(1): 1-4.

[6] Clark S G, Wallace R L. Integration and Interdisciplinarity: Concepts, Frameworks, and Education[J]. Policy Sciences, 2015, 48(2): 233-255.

[7] Xue L, Rienties B, Van Petegem W, et al. Learning Relations of Knowledge Transfer (KT) and Knowledge Integration (KI) of Doctoral Students during Online Interdisciplinary Training: An Exploratory Study[J]. Higher Education Research & Development, 2020, 39(6): 1290-1307.

[8] Gallemí-Pérez A, Chávez-Medina V. Current and Future Challenges in Interdisciplinary Ph. D. Education as Perceived By Students[J]. Communications Physics, 2021, 4(1): 1-5.

最后，推动跨学科人才培养的重要原因是国家政策驱动，通过文献整理发现，许多国家都已经认识到跨学科人才培养对于提升国家综合实力的重要性。Barringer 等（2020）收集并编码了来自美国 156 所一流大学的大量文本数据，以衡量大学一直以来对跨学科教育的结构性承诺以及关键的解释变量，发现政府自上而下对跨学科教育的行政支持与自下而上的教师参与是相互关联、相互加强的，行政支持和跨学科教育资助水平越高的研究型大学对跨学科教育的结构性承诺水平越好，其跨学科教育组织发展层次越高。① Mirjam 等（2021）的研究表明了国家创新能力的提升与高校跨学科教学工作的高度相关性。② 迄今许多国家的政府都出台较多项目和政策文本来支撑跨学科人才培养工作，如 Coffman & Henderson（2004）③、Borrego & Cutler（2010）④、Allen（2017）⑤、Tierney 等（2019）⑥、Cairney 等（2019）⑦、Gallemí-Pérez 等（2021）⑧ 等。

---

① Barringer S N, Leahey E, Salazar K. What Catalyzes Research Universities to Commit to Interdisciplinary research？[J]. Research in Higher Education, 2020, 61(6): 679-705.

② Mirjam B, Martin S. Students' Innovation in Education for Sustainable Development——A Longitudinal Study on Interdisciplinary vs. Monodisciplinary Learning[J]. Sustainability, 2021, 13(3): 1322.

③ Coffman J, Henderson T. Public Policies to Promote Community-based and Interdisciplinary Health Professions Education[J]. Education for Health Change in Learning & Practice, 2004, 14(2): 21-30.

④ Borrego M, Cutler S. Constructive Alignment of Interdisciplinary Graduate Curriculum in Engineering and Science: An Analysis of Successful IGERT Proposals[J]. Journal of Engineering Education, 2010, 99(4): 355-369.

⑤ Allen B. Exploring the Role of Ideology in Interdisciplinary Science Education Policy[J]. Educational Studies, 2017, 53(6): 642-653.

⑥ Tierney E, Hannigan A, Kinneen L, et al. Interdisciplinary Team Working in the Irish Primary Healthcare System: Analysis of Invisible Bottom Up Innovations Using Normalisation Process Theory[J]. Health Policy, 2019, 123(11): 1083-1092.

⑦ Cairney P, McHarg A, McEwen N, et al. How to Conceptualise Energy Law and Policy for an Interdisciplinary Audience: The Case of Post-Brexit UK[J]. Energy Policy, 2019, 129: 459-466.

⑧ Gallemí-Pérez A, Chávez-Medina V. Current and Future Challenges in Interdisciplinary Ph. D. Education as Perceived By Students[J]. Communications Physics, 2021, 4(1): 1-5.

1.3.2.2 研究型大学跨学科研究生培养路径研究

通过文献梳理发现，国外学者主要以某些典型的研究型高校为例，介绍其跨学科研究生培养的路径，研究主要集中于课程体系、导师支持体系、培养考核体系这三个方面。

国外研究者普遍认为科学合理的课程体系是进行跨学科研究生培养最重要的因素，而其关键在于能否建立一套灵活多样的课程选修制度。Xue等（2020）认为就博士生的跨学科课程设计而言，应该兼顾知识转移和知识整合两个方面。① Denham等（2020）倡导在跨学科研究生的课堂教学中尽可能多地融入现实世界的案例，开展大规模的体验式课堂教学，为研究生提供足够的思考和运用的空间。② Sharma等（2019）介绍了英国金斯顿大学的一个为期四年的跨学科研究生培养项目的选修课程体系：模块一为学习各个学科的基本观点和理论知识，保证学生获得足够的专业知识；模块二涵盖了学生结合兴趣和未来专业发展需要所进行的选修课程；模块三由跨学科组委会为学生安排学科相关座谈会和项目活动。③ 其介绍的这种由多个模块组成的选修课程是国外比较流行的跨学科课程设计方法，每个课程模块都包含需要完成的培养目标，既兼顾专业相关的必要学科知识，又给予学生较大空间的选择权。同样以具有典型性的高校（跨学科项目）为例，Vázquez等（2019）④

---

① Xue L, Rienties B, Van Petegem W, et al. Learning Relations of Knowledge Transfer (KT) and Knowledge Integration (KI) of Doctoral Students during Online Interdisciplinary Training: An Exploratory Study[J]. Higher Education Research & Development, 2020, 39(6): 1290-1307.

② Denham D, Rozance M A, Malone M, et al. Sustaining Future Environmental Educators: Building Critical Interdisciplinary Teaching Capacity among Graduate Students[J]. Journal of Environmental Studies and Sciences, 2020, 11(1): 101-104.

③ Sharma S, Catalano E, Seetzen H, et al. Taking Race Live: Exploring Experiences of Race through Interdisciplinary Collaboration in Higher Education[J]. London Review of Education, 2019, 17(2): 193-205.

④ Vázquez R, Núñez P G. Learning Astrobiology 101 with Experiments in Baja California, Mexico[J]. EPJ Web of Conferences, 2019, 200(5): 2-9.

介绍了墨西哥的课程设计，Ashley 等（2019）① 介绍了美国的课程设计，Tang 等（2020）② 介绍了新加坡国立大学的课程设计。

国外高校十分注重跨学科研究生培养过程中导师发挥的作用，国外学者集中对导师或导师组对学生的指导作用进行了研究，普遍认为导师能给予学生多样化的学科知识和思维方式，对跨学科研究生培养具有极大的促进作用，Bosque-Perez 等（2016）以牛津大学导师组制为例，认为多名教师的指导对学生参与严格的跨学科团队合作所需的技能养成很重要。③ Mahtani 等（2020）④ 认为导师的作用在于将学生置于跨学科的学习体验之中，帮助学生采取丰富的思维方式解决问题，推动他们进行学科交流和提高他们创新的能力。Ozdilek 等（2014）⑤ 调研发现，学生们高度肯定导师在跨学科学习中的功效，导师给予他们广阔的思维空间，并提供跨学科学习经验和方法。国外学者研究发现，为了保证导师对学生正向的指导作用，高校还注重通过各种形式的培训以提升导师自身的跨学科综合素养和教学能力，De Barron 等（2012）⑥ 系统介绍了欧洲跨学科教师职前培训，欧洲的高等教育监管流程，即博洛尼亚进程中将跨学科师资力量纳入其评估工作中，提出对跨学科师资的培训应体现在教学模块、探讨交流模块、跨学科方法技能之中。关于跨学

---

① Ashley B, David S. The World Needs Students with Interdisciplinary Education[J]. Issues in Science and Technology, 2019, 35(2):60-62.

② Tang B L, Lee J S C. A Reflective Account of a Research Ethics Course for an Interdisciplinary Cohort of Graduate Students[J]. Science and Engineering Ethics, 2020, 26(2): 1089-1105.

③ Bosque-Perez N A, Klos P Z, Force J E, et al. A Pedagogical Model for Team-based, Problem-focused Interdisciplinary Doctoral Education[J]. BioScience, 2016, 66(6):477-488.

④ Mahtani T, Brotman Y S, Ashok A. Promoting Interdisciplinary Learning: A Cross-Course Assignment for Undergraduate Students in Advanced Biology and Drawing Courses[J]. Journal of Microbiology & Biology Education, 2020, 21(1):20.

⑤ Ozdilek Z, Oncu S. Pre-service Teachers' Views on Simulations in Education: An Interdisciplinary Instructional Development Experience[J]. Procedia-Social and Behavioral Sciences, 2014, 141:1156-1160.

⑥ De Barron I C O, Llorente P A, Anta E Z. Interdisciplinary Experience in the Teacher Training College of Vitoria-Gasteiz: Teaching Profession Module[J]. Journal of Technology and Science Education, 2012, 2(2):59-67.

科教师培训，不同国家和高校都形成了各具特色的培训计划，Perreault 等（2009）[①] 对加拿大的研究，Vogt 等（2017）[②] 对德国的研究等，不同学者进行了不同的介绍。

对于跨学科研究生培养考核体系，国外学者主要从考核标准入手，发现考核标准涵盖了从专业知识领域到各类可转移知识能力提升等方面，Pavel（2018）列出了八项培养跨学科人才所需考核的能力：开放性的跨学科思维、逻辑论证和分析能力、学科基础知识和指示性知识、问题解决能力和协调工作能力、沟通能力、跨文化能力、独立行动的能力、实践导向能力。[③] Beemt（2020）则认为跨学科教学最终对学生考评的落脚点应该是跨学科技能的发展情况，包括创新技能、跨学科思维技能和团队合作技能等一系列有利于解决实践问题的能力。[④] 基于跨学科学习过程，Carr 等（2018）认为考核标准应基于以下三个方面的能力：知识累积和跨学科研究实践、人际互动能力与共享理解、整合多个领域新知识的能力。[⑤] Tate 等（2021）[⑥] 的研究也表达了与前者类似的观点。综上，研究型大学的跨学科研究生教育所要培养的是集合学科知识、创新思维能力和科研实践能力系统的复合型人才，因此考核指标也侧重从多个方面出发，综合考量跨学科研究生培养的最终成效。

1.3.2.3 跨学科研究生培养存在的问题及优化对策研究

国外跨学科研究生教育起步较早，在为各领域带来有益联系的同时，其

---

① Perreault K, Boivin A, Pauzé E, et al. Interdisciplinary Primary Health Care Research Training through TUTOR-PHC: The Insiders' View[J]. Journal of Interprofessional Care, 2009, 23(4): 414-416.

② Vogt K, Pelz J, Stroux A. Refinement of a Training Concept for Tutors in Problem-based Learning[J]. GMS Journal for Medical Education, 2017, 34(4): 12-18.

③ Pavel F. Interdisciplinarity in the Humanities and Its Importance for Applied Ethics[J]. Scientific Papers of Silesian University of Technology, 2018, 122(8): 29-36.

④ Van den Beemt A, MacLeod M, Van der Veen J. Interdisciplinary Engineering Education: A Review of Vision, Teaching, and Support[J]. Journal of Engineering Education, 2020, 109(3): 508-555.

⑤ Carr G, Loucks D P, Blöschl G. Gaining Insight into Interdisciplinary Research and Education Programmes: A Framework for Evaluation[J]. Research Policy, 2018, 47(1): 35-48.

⑥ Tate E, Decker V, Just C. Evaluating Collaborative Readiness for Interdisciplinary Flood Research[J]. Risk Analysis, 2021, 41(7): 1187-1194.

培养体系也仍然面临着一些挑战。学者们主要围绕学科壁垒和师资队伍匮乏两个主要问题进行了探讨,并尝试性地提出了相应的对策建议。

国外部分学者认为,跨学科研究生教育虽然已经成为高校公认的发展态势,然而传统的单一学科范式所构成的学科壁垒仍是阻碍其发展的重大因素之一。Terjesen 等(2015)提出若不同学科已经形成自己的学术圈,在不同学科之间的沟通过程中则会产生对跨学科活动的假设和误解,与单一学科相比,跨学科教育的复杂性也较强,导致人才培养成效能见度低[1];Kalbarczyk(2018)[2] 的观点与之相似,他进一步从"学科语言"视角出发,探讨了原生学科的阻碍。另一部分学者认为,学科壁垒不仅表现在阻碍作用上,还表现在学科分歧上,Ren(2019)对此进行了举例说明,同一个项目的跨学科人员可能关心扩展对某个主题的基本理解,而另一些研究人员可能更感兴趣于弄清楚如何将他们的研究应用于设计和技术开发。[3] 针对上述问题,学者们提出了相应的利于淡化学科界限的建议(Nikitina,2006[4];Davis 等,2015[5];Boumlik 等,2018[6]),包括:① 利用导师联结不同学科学生之间的共通点,引导学生通过团队合作相互沟通;② 将多学科知识融合进课程设计之中,鼓励跨学科课程的情景化和问题化;③ 从新生入手,采用新颖的教学方法加强不同学科互动,也可利用老生的学习经验来指导新生。

教师是进行跨学科研究生培养的主要实施者,聘任具备跨学科素养的教师队伍并加强对其培养投入是影响人才培养质量的关键因素。学者研究发

---

[1] Terjesen S, Politis D. In Praise of Multidisciplinary Scholarship and the Polymath[J]. Academy of Management Learning & Education,2015,14(2):151-157.

[2] Kalbarczyk A,Martin N A,Combs E,et al. The Era of Single Disease Cowboys Is Out: Evaluating the Experiences of Students,Faculty,and Collaborators in an Interdisciplinary Global Health Training Program[J]. Globalization and Health,2018,14(1):23.

[3] Ren Z J. The Rewards and Challenges of Interdisciplinary Collaborations[J]. Iscience, 2019,20:575.

[4] Nikitina S. Three Strategies for Interdisciplinary Teaching: Contextualizing, Conceptualizing,and Problem-Centring[J]. Journal of Curriculum Studies,2006,38(3):251-271.

[5] Davis S N,Mahatmya D,Garner P W, et al. Mentoring Undergraduate Scholars: A Pathway to Interdisciplinary Research?[J]. Mentoring & Tutoring:Partnership in Learning, 2015,23(5):427-440.

[6] Boumlik H,Jaafar R,Albert I. Interdisciplinary Connections across the Curriculum: Fostering Collaborations between Freshman and Capstone Students through Peer-Review Assignments[J]. International Journal of Higher Education,2018,7(5):61-74.

现，虽然国外高校跨学科研究生教育起步较早，但是在师资队伍方面仍然面临能力不足和指导投入不够（不当）两大难题。从教师本身的能力来看，Pietrocola（2003）认为国外课程与教师准备仍然停留在单一学科范式，教师如何形成特色跨学科教学法成为跨学科师资培养的一大难题[1]；Chowdhary等（2014）[2]从缺乏持续性的教师培训角度出发同样论述了教师能力有限这一问题。从教师对学生的指导投入上来看，Self等（2019）访谈研究发现，部分教师存在对跨学科的偏见和潜在的知识整合问题，他们对跨学科培养的认识不充分，缺少态度上的认同[3]；还有学者（Hartesveldt，2016[4]）进一步指出，现行的跨学科成果考核体系和教学评价体系尚未健全，即使存在少数跨学科教学能力很强的教师，他们也不愿意投身跨学科教学工作。基于上述问题，学者们提出的优化路径主要涵盖三点：① 有意识地加强教师职业培训，打破教师间单个学科结构和地块，寻找协调交互式的方式进行教师培训；② 广泛建设教师学习型社区，搭建交流沟通平台；③ 有条件的高校可以成立专家组进行教师发展和培养监督（Barron 等，2012[5]；Tinnell 等，2019[6]；Awad 等，2019[7]）。

---

[1] Pietrocola M. Interdisciplinary Practice in the Disciplinary Formation of Science Teachers[J]. Investigaçõesem Ensino de Ciências,2003,8(2):131-152.

[2] Chowdhary B,Liu X,Yerrick R,et al. Examining Science Teachers' Development of Interdisciplinary Science Inquiry Pedagogical Knowledge and Practices[J]. Journal of Science Teacher Education,2014,25(8):865-884.

[3] Self J A,Evans M,Jun T,et al. Interdisciplinary: Challenges and Opportunities for Design Education[J]. International Journal of Technology and Design Education,2019,29(4):843-876.

[4] Van Hartesveldt C J. Integrative Graduate Education and Research[M]. Springer International Publishing,2016:1045-1058.

[5] De Barron I C O,Llorente P A,Anta E Z. Interdisciplinary Experience in the Teacher Training of Vitoria-Gasteiz:Teaching Profession Module[J]. Journal of Technology and Science Education,2012,2(2):59-67.

[6] Tinnell T L,Tretter T R,Thomburg W,et al. Successful Interdisciplinary Collaboration:Supporting Science Teachers with a Systematic,Ongoing,Intentional Collaboration Between University Engineering and Science Teacher Education Faculty[J]. Journal of Science Teacher Education,2019,30(6):621-638.

[7] Awad N A,Salman E,Barak M. Integrating Teachers to Teach an Interdisciplinary STEM-Focused Program about Sound,Waves and Communication Systems[J]. European Journal of STEM Education,2019,4(1):5.

1.3.3 研究现状评述

通过对现有文献资料的分析发现,国内外学者对有关高校跨学科研究生培养的研究从多个方面展开,已经对跨学科培养的主要模式、组织形式、主要路径等有了较为深入的研究,但仍有不少有待更系统的、更有针对性的研究解决的问题,主要问题如下。

(1) 缺乏对研究型大学跨学科研究生培养的体系化、系统化研究。从现有文献来看,多数学者的研究主要采取个案分析的方法,针对案例学校或跨学科项目,侧重对跨学科师资、课程设置、教学方式、组织形式等某一方面进行独立研究,缺少从整体性视角对跨学科研究生培养体系进行综合性、系统性研究。研究相对零散,研究聚焦于某一部分而忽视了整个培养体系,过于强调个案的特点分析而忽视了对共性规律的把握,难以从宏观层面准确把握研究型大学培养跨学科研究生的全貌和体系,也使得研究成果不具有广泛的适用性。

(2) 对研究型大学开展跨学科研究生培养的理论探讨不够深入。当前研究多从现象、实践层面着手,主要集中于高校培养跨学科研究生的具体行为做法层面,缺乏对培养体系建设的一般规律、作用原理及建设原则的深入分析,理论深度不够。而且,现有研究过于关注某所或某几所高校的独特做法及经验,研究缺乏足够的理论支撑和方法论指导,更缺少将个别经验上升到理论层面的深层次探讨,没有挖掘形成一般性的培养规律,因理论深度的不足极大地制约了其实践指导的有效性。

(3) 研究对象过于宽泛。通过对国内外相关研究的梳理发现,现有研究多是对普遍意义上的高校开展跨学科人才培养的研究,缺乏对跨学科人才培养最具有代表性的"研究型大学"和"研究生"的聚焦,所得研究结论针对性、指导性不强,对当前我国正在实施的"双一流"建设启示有限。事实上,西方发达国家跨学科人才培养的重中之重在"研究生",而其中公认的表率是英美研究型大学。因此,本研究将深入讨论"英美研究型大学"和"研究生"这两个最适合实施跨学科研究生培养的研究对象,这有利于归纳总结出大学跨学科研究生培养的世界经验,为我国"双一流"建设高校跨学科教育的发展、跨学科人才的培养提供科学而具有指导性的思路。

1.4 研究方法及思路

1.4.1 研究方法

本研究运用的主要研究方法如下。

1. 文献分析法

本研究利用了中国知网、万方数据库、Web of Science、Springer Link 数据库、IEEE 数据库、EBSCO 数据库等电子文献库、湖北省图书馆书籍、中国地质大学（武汉）图书期刊等大量的文献资料，查找美国教育部（United States Department of Education）、美国国家科学基金会（National Science Foundation, United States）、美国研究生委员会（Council of Graduate School）、英国教育部（United Kingdom Department for Education）、英国高等教育政策研究所（Higher Education Policy Institute）、英国高等教育质量保证机构（Quality Assurance Agency for Higher Education）、英国学生办公室（Office for Student）等组织机构和相关研究型大学的官方网站，对英美研究型大学跨学科研究生培养的相关文献和资料进行整理分析，确保研究的可靠性和真实性。

2. 案例分析法

本研究运用案例分析法选取代表性案例进行分析和总结，以世界排名前50而且跨学科研究生培养成果较显著的英美研究型大学作为具体的案例，深入探索其跨学科研究生培养的目的、内容、方式和保障机制，归纳英美研究型大学跨学科研究生培养的成功经验和一般规律，总结出英美研究型大学跨学科研究生培养的整体特征，为我国提供镜鉴。

3. 比较分析法

比较分析法是将两个有一定联系的客观事物加以比较，从而形成对事物本质的认识。我国正在加快推进跨学科研究生教育，而英美研究型大学的跨学科研究生培养体系较为健全，成果更加显著，通过分析其跨学科培养体系建设经验，与我国的培养体系做比对，可以精准地把握我国"双一流"建设高校在跨学科研究生培养方面存在的主要问题及根源，学习借鉴英美研究型大学的先进做法，以进一步完善我国"双一流"建设高校的跨学科研究生培养体系。

1.4.2 研究思路

本研究以高校跨学科教育发展为时代背景，立足于考察英美研究型大学跨学科研究生培养体系建设的经验与规律，力求同相应的理论进行研究、比较借鉴和调查，提出建设和优化我国"双一流"建设高校跨学科研究生培养体系的对策建议。因而，本研究遵循理论与实践相结合、国内与国外相结合、个性与共性相结合的研究原则。

首先，探讨英美研究型大学跨学科研究生培养体系研究的指导理论。对研究型大学、跨学科、跨学科研究生、跨学科研究生培养体系等相关概念予以界定，从知识生产模式变革理论、系统理论、自由教育理论等探讨有关跨学科人才培养的理论基础及其对本研究的适用性。

其次，全面探讨英美研究型大学跨学科研究生培养体系建设的特点与规律。深入分析英美研究型大学的一手资料，研究英美研究型大学跨学科研究生的培养目的、培养内容、培养方式和保障机制，从其具体的做法中总结共性特征和一般规律。

最后，在理论研究、国际比较及典型个案分析的基础上，全面剖析我国"双一流"建设高校在跨学科研究生培养方面存在的问题，借鉴英美研究型大学的先进做法，从培养目的、培养内容、培养方式及保障机制等方面，为我国开展跨学科教育、完善跨学科研究生培养体系提供启示。

第 2 章

相关概念界定及理论基础分析

德国思想家康德曾言:"一切知识都需要一个概念,哪怕这个概念很不完备或者很不清楚。但是,这个概念,从形式上看,永远是个普遍的、起规则作用的东西"。[①] 概念是人们对客观事物所反映的本质特征的一种抽象思维形式,是在高度概括的基础上形成的。而理论基础则是引导研究深入进行的指南,对整个研究发挥指导性作用。通过厘清跨学科研究生培养的相关概念,对跨学科研究生培养的理论基础进行深入分析,并探寻理论基础在本研究中的适用性,深入地理解英美研究型大学跨学科研究生培养体系的构建根基。

2.1 相关概念界定

2.1.1 研究型大学

从世界范围来看,研究型大学最早可以追溯至 1810 年威廉·洪堡(Wilhelm Humboldt)创办的柏林大学(University of Berlin),洪堡首次将"教学和科研相统一"的原则运用到大学办学之中,研究型大学初现萌芽。研究型大学的精神最早萌发于德国,但美国率先明确了研究型大学的地位并形成了相对成熟的形态。

---

① 北京大学哲学系外国哲学史教研室.西方哲学原著选读(下卷)[M].北京:商务印书馆,1982:296.

1876年，美国效仿柏林大学的办学模式建立约翰·霍普金斯大学（Johns Hopkins University），这被许多学者认为是研究型大学创办的里程碑，它已经具备现代研究型大学的一些基本特征。但是，直到1970年，"研究型大学"这一概念才由美国卡内基教学促进基金会（Carnegie Foundation for the Advancement of Teaching）正式提出，并在1973年出版的《高等教育机构分类》①中对研究型大学做出了明确的界定，即根据获取联邦科研经费资助的额度及授予博士学位的数量，将博士学位授予大学分为研究型大学Ⅰ类和研究型大学Ⅱ类。② 其具体的额度和数量也在不断改变，自设立以来经历了7次修订（分别是1976年、1987年、1994年、2000年、2005年、2010年、2018年），并发布了美国高等教育机构的分类报告，其对研究型大学的界定被广泛运用于高等教育领域。分析卡内基教学促进基金会的主要划分方法可以发现，其采用了主成分统计分析法，将大学的科技研发支出、非科技研发支出、研发人员数、各学科领域博士授予数等数据结合起来，得出两项科研活动指标以反映全部的变化。这两项指标中一项代表科研活动总体水平，另一项代表人均科研经费支出及教学、科研或教学、科研、公共服务相结合的人员配备标准，将博士学位授予分为三类两项指标数值，结果都显示为"高"的为研究能力很强的研究型大学，即研究型大学Ⅰ类；两项指标中的一个数值显示为"高"的为研究能力强的研究型大学，即研究型大学Ⅱ类；两项指标都不显示"高"的为普通博士学位授予研究型大学。据2015年卡内基分类的最新数据显示，全美4224所高等教育机构中，研究型大学共有329所，其中研究能力很强的研究型大学有115所，研究能力强的研究型大学105所，研究能力适中的研究型大学有109所。③

为便利各国的高等教育交往，联合国教科文组织（UNESCO）从科研成果、人才培养、课堂教学、教学和科研人员聘用四个方面对研究型大学进行

---

① Carnegie Foundation for the Advancement of Teaching. The Carnegie Classification of Institutions of Higher Education [EB/OL]. [2020-10-04]. https://carnegieclassifications.iu.edu/.

② [美]休·戴维斯·格拉汉姆，南希·戴蒙德. 美国研究型大学的兴起：战后年代的精英大学及其挑战者[M]. 张斌贤，於荣，王璞，译. 保定：河北大学出版社，2008：1-2.

③ 阎岩. 美国研究型大学本科人才培养质量的制度保障研究[D]. 长春：吉林大学，2018：6.

了阐述，简要将其定义为：关注科学研究和学科领域的新知识增长，能够将研究成果运用到实践之中的大学。①

美国教育家罗杰·G.诺尔指出，研究型大学必须满足如下要求：① 教师不仅要完成教学任务还要在较高水平上从事科研活动；② 大学通过在科研设施方面投下巨资以支持研究计划；③ 教学活动多样，既包括培养新的研究者也涉及本科生的通识教育。从师资的角度，诺尔指出研究型大学的教师一般要把25%～75%的时间运用于教学。如果教师教学时间的比例低于25%，则该组织更像提供在职训练的科研机构；而如果教师的教学用时比例高于75%，则教学就成了唯一重要的职能，研究沦为副业。②

分析西方学者的观点可以发现，研究型大学一般具备以下特征：位于高等教育系统最顶端；高度重视科研；是国家基础研究中心和世界科学文化学术交流中心；学科门类较为齐全，拥有优质的生源、卓越的师资力量和相对充足的科研经费；重视博士生教育。③

目前，国内对于研究型大学尚未形成一个严格的定义，国内的相关机构或学者纷纷对此进行了探讨。清华大学21世纪发展研究院认为，研究型大学以创新型高层次人才培养为主，博士及硕士研究生应占在校学生数量的较大比重（50%左右），科学研究工作在学校占有较大的比重和优势，是学校的工作重点。④ 上海交通大学刘念才（2008）教授对中国研究型大学进行了分类定义，将世界知名研究型大学定义为：提供广泛领域的本科教育，从事博士研究生教育，能够获得充分的科研经费，从事世界水平的科学研究，具有良好学术氛围，在世界范围内有一定知名度。⑤ 中国学位与研究生教育发展中心副主任王战军（2003）对研究型大学进行了界定，认为它是以知识的传播、生产和应用为中心，以产出高水平的科研成果和培养高层次精英人才

---

① 世界银行和联合国教科文组织高等教育与社会特别工作组.发展中国家的高等教育：危机与出路［M］.蒋凯，译.北京：教育科学出版社，2001：40.
② 高飞.美国研究型大学本科教育发展研究［M］.北京：人民出版社，2012：10-11.
③ 詹姆斯·杜德斯达.21世纪的大学［M］.刘彤，屈书杰，刘向荣，译.北京：北京大学出版社，2005：61-63.
④ 刘宏林，刘常升，吴厚兴.建设研究型学院 争创国内一流大学［J］.现代教育管理，2003（7）：16-18.
⑤ 杨林，刘念才.中国研究型大学的分类与定位研究［J］.高等教育研究，2008（11）：23-29.

为目标,在社会发展、经济建设、科教进步和文化繁荣中发挥重大作用的大学。[①] 不难发现,国内学者对研究型大学的界定与西方学者大同小异:它代表着高等教育领域最先进的办学水平,研究生教育占据重要地位,在教学、科研及社会服务方面均能发挥表率作用。

综合中西方学者的研究,本研究将研究型大学定义为:能为学生发展提供卓越的教育教学资源,致力于高层次特别是研究生层次的创新人才培养,具有丰硕的学术科研成果,能对学科知识发展和社会经济的进步起到推动作用的一流高校。研究型大学的主要特征可以概括为:① 科研活动是高校的主要职能,高校在科学研究方面投入巨大的人财物资源,成果显著;② 人才培养以研究生教育为重点,具有授予博士学位的能力,以高水平的科学研究促进人才培养;③ 能体现本国高等教育发展的最高水平,在国家建设和社会进步中发挥举足轻重的作用,并具备一定的国际影响力。从现代大学的基本职能视角来看,研究型大学在教育教学方面,能够通过各种形式的教育活动培养出具有创新思维和实践能力的精英型人才;在科学研究方面,可以在相关学术领域取得富含意义的研究成果;在服务社会方面,注重引领社会发展、时代进步,为社会输出高质量人才和科研成果,能推动社会向前进步。

具体而言,本研究选取的案例高校是卡内基分类中的研究型大学Ⅰ类,属于研究能力很强的研究型大学,如英国的 G5 超级精英大学(the G5 super elite),包括牛津大学(University of Oxford)、剑桥大学(University of Cambridge)、伦敦政治经济学院(London School of Economics and Political Science)、伦敦大学学院(University College London)、帝国理工学院(Imperial College London)。基于世界四大权威排行榜的综合分析,选取美国综合实力排名前 50 的大学,如哈佛大学(Harvard University)、耶鲁大学(Yale University)、普林斯顿大学(Princeton University)、麻省理工学院(Massachusetts Institute of Technology,MIT)、斯坦福大学(Stanford University)、加州理工学院(California Institute of Technology)、约翰斯·霍普金斯大学(Johns Hopkins University)、芝加哥大学(University of

---

① 王战军.什么是研究型大学——中国研究型大学建设基本问题研究(一)[J].学位与研究生教育,2003(1):9-11.

Chicago)、杜克大学（Duke University）、宾夕法尼亚大学（University of Pennsylvania）、哥伦比亚大学（Columbia University）、加州大学伯克利分校（University of California, Berkeley）、密歇根大学安娜堡分校（University of Michigan-Ann Arbor）等。深入挖掘第一手资料，重点探讨这些研究型大学在跨学科研究生培养方面的典型做法和可借鉴经验，以及其在培养目的、培养内容、培养方式及保障机制方面的建设特点和规律，为我国"双一流"建设高校开展研究生教育改革，完善跨学科研究生培养体系提供指导。

2.1.2 跨学科

跨学科一词起源于美国，由 interdisciplinary 英译而来。从词源上看，跨学科的词根为学科，由此反映了学科的基础性和重要性，以及两者之间的紧密依存关系。20世纪20年代，美国社会科学研究促进委员会（SSRC）首次使用 interdisciplinary 这一概念，用于指两个或两个以上的专业组织进行的合作和交流①。随后哥伦比亚大学心理学家伍德沃斯1926年在由多个学科组成的科学理事会上也提出这一概念，1937年跨学科一词正式被录入《牛津英语词典》。《时代大辞典》中将跨学科解释为"涉及两门或更多的学术和艺术学科"，《英华大辞典》中的解释为"涉及两种以上训练的，涉及两门以上学科的研究"。1972年，西方学者G.伯杰在世界经济合作与发展组织（OECD）出版的《跨学科——大学的教学和科研问题》中，系统地阐述了跨学科的含义，即跨学科是两个或两个以上不同学科之间紧密和明显的互动，互动形式从简单的交流思想到促进观点、方法、过程、认识论、学术话语、数据资料、研究与教育机构等在相当大范围内的相互融合，是来自不同学科的参与者就共同关注的问题进行持续交流的共同努力。② 美国著名的跨学科研究学者克莱恩和纽厄尔将跨学科理解为"整合两个或两个以上的学科或思维模

---

① Klein J T. Interdisciplinary: History, Theories and Methods[M]. Detrait: Wayne State University Press,1990:24.

② 金吾伦. 跨学科研究引论 [M]. 北京：中央编译出版社，1997：46.

式,产生比单一学科更丰富和有意义的成果,以解决单一学科无法解释的问题"①。根据2005年美国国家科学院、国家工程院等单位联合发布的《促进跨学科研究》的定义,跨学科指的是通过"整合来自两个或多学科(专业知识领域)的信息、数据、技术、工具、视角、概念以及理论等,来提高人们对世界的基本认识或解决某一学科或研究领域难以解决的问题"。②

20世纪80年代中期,跨学科的概念开始引起中国学者的关注。③ 1985年,国内跨学科研究专家刘仲林发表论文《跨学科学》④,他成为国内首个探讨跨学科研究的学者。刘仲林将跨学科的学术意义概括为三层含义:第一层含义是打破学科壁垒,把不同学科理论或方法有机地融为一体的研究或教育活动;第二层含义是指包括众多跨学科的学科在内的学科群;第三层含义是指一门以研究跨学科的规律和方法为基本内容的高层次科学。⑤ 这将跨学科分为了两个部分:跨学科教育与跨学科研究。本研究中关于跨学科的定义主要指涉及跨学科教育的第一层和第二层含义。

理解跨学科,除了把握其本身的定义,还有必要分析与跨学科相关的其他概念——多学科、交叉学科。克莱恩指出,在20世纪60—70年代,跨学科兴起的浪潮中,多学科(multidisciplinary)的概念同样受到关注。克莱恩认为跨学科不同于多学科,是因为多学科只是来自不同学科背景者的合作,很少融合。美国国家科学院、国家工程院等单位联合发布的《促进跨学科研究》报告中,特意区分了多学科和跨学科的概念:多学科是指多个学科的专家合作解决一个共同的问题,当工作完成后,就分离开,没有产生新变化;跨学科是多个学科的专家合作解决一个共同的问题,相互交流可能会产生一个新的研究领域或学科。因此,跨学科更强调学科间的融合沟通。而交叉学科是指用一种学科视角来考察另一学科的对象,比如对音乐的物理学考察或

---

① Klein J T, Newell W H. Advancing Interdisciplinary Studies[M]//Handbook of the Undergraduate Curriculum: A Comprehensive Guide to Purposes, Structures, Practices, and Change. San Francisco: Jossey-bass, 1997: 393-394.

② Committee on Facilitating Interdisciplinary Research, National Academy of Sciences, National Academy of Engineering, et al. Facilitating Interdisciplinary Research[M]. NW: National Academies Press, 2004: 39.

③ 王续琨. 交叉科学结构论[M]. 大连:大连理工大学出版社,2003:26-27.

④ 刘仲林. 跨学科学[J]. 未来与发展,1985(1):50-52.

⑤ 刘仲林. 跨学科教育论[M]. 郑州:河南教育出版社,1991:20-21.

者对文学的政治学考察。尽管看上去交叉学科和跨学科类似，但与跨学科强调学科知识的互动整合不同，在交叉学科研究中，作为研究手段的学科占有绝对的主导权，研究所使用的概念、工具、方法都来源于它，而另一学科仅仅提供被分析的对象，且无意促生新的研究领域。①

由此可见，跨学科的本质为两门或两门以上的学科之间的相互融合和贯通，以创新性地解决社会复杂问题。本研究将跨学科定义为涉及两门或两门以上的学科，通过整合各学科的知识体系和思维范式，相互融合与互补，整合产出一加一大于二的创新性成果，从而解决单一学科无法解决的复杂性和前沿性问题。其基本内涵包括以下几点：① 对象为两门或两门以上学科，学科间既有区别又有联系，相互融合构筑一个更加综合的视角来透视相关理论与实践；② 目的是解决单一学科无法解决的前沿的、复杂的问题，整合各学科视角下对该学科的识见与应对策略；③ 成果具有创新性，通过不同学科间的整合，产生了认知上和实践上的突破，如创造一个新产品、解释一种复杂的现象等。

2.1.3　跨学科研究生

本研究的研究对象为研究生，是指本科之后的以培养学生科学研究能力为主要特征的高层次人才的教育，包括硕士研究生和博士研究生。剑桥词典将"研究生"定义为在获得一个学位之后继续在学校学习，继续攻读更高学位的学生。② 蒙大拿大学研究生院院长唐纳德·斯潘塞（Donald Spencer）将研究生培养的维度定义为"专门化"（specialization，高度专门化的学位点的增长）、"专业化"（professionalization，面向实际工作者的项目增加）、"应用性"（application，实践经验的整合）、"去中心化"（decentralization）和"去个性化"（depersonalization，对住读和辅导没有统一标准）。③ 许多学者已然对"跨学科研究生"有了一些基本共识，王传毅等（2016）认为，高校的研

---

① 唐磊，刘霓，高媛，等．跨学科研究的理论与实践：基于研究文献的考察［M］．北京：中国社会科学出版社．2016：20．

② Cambridge Dictionary. Meaning of Postgraduate in English［EB/OL］．［2020-11-20］．https：//dictionary. cambridge. org/dictionary/english/postgraduate.

③ 克利夫顿·康拉德，珍妮弗·格兰特·霍沃斯，苏珊·博雅德·米勒．美国如何培养硕士研究生［M］．袁本涛，刘帆，译．北京：北京大学出版社，2016：18．

究生培养应以问题研究为中心,引导并激励研究生跨越学科边界开展探索研究,从而促进学生本身跨学科理论知识、跨学科思维、跨学科研究方法等的突破与创新,以此种过程为方法和目的培养出的研究生,即可称为跨学科研究生。[①] 张莉(2018)认为跨学科研究生培养是以一门学科学习为主,以其他学科的知识内容、思维方式或者技术手段加以补充、扩展和融合的研究生学习。[②] 究其本质,跨学科研究生即指本科以上阶段的学生,对其在培养目标、培养内容、培养方式、保障机制等进行一系列的跨学科安排,以为国家、社会培养高层次复合型人才为归宿。

结合上文对跨学科的定义,本研究所提到的跨学科研究生,指的是在研究生教育期间,培养内容和方法涉及两个或两个以上一级学科,接受来自不同学科领域的知识和研究训练,培养具有广博知识、创新思维能力和多学科技能的高层次复合型人才。跨学科研究生的核心特点有三:一是学习的内容和方法具有明显学科差异性,且学科之间具有内在联系性,不是完全不相关的学科,是学科知识面广博的研究生;二是培养过程中以问题为中心,频繁地围绕问题进行多学科交流和沟通,具有较强创新思维的研究生;三是注重跨学科方法和技能运用,具有较强动手实践能力的研究生。

相应地,本研究关于"跨学科研究生培养"的范围界定在研究生培养阶段,涉及两个及两个以上的不同学科门类或同一学科门类的不同学科的一种培养模式,具有如下明显特征。① 遵循教育规律和学科发展规律,是学科整体化、综合化发展的逻辑路径。随着知识生产模式的变革,学科间的联系日益紧密,其边界开始模糊化,学科的发展和融合为构建新型的学科体系提供了途径,促进了跨学科教育的发展。② 培养目标较明确,以研究问题为导向。跨学科的兴起以"解决现实问题"为落脚点,跨学科研究生培养就势必以培养"解决社会复杂难题"的应用型复合人才为出发点和目标,通过整合相关学科的知识与方法,提高跨学科理解能力和综合素质结构,利用跨学科的思维模式去解决复杂问题。③ 培养内容交叉化、培养方式灵活多元,是培养创新科技人才的有效途径。在跨学科研究生的培养过程中,注重应用多样

---

① 王传毅,严会芬,吕晓泓. 跨学科研究生培养:加拿大大学的实践与特色 [J]. 研究生教育研究,2016(5):84-89.

② 张莉. 跨学科研究生培养的误区分析及对策研究 [J]. 研究生教育研究,2018(5):18-22.

化的培养体系,将科研与教学有机融合,建立完善的课程体系和保障机制,全方位、多角度地培养跨学科研究生的创造性思维能力和把握事物整体的综合分析能力。

2.1.4 跨学科研究生培养体系

关于培养和体系两个词语,《现代汉语辞海》对它们分别做了解释,培养是指为达到一定目的的长期教育和训练,使成长发展;体系是若干有关事物或某些意识相互联系而构成的一个整体。① 从词义上讲,体系是一个科学术语,泛指一定范围内或同类的事物按照一定的秩序和内部联系组合而成的整体。《现代汉语词典》将体系解释为若干有关事物或某些意识相互联系而构成的一个整体。人才培养体系是指为完成一定的人才培养目标,对学生进行教育和培训而使之成长成才的一套完整的系统。

而关于人才培养体系的构成要素,不同学者进行了相关的定义和说明。时任上海交通大学副校长叶取源(2002)将人才培养体系构建为基础教育大平台(含教学基础设施、校园文化、教学内容、实践教学、教学管理、质量保障和学生评价等)、教学大平台、研究生教育质量保障体系、高等教育国际化等。② 眭依凡(2010)将培养体系分解为培养目标、知识体系和培养模式、教学制度和文化环境、教师素质等教育要素。③ 李良军等(2015)将跨学科人才培养体系构建的基本条件概括为:① 学科条件,跨学科人才培养体系的构建不能只依靠学科知识的简单叠加,而应将学科知识有机结合,并有配套的实验体系作支撑;② 师资条件,教学团队需具有跨学科教育的理念,并且能在执行培养方案的教学过程中协调一致;③ 实验与实践条件,跨学科人才培养需在应用型环境中进行,通过解决实际问题的过程与方法锻炼其创新能力;④ 资金投入,用于师资队伍建设、课程体系与教学内容改革和实验实践条件建设。④ 华小洋等(2017)将人才培养体系的要素概括为六个方面

---

① 倪文杰,张卫国,冀小军. 现代汉语辞海 [M]. 北京:人民中国出版社,1994:89.
② 叶取源. 创新人才培养体系的构建与实践 [J]. 中国高教研究,2002(9):28-32.
③ 眭依凡. 素质教育:高校人才培养体系的重构 [J]. 中国高等教育,2010(9):10-13.
④ 李良军,金鑫,周佳,等. 新工业革命对分布式制造领域人才培养的影响研究 [J]. 高等工程教育研究,2015(4):70-75.

的内容：如何看待人才培养、培养什么人、如何培养人、由谁培养人、如何保障培养人和学生想成为什么样的人。[①] 刘鑫和陈存武（2014）将高校人才培养体系具体分解为人才培养方案、课程体系、师资队伍、相关保障机制四个方面的内容。[②] 房正宏和李本友（2017）围绕跨学科研究生教育分析了其人才培养体系，认为跨学科研究生培养体系在运行的同时，可以同步实现学科科学研究和人才培养双重功能的转化，就培养体系而言，包含了跨学科的核心培养理念、提升科研的跨学科平台、具备跨学科素养的师资力量和创新的跨学科人才培养模式。[③] 施晓秋和徐赢颖（2019）则认为跨学科人才培养体系是一项整体性的工程，包含了培养理念、培养目标、培养机制、培养评价反馈和改进等多个要素环节，这些要素环节之间无时无刻不在相互影响和作用，协同影响人才培养的质量高低。[④]

由此可见，尽管学者们从不同的视角对研究生培养体系给出了相应的界定，语言表述和分解要素并不完全一致，但这些界定的本质却是一致的，即都从人才培养的关键环节出发，将人才培养体系划分为多个有机组成部分。根据前文对跨学科研究生的定义，整合学者们对于人才培养体系的概念界定，本研究将跨学科研究生培养体系定义为：高校为培养具备广博知识、创新思维和实践技能的复合型高层次人才，而构建的一套不同于传统培养模式的教育系统，其基本组成要素包括跨学科研究生培养的目的定位、培养内容、培养方式和保障机制。其中目的定位是跨学科人才培养的价值导向和追求，是跨学科人才培养成功的基石；培养内容是依据目标定位选定并对学生开展教育教学内容的总和；培养方式是运用一定的技术手段对培养内容进行有效的组织与实施；保障机制是为上述要素的顺利运行提供必要的政策制度、教育资源、师资力量及培养经费等方面的支撑。这些要素之间相互联系、相互作用，共同构成跨学科研究生培养体系。

[①] 华小洋，蒋胜永，朱志勇. 试论应用型人才培养体系的建构［J］. 高等工程教育研究，2017（6）：100-104.

[②] 刘鑫，陈存武. 地方应用型本科高校人才培养体系的探索和实践——以皖西学院生物工程专业为例［J］. 中国大学教学，2014（12）：40-42.

[③] 房正宏，李本友. 构建学科交叉为核心的研究生培养体系［J］. 国家教育行政学院学报，2017（3）：56-61.

[④] 施晓秋，徐赢颖. 工程教育认证与产教融合共同驱动的人才培养体系建设［J］. 高等工程教育研究，2019（2）：33-39，56.

本研究将以该跨学科研究生培养体系的定义为指导，按照所定义的培养体系的基本要素，以英美研究型大学为研究对象，分析其跨学科研究生培养的目的、内容、方式，以及在制度、师资力量、平台和资金上是如何予以保障的，最后从中总结提炼出一般规律，为我国跨学科研究生培养体系的构建提供思路和建议。

2.2 知识生产模式变革理论及其适用性

2.2.1 知识生产模式变革理论

20世纪40—50年代发轫的"第三次科技革命"，是以原子能、计算机、空间技术和生物工程的发明和应用为主要标志，涉及信息、能源、材料、生物、海洋等诸多领域的一场现代科学技术革命，对社会经济、文化产生了深远的影响，同时也为人类社会从工业社会向知识社会的转型奠定了基础，催生了20世纪90年代知识经济的产生。知识的爆炸式增长推动着科技的快速进步，而科技与生产力的快速进步又反作用于知识生产模式的改变。

1994年，英国学者迈克尔·吉本斯等人合著了《知识生产的新模式：当代社会科学与研究的动力学》（*The New Production of Knowledge: The Dynamics of Science and Research in Contemporary Societies*）一书，首次提出了知识生产模式与知识生产的概念，并探讨了知识生产模式变化的新观点。[①] 该书系统地阐述了知识经济降临的时代，知识生产模式和科学研究范式发生的变化，提出了著名的知识生产模式Ⅰ理论与知识生产模式Ⅱ理论。知识生产模式Ⅰ理论认为知识生产主要发生在单一学科范式中，且在认知语境中进行，其知识生产主体仅限于某单个学科领域内的研究专家。对于高校来说，相互独立的单个学科范式不断发展强大，学校的制度和组织形式也按照学科进行严格的划分，人才培养相应地在一个个独立的学科组织下进行，学生系统地学习某一学科的知识体系和基础理论，以培养更加专业化的人才。但是，随着知识再生产模式的变革，这种线性的生产模式的弊端不断显

---

① Gibbons M, et al. The New Production of Knowledge: The Dynamics of Science and Research in Contemporary Societies[M]. London: Sage Publications, 1994: 1-16.

现,主要表现为高校内不同学科之间壁垒森严,所培养的人才过于专业化,难以满足科学技术发展对复合型人才的需求,科学研究与社会发展的需求相脱节等问题。

20世纪80年代以后,随着信息技术的发展、知识经济的扩张,以及高等教育大众化、普及化时代的相继到来,知识生产更加趋向于不确定性和竞争性,知识生产模式Ⅱ理论在应用环境中应运而生,展开了知识生产的新发展。知识生产模式Ⅱ理论利用跨学科研究的方法,强调研究成果的绩效和社会需求的知识生产模式,以问题为中心,理论与实践相结合,具有超学科性;大学与企业、政府都出于自身的需要参与知识的生产过程,知识生产的主体不再仅限于学科领域的专家,这是社会中知识生产者和利用者平行扩张的结果,具有异质性与组织的多样性;学术研究考虑到社会效益、生态环境与需求,具有社会问责制与反思性。对研究团队和工作质量的评价采用同行评议之外的更广泛、更综合、多维度的评价标准,这是质量控制的新举措。知识生产模式Ⅱ理论与知识经济大背景下的学科研究走向相吻合。大学作为知识生产、传授和创新的一种特殊的社会组织,伴随着知识生产模式的转型,其自身也必将随之转型,人才培养的理念和模式也将做出相应调整。因此,以问题为中心的跨学科培养研究生理念被人们广泛接受,这是社会进步的标志,也是知识进化的必然趋势。①

概括而言,知识生产模式Ⅱ理论认为知识生产发生在一个更加广阔的、跨越不同学科范式的应用型情景中,在知识经济下知识生产模式的新特征如下。① 知识在应用情景中生产。知识生产不断超越市场,在整个社会扩散,知识探究呈现较强的实践性。② 跨学科。在复杂的应用情景中,问题的解决通常会超越某个单一学科,需要建立跨越学科的框架来引导问题解决,同时这个框架的建构还必须涵盖理论和实践两方面的要素,并不断随着问题的解决和知识的发展而动态变化。③ 异质性和组织多样性。能进行知识生产的主体增多,不仅仅只有大学,还包括非大学机构、政府部门、研究中心、智囊团、咨询机构等,沟通交流和资助模式也因此呈现多样化。④ 社会问责与反思性。知识生产须更多地关注社会利益,学术研究不断向环境、健康、资源等公共关注的问题倾斜。⑤ 质量控制。不断拓宽对学科和研究质量评估的基

---

① 高磊. 研究型大学学科交叉研究生培养研究 [D]. 上海:上海交通大学,2014:1-188.

础，多方利益相关者介入其中，评估不局限于学术本身，同时也关注其社会经济效应。英国知名学者杰勒德·德兰迪在其著作中，高度赞同吉本斯关于知识生产变革的理论，一再重申大学作为知识生产的唯一场所的这一地位正在不断减弱，大学自身变革不断适应到社会交往中去，合作开展跨学科教育的意义十分重大。①

2.2.2　知识生产模式变革理论的适用性

知识生产模式的新变化引发了大学对于自身的反思。大学作为生产和传播知识的源头，必将伴随着知识生产模式的变革而转型，同时也须更新人才培养理念与模式，自20世纪90年代起，英美研究型大学开始将碎片化的学科知识科学地整合起来，以跨学科思维从问题角度出发，解决现实难题。毫无疑问，知识生产模式变革理论为英美研究型大学跨学科研究生培养提供了强有力的理论支撑。物理学家保罗·戴维斯在《上帝与新物理学》中指出：有些问题只能通过综合才能解决，它们在性质上是综合的或"整体的"。②

在科学技术极速发展的今天，大学本身作为知识生产和人才培养的主阵地，其人才培养的目标导向必然也会随着知识生产模式的变革而发生相应的变化，而知识生产模式Ⅱ理论是伴随着科技迅速发展而出现的新兴事物，其中所蕴含的关于"跨学科""学科交叉""社会问责性"等思维范式为本研究所探讨的英美研究型大学开展跨学科研究生培养工作提供了强有力的理论指导。跨学科教育要求学生具备深厚的学科基础和整合研究能力，研究生作为知识素养层次较高的群体，是跨学科教育最合适的培养对象。由此，英美研究型大学开展跨学科研究生培养体系的探索水到渠成。

知识生产模式Ⅱ理论认为，现在知识生产的场所广泛地存在于整个社会的生产劳动中，打破了以往学校和科研机构作为主要场所的常规，极其强调实践性。而英美研究型大学开展跨学科研究生育人工作所要培养的正是能够在真实的社会场景中解决复杂问题的人才，在培养过程中注重实践课程开

---

①　杰勒德·德兰迪. 知识社会中的大学 [M]. 黄建如,译. 北京：北京大学出版社，2019：214.
②　保罗·戴维斯. 上帝与新物理学 [M]. 徐培,译. 长沙：湖南科学技术出版社，2007.

发、开展实际科研训练、提倡以问题为中心的培养方式都与知识生产模式 Ⅱ 理论的知识生产路径不谋而合。跨学科研究生培养过程中探求教学和科研融合培养，与社会政府和其他组织机构合作开展科研训练平台、建立产学研合作基地、开展各种形式的跨界学术交流活动，契合了知识生产模式 Ⅱ 理论关于异质性和组织多样性的规定。跨学科研究生的专业和科研主题涉及当代社会面临的共同难题，致力于培养国际社会的领军型人才、高层次复合型人才，这些都与模式 Ⅱ 理论所提倡的社会问责性和反思性高度相关。最终在开展跨学科研究生培养质量评价和反馈的过程中，强调多方主体参与和多方面考量也高度契合了模式 Ⅱ 理论对质量控制的论述。

总而言之，知识生产模式变革理论是探索分析英美研究型大学跨学科研究生培养的重要理论起点，对于探究更深层次的培养动因、培养目的等问题具有很强的指导性。知识生产模式变革理论的核心内涵与英美研究型大学开展跨学科人才培养工作的系列举措都是高度契合的，能有效地为分析其跨学科研究生培养体系提供强有力的理论支持。本研究将以知识生产模式变革理论作为研究的理论基础之一，以知识生产模式 Ⅱ 理论的"应用情景""异质性与组织多样性""社会问责与反思性""质量控制"等特征为思路，进一步探索英美研究型跨学科研究生的培养目的、培养内容、培养方式和保障机制等方面的建设特征。

2.3 系统理论及其适用性

2.3.1 系统理论

19 世纪末 20 世纪初，世界主要资本主义国家基本完成了第二次工业革命，以电力工业、石油工业、电话通信工业为代表的新型工业技术获得了极大发展。与此同时，工业生产的社会化趋势加强，至 20 世纪 20 年代，传统的机械力学、化学、电力学等难以解决日益复杂的生产技术问题，不再适应科技发展的趋势。在这样的背景下，20 世纪 30 年代初，美籍奥地利理论生物学家贝塔朗菲提出了"开放系统理论"学说，这标志着系统理论（systems theory）的诞生。他于 1932—1934 年分别发表了《理论生物学》和《现代发展理论》，提出机体系统论的概念,认为系统是"在一定环境中处于一定相互关系中的各部分的总和"。1937 年在芝加哥大学的哲学讨论会上他提出了一般系统论原理,奠定了该理论的理论基础。之后,他进一步阐述了一般系统理论的思想,指出不论系统的性质、种类或它们之间的组成关系,都存在着适用于系统的一般模式、规律和原则。1968 年他出版了《一般系统理论:基础、发展与应用》(General System Theory: Foundations, Development, Applications),总结了一般系统理论的概念、应用和方法①,完整地建构了系统理论的体系,这标志着系统理论的发展成熟。

20 世纪 80 年代初,我国著名学者钱学森投入系统科学的研究之中并创立了系统科学。钱学森认为,系统科学是研究系统的一般模式、结构和规律的科学,通过研究各种系统的共同特征,用系统理论知识定量地描述其功能,寻求并确立适用于一切系统的原理、原则和模型。②所有系统都具有整体性、等级结构性、关联性、时序性、动态平衡性等基本特征。系统理论的基本思想为:世界上任何事物都是一个系统,系统是普遍存在的,整个世界就是系统的集合。因此处理问题时应当把所研究和处理的对象当作一个系统,分析系统的结构和功能,研究系统、要素、环境三者的相互关系和变动的规律性,并优化系统观点看问题。

系统理论的核心思想为"整体性",其基本内容可概括为以下两点。① 系统和要素不可分割。任何系统都不是各个部分生硬的组合或简单相加,而是一个有机的整体,系统中各要素并不是孤立地存在,而是每个要素在系统中都处于特定的位置上,起着特定的作用。要素之间相互关联,使其构成了一个不可分割的整体。反之,要素是整体中的要素,如果将要素从系统整体中割离出来,它将失去要素的作用。② 系统的整体功能不等于各部分的功能之和,这是贝塔朗菲著名的"非加和定律",它与亚里士多德的"整体大于部分之和"的观点不谋而合,也就是说,系统整体具有不同于各组成部分的新功能。除此之外,系统还具有开放性、动态相关性、层次等级性和有序性等特点。③ 随着近代科学的发展,科学分化越来越细,同时,科学综合也

---

① 高继华,狄增如. 系统理论及应用 [M]. 北京:科学出版社,2018:4-5.
② 方福康,狄增如. 钱学森与系统科学基础理论的发展 [J]. 上海理工大学学报,2011 (6):566-568,508.
③ 高继华,狄增如. 系统理论及应用 [M]. 北京:科学出版社,2018:17-19.

越来越显著,这揭示了事物之间不仅有纵向联系,还有横向联系。现在,人类已经进入了用信息论、系统论等方法来揭示自然界的清晰图景的时代。① 系统理论提倡跨学科性、综合性的研究,必将促进现代科学的发展。

值得注意的是,系统理论在生物学、心理学、教育学、社会学等领域得到进一步发展与延伸,其中最典型的是生态系统理论(ecological systems theory)。1935年,英国生物学家乔治·坦斯利(George Tansley)率先明确提出生态系统理论(ecosystem),他认为生态系统包括有机体内部之间的复杂组成,还有形成有机体的外部环境,通过物质循环、能量流动和信息传递形成的功能系统。② 他的这一理论后来被引入教育领域,许多学者参照生态系统理论,研究它在教育教学领域的适用性,形成了学科生态系统理论。该理论主要有三个方面的核心主张。其一,学科个体会不断地生长进化,自我优化学科发展空间。宋亚峰等(2019)指出学科生态系统的良好运行需要回归于以学科自我生长和发展为主导的内驱学科建设逻辑,即顺应学科生命体自身的成长逻辑,舍弃过多的限制学科发展的制度和指标建设。③ 从这个意义来看,人为的根据专业的人才培养划清了学科界限,在一定程度上违背了学科自身的发展逻辑,而提倡依据学科发展逻辑开展的跨学科教育则顺应了这一规律。其二,不同学科之间存在相互联系和作用的关系,彼此能够通过竞争合作来平衡整个学科生态系统。郭树东(2009)认为学科生态系统是学科之间、学科和所处的外部环境之间相互作用并影响而形成的一个整体的生态系统,在这个系统中,内部学科之间不进行竞争与合作。④ 姚书志(2021)也认为在学科生态系统之中不同学科种群之间是一种错综复杂的非线性关系,故此重视学科生态调整,不断强化学科交叉融合的活力十分有必要。其三,学科内部还会与外部的环境制度相互作用,共同构成有机的学科生态系统。武建鑫(2017)对学科生态系统理论开展了全面细致的研究,他认为从学科整体生态环境来考虑,学科与社会制度环境变迁有紧密的联系,在构建

---

① 魏宏森. 系统科学方法导论[M]. 北京:人民出版社,1983:6-7.
② Tansley A G. The Use and Abuse of Vegetational Concepts and Terms[J]. Ecology, 1935,16(3):284-307.
③ 宋亚峰,王世斌,潘海生. 一流大学建设高校的学科生态与治理逻辑[J]. 高等教育研究,2019(12):26-34.
④ 郭树东. 研究型大学学科生态系统发展模型及仿真研究[D]. 北京:北京交通大学,2009:48-50.

学生生态系统时还要与政府、企业、科研院所、其他高校进行合作交流。①陆晓静和罗鹏程（2020）同样认为学科生态系统由学术性权力和政治性权力共同构成，政治性权力借助规划和评估等制度不断引领高校知识生产适应社会发展需求，其重要的表现就是促进学科群和跨学科教育的不断发展。②

2.3.2　系统理论在本研究中的适用性

系统理论与跨学科有着千丝万缕的联系。在知识生产的过程中，学科体系经历了一个综合—分化—综合的过程。在大学兴起的12—13世纪，大学主要的授受科目由艺（指七艺）、神、医、法四科组成。③ 18世纪后由于学生和社会生产需要更加专业的知识，开始出现了学科间的分化，这使得人们对知识具体领域的认识程度更加深刻，但又使每个学科因缺乏相互联系而形成孤立的学科部落。在知识经济来临之际，学科之间又开始由单向联系向多维联系发展，逐渐形成了一个相互渗透、综合、多层次的学科体系。许多学者在辩证唯物主义的指导下，促使系统科学、自然科学和社会科学进行交叉综合，从新兴的科学技术中提炼新的现代科学方法论。④ 在研究生教育的过程中，要遵循高层次人才的成长规律和社会对人才的需求，为受教育者构建知识、素质及能力结构，并设计实现这种结构的总体运行方式。

根据系统理论的"整体性"思想，要用宏观的视角来看待研究生培养这个复杂的大系统。将研究生培养作为整体，将培养目标、培养内容、培养方式、保障机制等作为研究生培养体系的子系统。通过协调这些要素间的结构与功能，将各个分立的学科组成整体性的知识体系，对跨学科研究生培养进

---

① 武建鑫. 学科生态系统：核心主张、演化路径和制度保障——兼论世界一流学科的生成机理[J]. 高校教育管理, 2017（5）：22-29.

② 陆晓静, 罗鹏程. 高校学科群组织的发展逻辑与类别分析[J]. 高校教育管理, 2020（6）：25-33, 124.

③ 周洪宇. 学位与研究生教育史[M]. 北京：高等教育出版社, 2004：15.

④ 魏宏森. 系统理论及其哲学思考[M]. 北京：清华大学出版社, 1988：3.

行系统优化。同时,也可将研究生培养作为一个开放的系统,不断与周围环境进行接触和交换,以保持系统的活力,通过改变或调整系统结构使之相互融合吸收,以呈现出最好的状态。因此,在跨学科研究生培养过程中,从多视角多维度的方式进行跨学科教育,以系统理论"整体与局部"的思想为指导,探索跨学科培养中各个环节的排列组合,以达到系统最优化,能够促进跨学科研究生的全面发展。

再从系统理论的发展衍生理论——学科生态系统理论来看,一方面,从学科内部结构来说,学科生态系统理论强调顺应学科自身发展逻辑,并高度肯定了学科之间联结、合作的重要意义,跨学科教育正是基于学科合作产生的新兴学科,它打破了不同学科之间森严的学科壁垒,形成紧密互动的网络,扩大了学科发展的弹性空间。因此,学科生态系统理论有关学科之间相互联合作用的论述,为不同学科相互交流融合乃至形成新的学科奠定了深厚的基础。另一方面,跨学科人才培养工作兴起的重要原因之一,正是迎合了社会经济发展对复合型人才的需求,反过来跨学科所培养的大批创新型人才也会为社会不断注入前进的动力,这与学科生态系统理论所倡导的学科要建立与外部社会的联系正相契合,也为跨学科人才培养的动因提供了理论支撑。除此之外,学科生态系统理论与跨学科人才培养体系的关系也十分密切。系统本质上是由无数个子系统共同组成的,它们之间相互联结,共同作用,推动整合系统的发展,形成"1+1>2"的效应,本研究所探究的跨学科研究生培养体系也是由培养目标、培养内容、培养方式和保障机制多个子系统构成的,它们之间的关系并非孤立存在的点状结构,而是相互连接的线性网络结构,在研究整个培养体系之时,它们看成相互联结作用的整体同样也深受生态系统理论的影响。

综上所述,系统理论的基本思想始终贯穿本研究始终,厘清跨学科研究生培养中"部分与整体"的关系,将跨学科研究生培养体系分解到培养的各个环节,协调各个培养步骤并进行系统优化,以实现整体大于部分的效果。同时将跨学科研究生培养体系视作一个开放的系统,实时吸收社会、文化、科学技术带来的挑战与冲击,不断实现系统的优化升级。

2.4 自由教育理论及其适用性

2.4.1 自由教育理论

西方的自由教育（liberal education），或常被一些学者翻译为"博雅教育"，是西方学者们研究教育目的和内容的一种重要思想，有些研究还将其等同于"通识教育"。迈克尔·罗斯指出，自由教育的源头可以追溯到古希腊的西方传统，主张自由的教育应该是让人感到自由的，学生可以自由地学习，通过对知识的理解来实现思想自由。① 美国大学与学院协会（AAC&U）认为，自由教育是改善和提高一个人应对复杂性、多样性和变化的能力的一种方式，它不仅强调深厚的知识（如文化、科学、社会知识等），而且强调在某一特定领域的相关专业成就。这种教育理念不仅帮助学生培养良好的社会责任感，而且帮助他们获得知识和技能，如沟通能力、分析能力和解决问题的能力等。②

自由教育的思想在英国教育史上是一个使用频率极高的词语。19世纪中期，自由教育在英国教育界盛行，代表人物有约翰·密尔、约翰·亨利·纽曼、赫斯特、托马斯·亨利·赫胥黎、伯特兰·罗素、怀特海等，他们是享誉世界的教育学家、哲学家，都对自由教育的内涵和价值展开了深入的论述，自由教育的传统至今深深影响着西方国家的教育实践。美国大学的创办远早于国家的成立，今天的哈佛大学、耶鲁大学等皆是英国在北美大陆创建的早期殖民地高等教育机构——哈佛学院、耶鲁学院，其教育模式直接移植于英国的牛津大学与剑桥大学，是英国传统的自由教育理念下的教育发展形态。

自由教育理论的倡导者并不鲜见，学者所提出的许多主张都为开展跨学科人才培养工作奠定了深厚的理论基础，其基本主张包含以下几点。

---

① [美]迈克尔·罗斯. 超越大学：博雅教育何以重要[M]. 陈凤姣, 译. 北京：中国社会科学出版社, 2017：3.

② [美]德里克·博客. 大学的未来——美国高等教育启示录[M]. 曲强, 译. 北京：中国人民大学出版社, 2016：31.

（1）大学是提供宽广知识的场所，应尽可能为学生提供完备的知识体系。19世纪自由教育的先导约翰·密尔就指出，大学不是提供专业教育的场所，而是要为学生提供尽可能宽广的知识领域，通过培养学生的智能为其职业发展创造条件。① 纽曼在《大学的理想》（The Ideal of University）一书中对大学的定位更进一步做出了说明，他认为大学应该是一个传授普遍（universal）知识的场所，应该教授完整的知识（包括神学），而不是狭隘的专业知识。②

（2）学科知识体系之间并不是完全割裂的，各个学科相互之间存在联系性和共通性。纽曼在各处演讲时反复强调，所有的知识体系是一个不可分割的整体，他指出："知识的所有分支都是相互联系的，因为知识的题材本身是密切相关的……构成知识的各门学科之间有着千丝万缕的联系，它们内部统一协调，相互补充、相互纠正、相互平衡。"③基于学科之间的相互关联性，纽曼进一步指出大学的教育不应该突出或忽略任何一门学科，一个学生只能攻读众多学科中的少数几门，但他们能够领会知识的大框架，领会知识所基于的原理，其闪光之处和不为人注意的地方，以及重点和次要部分。④总的来说，纽曼认为每门学科知识都有特殊的视角，是整体的一部分，重视学科联系性是纽曼自由教育思想的基本观点。

（3）培养学生不应过分苛求专业性和功利性，而应该注重培养学生的智力和智慧，通过人的提升促进未来职业的发展。自由教育倡导者之一罗素十分强调人的个性自由发展和教育的非功利性作用，即教育的作用应该是"提高心灵沉思的习惯"和"提供给人丰富而自由的精神"。⑤赫斯特从课程论和知识论角度对自由教育进行了阐述，他认为教育的目的在于促进人的智慧发展，在全面的知识系统中智慧可以得到更好的发展，因此，教学大纲和课程

---

① ［英］约翰·密尔. 论自由［M］. 许宝骙，译. 北京：商务印书馆，2005：126-127.
② ［英］约翰·亨利·纽曼. 大学的理想［M］. 徐辉，顾建新，何曙荣，译. 杭州：浙江教育出版社，2001：6-7.
③ ［英］约翰·亨利·纽曼. 大学的理想［M］. 高师宁，何光沪，等译. 北京：北京大学出版社，2016：89.
④ ［英］约翰·亨利·纽曼. 大学的理想［M］. 徐辉，顾建新，何曙荣，译. 杭州：浙江教育出版社，2001：22.
⑤ 潘懋元. 现代高等教育思想的演变——从20世纪至21世纪初期［M］. 广州：广东高等教育出版社，2008：46-47.

不能片面地根据孤立的信息和技能进行设计，而要尽可能向学生介绍知识的每一种基本形式，每一门学科的各个相互联系的方面，并且必须把它们设计成至少在某种程度上包罗全部的学科知识。①

（4）学术自由是大学一切活动的重要前提，大学应该重视学术自由和民主氛围的构建。罗素认为应该给予具有专业知识和专门技能的人完全的学术自由，让他们能够自由探讨有争议的问题。②而怀特海有关学术自由的论述更趋完善，他所提倡的学术自由不仅仅指可以自由地发表不同舆论和看法，也指大学中每个成员应该具备可塑、开放、充满活力的心态，应该具备浓厚的创造氛围。③

2.4.2 自由教育理论的适用性

自由教育对英美研究型大学形成跨学科教育教学理念有着极其重要的意义，其在跨学科人才培养方面取得的成就深深根植于自由教育理论的土壤之中。

首先，自由教育是以广博的知识视野为基础的教育理念，旨在在职业教育和通识教育之间找到平衡。自由教育通过对知识的探索培养主体精神，培育学生科学的态度和致知的能力，发展学生追求真理的心灵和智力，在知识、思维和行为的统一中，使学生的自我能力得到拓展。自由教育的基本宗旨是"培养什么样的人"，强调培养人的自由精神和技能，是一套完整的知识、能力和智力的集合，它不仅存在于专业课程和通识课程中，还体现在课堂之外的所有教育活动中。自由教育反对培养某一个专业领域的"专才"，强调要注重学生本身的发展，提倡通过本身智慧的发展来完善职业道路，这个观点完全契合跨学科研究生教育对于创新型人才的追求，跨学科教育并不苛求学生在某一专业领域的特长，而是利用实践教学、多学科课程、多元化的招生和评价方式来选拔具备综合素养的人才。

其次，自由教育理论主张各个学科知识不是泾渭分明的独立个体，相反，不同学科之间的知识结构应该具备与生俱来的联系性，这就为开展跨学

---

① 瞿葆奎. 教育学文集·智育 [M]. 北京：人民教育出版社，1993：103.
② 罗素. 自由与学院 [M]. 北京：生活·读书·新知三联书店，1988：130.
③ [英] 怀特海. 教育的目的 [M]. 任钟印，译. 武汉：湖北教育出版社，1994：162.

科研究生教育提供了学科内在的逻辑支撑,证明了英美研究型大学跨越学科界限设置新兴跨学科专业、开设跨学科课程、进行跨学科的交流是十分合理且必要的。从教育内容来看,应该既包括自然科学,又包括人文学科。自然科学提供的专业知识和技能,可以有效地培养研究生的理性思考能力;而人文教育强调个性,培养人文情怀,创造主观人格,它的价值在于培养具有个性和独立判断能力的个体,在于个体认识和理解人类、社会、他人和自我的重要问题。自由教育寻求的不是培养某一种特殊技能,而是"一种由智慧产生的社会实践能力,如自我实现能力、选择能力、合作能力、克服困难的能力、终身学习与自我教育的能力、发现和解决问题的能力、责任心等"。所有这些品质都是现代人解决社会和个人事务所必须具备的,也是英美研究型大学跨学科研究生培养的重要目标。

再次,自由教育包括三个渐进的层次,明确了学校对于人才培养的作用和方向。第一个层次是注重一个人的全面发展,即学习如何做人,成为一个自尊、自爱和有道德判断力的人,同时也获得社会的尊重。第二个层次是知识和技能的发展,为学生提供工具性知识及与社会同步发展的机会,能够适应社会生产力的发展需求。第三个层次是能力建设。能力不仅是指获取知识的能力,更重要的是指参与实践的能力。对于自由教育来说,培养学生掌握知识的能力固然重要,创新能力、理性的批判性思维、有效的沟通能力和学习爱好往往比深入了解某一特定学科更有价值。这三个渐进的层次,表明自由教育作为一种教育思想,既不是相对于大学的专业教育,也不是相对于学生专业技能训练而出现的,而是推崇一种"整体人格"的培养,这种"整体人格"本身具有融合性的特征,使受过教育的人能够适应社会的变化。这也进一步明确了学校对于人才培养的作用和方向,即自由教育理论认为大学应该提供更加宽广的知识,让学生尽可能多地接受来自不同背景、不同地区、不同学科领域的知识与技能,拥有一个可以开阔视野的平台。英美研究型大学在跨学科研究生培养过程中,特别注重培养学生的综合素养,为学生提供多种多样的实践和科研平台,与社会企业、国际社会建立广泛的跨学科联系。

此外,自由教育理论倡导学校要形成一种学术自由的风气,这一观点也铸就了英美研究型大学相对宽松自由的学术环境,为各个学科跨越界限自由的发展和来自不同学科背景的人畅通交流提供了重要的理论依据。

综上所述，自由教育理论的基本思想始终贯穿着本研究的始终，自由教育为英美研究型大学内部各个学科的蓬勃发展提供了十分广阔的空间，同时也为多学科融合发展，为培育跨越单一学科界限的复合型人才提供了充足的理论依据。

2.5 本章小结

为了更加深入地探究英美研究型大学的跨学科研究生培养体系，本章首先对其核心概念进行了界定，同时阐述了贯穿本研究始终的三个理论根基。

首先，对本研究涉及的核心概念进行界定，一是研究型大学，从现代意义的研究型大学的诞生出发，结合国内外学者的观点，从教育教学、科学研究、社会职能三个方面对研究型大学进行了界定。二是跨学科，从词源学上进行了梳理，并结合中西方主要学者的界定，在分析其本质特征的基础上，将跨学科定义为涉及两门或两门以上的学科，通过整合各学科的知识体系和思维范式，相互融合与互补，整合产出 $1+1>2$ 的创新性成果，从而解决单一学科无法解决的复杂性和前沿性问题。三是跨学科研究生，结合了跨学科和研究生二者的含义，从学习内容方法、培养过程和实践训练说明了跨学科研究生与普通研究生的区别。四是跨学科研究生培养体系，主要对培养体系包含的要素进行了界定，并在此基础上进一步论述了各个要素之间的关系。

其次，系统地论述了本研究主要依托的理论基础及其在本研究中的适应性。一是知识生产模式变革理论，在该理论情境下知识生产所呈现的新特征与开展跨学科研究生所强调的实践性、跨学科性、产学研合作、人才评价考核都有着十分密切的联系。二是系统理论，包括其在教育领域衍生的学科生态系统理论，强调不同学科之间的有机联系，倡导学科之间的交流合作、相互联结，为多学科知识融合奠定了坚实的基础，同时也为跨学科研究生培养体系分析提供了理论依据。三是自由教育理论，从历史语义学分析来看，现代的自由教育概念源自对古希腊术语"eleutherionepistemon"和古罗马术语

"artes liberales""liberaliter educatione"的翻译，后衍生出"适合绅士的教育""非专业的教育""自由教育"等。① 自由教育思想贯穿于现代英美研究型大学人才培养的始终，其蕴含的学科共通思想、强调对智力的追求、提倡大学为学生提供宽广的知识，都为跨学科研究生教育创设了空间。

---

① 沈文钦. 从博雅到自由——博雅教育概念的历史语义学分析 [J]. 清华大学教育研究，2013（1）：39-48.

第 3 章

英美研究型大学跨学科研究生的培养目的

英美研究型大学开展跨学科研究生培养的探索,最早始于 20 世纪初期,至今已呈常态化、体系化。分析其跨学科培养研究生的动因、目的及方案,可以更准确地把握其跨学科人才培养的根源及价值导向与追求,是深入探究英美研究型大学跨学科研究生培养体系的重要一步。

3.1　跨学科研究生培养的动因

在科学技术急速发展的今天,各国都在努力追赶时代发展的脚步,同时结合学科演变的跨学科发展趋势和需求,力求通过跨学科教育培养创新型人才,提升人才培养质量,稳固国际竞争力。知识生产模式变革理论和系统理论都强调大学发展要与外部社会相适应,而外部社会对人才提出的新要求正是英美研究型大学开展跨学科研究生培养的重要助推力,自由教育思想则为学科交叉融合发展创设了良好的条件,指引着跨学科教育不断前行。

英美研究型大学跨学科研究生培养是多种因素交织作用的结果,可以将其归纳为以下三个方面。

3.1.1　社会发展需求驱动跨学科研究生培养

由于当今世界社会组成关系复杂多变,社会所面临的问题涉及的学科也更加多样化,如面对气候、资源、贫困等世界难题时,往往需要综合人文学科和自然学科的多个方面知识，才能有效地解决这些综合性难题。20世纪60年代，经济合作与发展组织（OECD）对美国高校的跨学科活动进行了调查，指出科学技术的发展、新颖的社会需求及职业是进行跨学科研究与教育的外生动力。① 现代社会日新月异，其需求超出了传统单一学科能够满足的范围，驱使不同学科间相互沟通融合，推动高校实行跨学科研究生教育，培养复合型创新人才，以解决棘手的科学问题和应对前所未有的社会挑战。随着科技革命的到来，社会对高层次复合型人才的需要愈发迫切，传统的研究生教育面临着太过偏重于某一领域而社会适应性不强的问题，复杂的社会需要难以与精专的学科专业相匹配。美国科学、工程和政策委员会在其编写的《促进跨学科研究》一书中指出：跨学科研究与教育是受复杂问题的解决需求驱动而产生的，这种复杂性问题可能来自科学好奇心，也可能来自社会。② 在2007年次贷危机引发全球性经济危机后，美国政府更将高等教育看作复苏经济和维持美国全球经济竞争力的重要引擎，相关的教育政策和法案上更加凸显对跨学科教育的重视。2007年，布什政府提出了《美国创造机会以有意义地促进技术、教育和科学之卓越法》（缩写为America COMPETES Act，故又称《美国竞争法》），该法案提出知识经济时代的教育目标之一是培养具有科学、技术、工程和数学（STEM）等综合素质的人才，指出复合型人才为全球竞争力的关键。奥巴马执政期间，作为《2009年美国复苏与再投资法案》（*American Recovery and Reinvestment Act of 2009*）的一部分，联邦政府宣布了《力争上游计划》（*Race to the Top Program*）以及"创新教育（Educate to Innovate）"项目，保证了10亿美元的私人投资在STEM教育和完成过半的"到2021年培养出十万数学与科学精英教师"的计划。③ 在联邦政府的政策引导下，美国研究型大学高度重视STEM跨学科教育以及跨学科研究，从2010年至今，麻省理工学院、斯坦福大学等美国顶尖大学都创建了跨学科研究中心。这些研究中心提供最先进的设施和灵活的空间来开展

---

① Klein J T. Interdisciplinarity：History，Theory，and Practice［M］. Durham：Duke University Press，1990：41.

② 李平，王玲. 美国研究生跨学科培养模式的本质特征探析——基于后现代哲学思想的解读［J］. 学位与研究生教育，2008（2）：71-76.

③ The United States Federal Government. America COMPETES Act［Z］. Washington D. C. ：United States House of Representatives，2007.

跨学科研究与人才培养，为研究生提供了与教授密切合作、参与跨学科实践研究以及共同撰写科学论文的机会。事实上，培养能够解决社会复杂问题的高层次复合型人才是各国高等教育的共同追求，而能否培养出这类高层次人才也是当今各国能否提高综合国力的具体体现，可以说，通过跨学科培养高层次复合型人才是迎合社会挑战、提升综合国力的必然选择。

时任斯坦福校长的肯尼迪、全国研究生院理事会主席拉皮杜斯、卡内基基金会时任主席李·舒尔曼等国际教育界领袖联合建议，改革研究生教育以满足21世纪的社会需要，要重视跨学科教育，增强专业实践教育。① 由此向美国研究型大学提出了改革研究生教育的时代性要求，为跨学科研究生培养提供了动力。美国研究型大学将多学科融合，开设了跨学科研究生培养体系，培养掌握复合型知识的研究生，满足社会对于综合创新型高层次人才的需求。密歇根大学认为，当下这个时代面临的很多重大问题，从环境问题到贫穷问题、从人权问题到恐怖主义、从宗教运动到健康医疗，都不能靠单一学科来解决，需要跨学科的知识和整合的思维方式。研究型大学不仅要合作研究解决这些跨学科问题，还要充分利用其丰富的研究资源和智力资源，教给学生运用多学科知识提出问题、分析问题及创造性解决问题的能力，为21世纪的多样化生活做准备。② 普林斯顿大学在"综合科学"课程计划中也提到，在几乎所有的学科领域，人们的区别不在于他们所知道的知识，而在于他们如何更好地应对未知领域内的问题。应对科学领域内的未知问题的方式更具综合性，因此要培养学生跨学科视野和知识储备，运用多学科原理的能力，处理未知问题的技能和信心，从而帮助学生应对现实的各种挑战，解决前沿科学难题。③

深受自由教育理论对学术自由追求的影响，英国历来注重大学自治，但20世纪70年代后，英国爆发石油危机，国家财政十分紧张，撒切尔政府上台后开始不断缩减高等教育经费，直到1998年，英国政府出台《教学和高

---

① 刘献君. 发达国家博士生教育中的创新人才培养 [M]. 武汉：华中科技大学出版社，2010：2.

② 刘海燕. 跨学科协同教学——密歇根大学本科教学改革的新动向 [J]. 高等工程教育研究，2007（5）：97-100.

③ 吴迪. 论世界一流高校对本科跨学科专业课程的践行——普林斯顿大学的"综合科学"课程计划 [J]. 黑龙江高教研究，2012（10）：65-68.

等教育法》(Teaching and Higher Education Act 1998)正式废除研究生公费制度,①自此英国研究生开始了全面收费,这意味着研究生教育进入了市场化,研究生培养需充分考量社会市场对高层次复合型人才的需求。20世纪90年代以后,英国政府为推动人才培养与高层次复合型人才接轨,接连发表《高等教育框架》和《21世纪的教育和训练》系列教育白皮书,提出高等教育要从注重人文学科向现代科学技术学科转变,实现文理并重发展;转变人才培养理念,鼓励高校积极开展各种形式的跨学科教育活动,进行宽口径课程设置和教学,从而培养综合型、复合型的创新人才,这无形中也向英国研究型大学的研究生培养提出了新的要求。最典型的例子就是牛津大学,牛津大学在建校之初是一所人文学科见长的高校,随着市场开始对科学技术人才提出要求,它开始不断变革自身的学科结构,寻求在自然科学、应用科学方面的发展。如今牛津大学已然成为一所集自然、人文和社会学科共同发展的综合型高校,按照学部划分为社会科学学部、医学部、人文学部、数学物理和生命科学学部四大学部,学部之内的学科之间交叉融合的现象十分明显,如社会科学学部的环境变化与管理、社会数据科学、互联网与社会科学、政治和国际关系等专业都是为了适应社会发展的需求而新兴设立的跨学科专业。②这些新兴学科正是为了适应外部市场的变化而不断调整学科结构才出现的,符合系统理论对学科与外界保持有机互动的要求。

可以说,英美将研究型大学的研究生培养置于跨学科的背景下,是其提高国家创新力与创造力的关键所在。当下,诸多社会科技难题难以用单一学科的知识或技术解决,这对人才培养质量提出了更高的要求,因此跨学科研究生培养成为培养高层次复合型创新人才的重要手段。

3.1.2　学科交叉融合推动跨学科研究生培养

学科制度萌发于18世纪,确立于19世纪。学科制度的确立使知识之间产生了等级次序,同时,围绕学科制度建制而形成的院系架构进一步固化了

---

① Teaching and Higher Education Act 1998 [EB/OL]. [2020-10-29]. https://www.legislation.gov.uk/ukpga/1998/30/contents.

② University of Oxford. Social Sciences [EB/OL]. [2021-11-25]. https://www.ox.ac.uk/admissions/graduate/courses/social-sciences.

学科之间的界限，使得学科之间壁垒森严。学科的专业化发展在促进其内部知识向纵深发展的同时，也潜存着割裂各个独立学科之间联系的危机。知识需要相互之间的张力，需要在创造知识的过程中取得进步的动力。在现代知识经济和科学技术的影响之下，学科之间表现出强烈的相互渗透和影响的特点，不断冲击着传统森严的学科壁垒，使不同学科之间的界限和学术语境更加模糊，学科交叉融合发展已经成为势不可挡的趋势。正如迈克尔·吉本斯所言，知识生产模式开始向跨学科变革，跨学科研究与教育成为学科逻辑发展的必然走向。通过学科之间的协作，对学科的重要性和必要性进行了补充；尝试进行学科交叉，对于学科的进化起到了至关重要的作用；综合化和整体化的知识发展体系重构了学科体系，为创新和多元的知识生产提供了基石。知识生产模式的转变促使学科发展呈现出跨学科的特性，传统按照专业划分的学科难以满足知识生产的需求，伴随而来的必然是跨学科教育和跨学科研究的壮大。进一步看，现代学科的传播和应用场景呈现出高度动态化的特点，不再局限于过去静态、线性的方式，学科知识为了适应多元、动态发展的需求，必然要呈现出交叉融合的局面。①因此，开展跨学科研究生培养工作是遵从学科演变综合化、学科传播和应用动态化的必然需要。

美国研究型大学通过一系列跨学科的实践，在发展过程中抓住学科发展逻辑的要点，对研究生进行深入系统的跨学科培养，使之顺应学科发展的综合化和整体化趋势。杜克大学指出，处理现代社会的健康、环境、伦理和政治挑战，需要能够考虑某个问题的多个方面、跨越不同学科与不同领域的专家合作、整合不同知识体系的能力，即需要由超越专门知识生产的界限、来自不同背景的人员所组成的团队协作解决。为此，杜克大学实施了"巴斯连接"，将教师和学生组织成团队，通过在五个广泛的主题领域、以问题为重点的教育途径来回应复杂性的挑战。而美国国家教育统计中心（National Center for Education Statistic）通过深入的调查与研究，2002年修订了学科专业分类目录（CIP—2000），在学科群之下新设置了跨学科领域（multi/interdisciplinary studies），其下涵盖了22个跨学科。这些跨学科领域的设立，明确地引导了研究型大学设置跨学科研究生专业的方向，引起了美国研

---

① 黄巨臣. "双一流"背景下高校跨学科建设的动因、困境及对策［J］. 当代教育科学，2018（6）：21-25.

究型大学对于跨学科研究生培养的高度重视。① 而在最新修订的 CIP—2020 中，增加的跨学科学位数目则更多更广。

英国在高校的学科分类和院系设置中，也充分体现了学科交叉融合对跨学科研究生培养影响。首先，从学科分类来看，英国大学历来较为重视人文学科而忽视自然科学学科的发展，但随着科学技术发展和学科融合趋势的加大，多数传统人文学科开始寻求与其他学科专业的融合发展，以保持自身发展活力，如作为典型代表牛津大学的历史学科在近些年与经济学、社会学，乃至医学等学科呈现出高度交叉融合的局面，新增经济和社会史学硕士、医学和历史学硕士等专业学位，促进了跨学科研究生的培养。② 其次，从院系设置来看，英国多数高校为了利于学科交叉融合，将相似性和相关性较大的学科门类组合设置院系或者学部，这使得同一个院系或学部内学科是多元、综合化的，为跨学科研究生培养营造了良好的氛围。现在英国许多研究型大学的院部都保持 4~6 个，帝国理工学院就只划分了工程学院、医学院、自然科学学院和商学院四个大的学院，但是各个学院内部的学科交叉融合的情况十分普遍，以工程学院为例，它按照学科的相互关联性在学院内部组建了生物工程、化学工程、土木与环境工程、电子和材料工程等十余个具体的科系，催生了生物医学工程、能源、安全和数据工程等跨学科领域的人才培育工作。③ 再次，从其跨学科培养项目的设置来看，英国高校比较注重横向联合不同的院系，打破学科之间的壁垒，通过将学生置于某一跨学科研究课题之下，形成跨学科人才培养的集群效应。剑桥大学为了增强跨学科教育的有效性，在其医学研究委员会、自然环境研究委员会、生物技术与生物科学研究委员会的建议下，特别设立了相关学科领域方向的跨学科学生培养项目。

从学科发展的内在逻辑来看，未来学科之间跨越学科界限、不同领域的知识交叉融合是必然的发展趋势。学科是大学生存和发展的重要基石，也是

---

① National Center for Education Statistic. Classification of Instructional Programs：2000 Edition[EB/OL].[2021-10-13]. https://nces.ed.gov/pubs2002/2002165.pdf.

② University of Oxford. Faculty of History [EB/OL]. [2021-10-13]. https://www.history.ox.ac.uk/masters-courses.

③ Imperial College London. Faculty of Engineering Departments, Institutes and Centres [EB/OL].[2021-11-26]. https://www.imperial.ac.uk/engineering/departments/.

人才培养的必要依托，学科的交叉融合势必会推动大学加快跨学科人才培养的步伐，英美研究型大学跨学科研究生培养与学科的交叉融合有着紧密的联系。

3.1.3 自由教育传统指引跨学科研究生培养

在英美高等教育的发展进程中，始终彰显着学术自由、大学自治的传统，学术发展空间较为自由。尽管随着高等教育市场化向纵深发展，近年来英美政府、企业和社会第三方机构不断介入高等教育的发展变革中来，大学独立自治的地位不断降低，然而自由教育理论所提倡的学术自由的精神内核，仍旧为英美两国研究型大学跨学科研究生培养提供了良好的理念指引。

美国学院和大学协会（Association of American Colleges and Universities，AAC&U）在2005年发起自由教育和美国承诺（Liberal Education and America's Promise，LEAP）。这是一项全国性的公共宣传和校园行动倡议，旨在促进自由教育对学生以及依赖经济创造力和民主活力的国家的重要性。LEAP回应了当代对更多受过大学教育的人才、更多参与社会建设和发展的公民的需求。LEAP作为学院和大学的催化剂，致力于大学教育的卓越原则和所有学生在大学应该达到的一系列基本学习成果，提倡美国的大学与学院积极开展跨学科教育。[①] 而事实上，美国研究型大学一贯注重培养学生广博的知识和全面的素质，向来具有自由教育的传统。宾夕法尼亚大学在主页的自我介绍中说道："欢迎来到宾夕法尼亚大学——一个跨越传统的界限去追求知识的场所！无论是在整个校园，还是在教育、学术和研究上，你都会感受到这种风格。"[②] 芝加哥大学鼓励教师引导学生开展交叉学科的学习，引导学生走出单一学科的知识和方法界限。在教师的鼓励下，学生有更大的自信和兴趣投入相关学科的学习和研究中，在这一过程中，学生的联想能力、迁移能力

---

① Association of American Colleges and Universities. Lessons on Global Learning from Higher Education's Response to a Global Crisis [EB/OL]. [2022-04-15]. https://www.aacu.org/events/2020-virtual-conference-global-learning.

② 张晓报. 论美国研究型大学跨学科人才培养理念 [J]. 高等理科教育，2016（2）：53-58.

得到开发，提升了自身的跨学科素养。① 创建于1817年的密歇根大学，建校初只有几个教师和学生，没有明确的办学方向，办学质量堪忧。直到1850年密歇根州政府决心整顿该学校，由新成立的董事会选举亨利·菲利普·塔潘为第一任校长，密歇根大学终于迎来了快速发展的重要时机。塔潘校长认为在社会高速发展、急剧变革的年代，大学应该成为开展百科全书式文化知识传播的研究型机构，对学生实施广泛而丰富的文化教育，注重培养学生的综合素养。学生应该学习数学、科学、高级语言、诗歌、艺术等不同的知识，以培养具有逻辑思维能力、扎实的语言功底、宗教信仰且富有艺术气息的人。1987—1996年任密歇根大学校长的詹姆斯·杜德斯达，秉承了塔潘的办学思想。他针对当时美国研究生教育的状况，指出研究生教育过于重视专业性而缺乏广泛性，导致研究生尤其是博士生没有精力去发展对其他学科领域的兴趣爱好，知识面太过狭窄，而研究生教育供过于求的现状也导致了约50%的研究生毕业后并不从事学术研究，因此研究生课程必须为学生未来适应广泛的角色做好准备。② 在杜德斯达看来，对重要研究问题的解决方案需要跨学科的团队合作，研究生教育在人才培养上不可忽视其知识的广博性、交叉性。③ 因此，除了专业课程之外，密歇根大学还为研究生设立实践导向的、综合性的课程，以适应工业化的发展，并鼓励研究生在不同领域实习以增加实践经验等。2016年，密歇根大学校长马克·施莱赛尔进一步强调了塔潘的观点，指出："我们伟大的大学的未来将取决于我们拥抱多样性、公平和包容的价值观。"美国研究型大学都非常重视促进学生成长为具有广博知识和多学科视野的复合型人才。

学术自由首要的表现就是大学拥有较大的学科划分和专业设置的自主权，英国研究生并没有全国统一的学科划分标准，各个大学的专业委员会（Senate of University）可以根据学科发展态势和市场需求资助设立相关学科，这极大地推动了跨学科研究生学位的产生，如近年纷纷设立的生物医

---

① The University of Chicago. Student Group Works to Foster Diversity in the Sciences [EB/OL]. [2021-10-24]. https://news.uchicago.edu/story/student-group-works-foster-diversity-sciences.

② Adventures in Higher Education Policy [EB/OL]. [2021-11-23]. http://milproj.dc.umich.edu/pdfs/2017/2017%20Adventures%20in%20HE%20Policy%20LR.pdf.

③ A Case Study in University Transformation [EB/OL]. [2021-11-22]. http://milproj.dc.umich.edu/pdfs/books/1996%20Positioning%20the%20UM.pdf.

学、生物化学、网络经济学、商业人工智能等新兴跨学科专业。与此同时，自由教育传统也是英国开展跨学科研究生培养的隐形推手。原因之一，自由教育影响着大学的功能定位和学科范式，大学被认为是提供广泛知识的场所，要为学生提供全面的学科知识，强调学科知识之间的相互联系和影响。英国各高校将具有相似和内在联系的学科进行整合，形成新的跨学科课程、专业学位，自由教育理论为这些做法提供了理论奠基。伦敦大学学院承诺会尽其所能提供最为广泛的研究生教学和研究，① 完全契合了自由教育对大学的定位。原因之二，自由教育的影响还体现在跨学科的人才培养层面，自由教育反对过于功利化的专才教育，其主流思想是培养人的"智力"，即主张培养学生独立思考、批判和创新思维的能力，促进其学科知识、行为能力、个性和精神的全面发展。这与跨学科研究生教育所要培养的知识广博、复合型、创新型的国际领军人才的内涵不谋而合。剑桥大学人才培养的目标蕴含着丰富的自由教育哲理，提倡致力于培养学生质疑的精神、广泛的学科深度和广度、终身学习的能力，② 这些方面都体现着剑桥大学对"全人"的目标追求，而非局限于单一学科领域的"专才"。

可以说，自由教育的理念内在地指引着英美研究型大学的跨学科研究生培养方向，当前这些大学采用多种形式开展跨学科研究生培养，本质上是对自由教育理念在新时代内涵的崭新诠释。

3.2　跨学科研究生培养的目的定位

"教育要培养什么样的人"是人才培养需要首要思考的问题，英美两国的高等教育人才培养质量有口皆碑，与其精准的人才培养定位息息相关。英美研究型大学在开展跨学科研究生培养工作的过程中，同样形成了鲜明的培养目的，即致力于打破学科壁垒，促进多学科融合，培养适应现代社会需求的创新型、复合型、领军型人才。

---

① University College London. Graduate Study at UCL[EB/OL]. [2021-12-26]. https://www.ucl.ac.uk/prospective-students/.

② University of Cambridge. Mission and Core Values[EB/OL]. [2021-12-26]. https://www.cam.ac.uk/about-the-university/mission-and-core-values.

3.2.1 培养能够应对社会复杂难题的高层次创新人才

我国著名学者刘宝存教授认为，创新型人才是具有创新的意识、精神、能力和思维，能够在工作中取得创新性成果的人才。[①] 创新型人才所具备的知识和能力可以有效地应对纷繁复杂的社会问题，各国都不约而同地将创新型人才作为人才培养的主攻方向，英国和美国也不例外。

英国高等教育质量保证署（The Quality Assurance Agency for Higher Education，QAA）于 2014 年修订《英国学位授予机构的高等教育资格框架》（*The Frameworks for Higher Education Qualifications of UK Degree-Awarding Bodies*），对各级学位获得者所应具备的能力资格做了详细的规定，反映了英国对创新型人才培养的目标追求。其中，硕士学位获得者要具备的能力有：① 系统和富有创造性的解决复杂问题的能力；② 能独立地规划和完成专业任务，在解决问题过程中体现出自我引导性和原创性；③ 能不断提升自我知识和能力，发展新的技能。博士学位获得者要具备的能力有：① 在资料不完全的情况下，面临复杂问题能够有理有据地做出自己的判断，并向行业内外的受众传达结论和思想；② 从事理论或应用层面的高层次研究和开发，从根本上推动新技术、新思想或者新方法的发展。该资格框架强调了现今问题的复杂性，对研究生能力的陈述中不乏对自我引导性、原创性、创新思维和方法等方面的规定，这与创新型人才的内涵相一致。美国政府从 1998 年开始设置跨学科研究生培养项目，即研究生教育与科研训练一体化项目（Integrative Graduate Education and Research Traineeship，IGERT），各高校可以向该项目投递项目申请书，以获得科研和教育资助。2005 年，美国国家科学院（National Academy of Science）在报告《推进跨学科研究》（*Facilitating Interdisciplinary Research*）中指出跨学科教育是未来高等教育发展和科技创新人才培养的重要趋势。[②] 2014 年，美国国家科学基金会（NSF）出台了新的研究培训项目（NSF Research Traineeship，NRT），追加

[①] 刘宝存. 创新人才理念的国际比较 [J]. 比较教育研究，2003（5）：6-11.

[②] Committee on Facilitating Interdisciplinary Research, National Academy of Sciences, National Academy of Engineering, Institute of Medicine. Facilitating Interdisciplinary Research [EB/OL]. [2021-09-12]. https://www.nap.edu/download/11153.

了对各大高校跨学科研究和教育的资金支持。英美两国政府的政策支持无疑为其研究型大学的跨学科人才培养提供了稳定的制度环境。

在国家大框架的指引之下，培养能应对各类社会复杂问题的创新型人才成为英美两国研究型大学的普遍共识。帝国理工学院的工程学院将创新型人才培养视为关键命脉，时任院长彼得·查尔兹说道："这个世界充满了挑战和机遇，创造力可以提供全新的思维来应对复杂的挑战。"① 伦敦政治经济学院强调通过教育变革推动学生的创新能力提升，加强学生教育体验。② 这两所高校均从提升学生自身创造力和学习体验出发，高度认同创新型人才培养的必要性，这与自由教育理论对学生本体发展的关注相契合，都立足于对学生自身的关注。牛津大学在悠久的办学历史中，始终将培养卓越的创新人才作为办学追求，前副校长莫里斯·波拉提出，牛津大学的四大基本任务是：培养社会领袖人才，科学研究，培养创新型学者和未来科学家，传递学院文明。③ 剑桥大学将使命陈述为"通过追求最高国际水平的卓越教育、学习和研究为社会做出贡献"，致力于培养"具有批判思维的人才"。④ 伦敦大学学院未来20年的重要任务之一是通过卓越的教学和跨学科方法培养能应对全球挑战的人才。⑤ 哈佛大学致力于培养下一代的全球领导人，这些人能够理解技术与社会的复杂性，并且运用智力资源和创新性思维去应对21世纪的挑战；耶鲁大学要将学生培养成学术、职业以及社会的领导人；斯坦福大学志在培养知识渊博、个性鲜明、富有创新性、能够引领下个世纪前行的领军人才。英美研究型大学在其办学定位上不仅体现出对创新型人才的追求，更

---

① Imperial College London. How to Think Creatively: Top Imperial Design Expert Unveils New Online Course[EB/OL].[2020-10-15]. https://www.imperial.ac.uk/news/186474/how-think-creatively-top-imperial-design/.

② The London School of Economics and Political Science. Education[EB/OL].[2021-10-15]. https://info.lse.ac.uk/Staff/Departments-and-Institutes.

③ SOARES J A. The Decline of the Previlige: The Modernization of Oxford University [M]. CA: Stanford University Press, 1999: 82.

④ University of Cambridge. About the University[EB/OL].[2022-10-15]. https://www.cam.ac.uk/about-the-university/how-the-university-and-colleges-work/the-universitys-mission-and-core-values.

⑤ University College London. UCL Vision, Aims and Values[EB/OL].[2022-03-12]. https://www.ucl.ac.uk/about/what/vision-aims-values.

注重创新型人才的社会性、服务性，与知识生产模式变革理论所蕴含的"社会问责与反思性"高度一致。

在知识生产模式变革理论和自由教育理论的指引下，英美研究型大学在培养使命中，一方面强调人才培养的社会性，积极回应社会需求，培养具备解决社会难题的复合型人才，体现了研究型大学的强烈社会责任感；另一方面强调学生接受广博的知识学习，着力培养其创新能力，提升学生的学习体验，体现了研究型大学在满足卓越人才成长需求，为促进学生多样化、个性化发展提供支撑的育才理念。

3.2.3 培养具有综合素养的领军型人才

研究型大学不仅担负着本国人才培育的重任，同时作为世界科学知识的集中地，更将为国际社会培养具备综合素养的领军型人才作为其跨学科研究生培养的重要目标。领军型人才对于推动整体社会经济进步具有举足轻重的效用，这与著名的"二八定律"所蕴含的哲理相同——关键的20%因素往往可以决定80%的整体发展与结果，因此，培养20%的领军型人才是英美研究型大学跨学科研究生培养的一大目标。

英美研究型大学历来有培养领袖的传统，随着高水平教育教学的不断推进，学校也不断地在战略规划层面强化这一目标追求。牛津大学在创办之初，致力于培养具备文化素养的神职人员，神职人员正是中世纪领军型人才的代表，而如今的牛津大学则致力于培养某一学科领域颇有学识和影响力的行业领导者。[①] 时至今日，牛津大学对于培养领军型人才的目标追求更加明确，在《牛津大学战略规划（2018—2023）》（*Oxford Strategic Plan 2018—2023*）中提出，要致力于提供高质量的教育和经验，使学生具备正确的价值观、丰富的知识和技能，使他们能够为社会做出积极的贡献。伦敦大学学院在《教育战略规划2016—2021》（*UCL Education Strategy 2016—*

---

① 彭道林，曹丽梅. 守护传统：牛津大学的自由教育[J]. 高等教育研究，2018（10）：84-91.

2021）中明确指出，会不断强化学生体验，培养学生实践参与能力与领导力。① 伦敦政治经济学院在未来10年战略规划《LSE 2030》中承诺，将为学生提供成为独立思考者、批判性调查者和未来思想领袖所需的洞察力和技能，并指出在教学中涵盖不同学科、文化和经验是其中一个重要的做法。② 密歇根大学的使命是通过卓越创造、交流、保存和应用知识、艺术和学术价值，以及培养挑战现在和丰富未来的领导者和公民，为密歇根和世界人民服务。③ 卡内基梅隆大学现任校长法南姆·贾哈尼恩认为，多元化和包容性的团体是研究、创造力、学习和人类发展取得卓越成就的基础，是大学使命的核心。④ 该校提出的"2025战略"计划的目标之一是营造跨学科文化，让学生、教职工运用跨学科的方法解决问题，同时深化学生专业知识，推动传统领域交叉融合的新思维，培养全球领袖人才。2013年，麻省理工学院在其学校发展报告中提出要增强学校的跨学科教育能力，为学生开设跨学科课程，提高学生的跨学科素养。⑤ 2016年，普林斯顿大学的战略报告中提到学校需要帮助学生具备跨学科素质，以适应未来的研究与就业趋势。⑥ 跨学科培养科技领域的未来领导者，成为发达国家保持科技强势地位的"核心竞争力"。麻省理工学院校长指出："确保下一代工程师能以饱满的全球视野、跨学科研究的热情、为人类服务的本能来改变世界。"⑦ 为使学生更加多元地了解数据科学对学术界、政府、商业、工业及其他领域和组织的影响，哥伦比亚大学创业和数据科学研究所推出跨学科合作实验室，旨在增进学校和机构、学

---

① University College London. UCL Education Strategy 2016—2021[EB/OL]. [2021-03-13]. https://www.ucl.ac.uk/teaching-learning/sites/teaching-learning/files/migrated-files/ucl_education_strategy_june2017_finalv2_web.pdf.

② LSE 2030. Priority 1: Educate for Impact [EB/OL]. [2020-10-19]. https://www.lse.ac.uk/2030/educate-for-impact.

③ University of Michigan. Office of the President[EB/OL]. [2019-01-22]. https://president.umich.edu/about/mission/.

④ Carnegie Mellon University. Diversity, Equity and Inclusion[EB/OL]. [2019-03-14]. https://www.cmu.edu/diversity/.

⑤ MIT. Institute-wide Task Force on the Future of MIT Education Preliminary Report [R]. Boston: MIT Press, 2013: 59-80.

⑥ Princeton University. Princeton University Strategic Framework [R]. Princeton: Princeton University Press, 2016: 2-31.

⑦ Office of the President. NAE Regional Meeting[EB/OL]. [2019-09-21]. http://president.mit.edu/speeches-writing/nae-regional-meeting.

生和校友、纽约社区和政府官员之间的合作,致力于为社会输送新型数据科学领袖型人才。① 佐治亚理工学院的工程学院在 2018 年战略规划中指出,要利用多个领域的专业知识和跨学科的方法培养领导者和创新者,打造作为"思想发源地"的跨学科卓越中心,由教师驱动、创建和促进论坛交流,允许教师集思广益,发展多中心协作、多学科活动,以培养在工程领域更引人注目的领导者。

由此可见,英美研究型大学从战略高度不断强化未来领袖的培养方向,所追求的"正确价值观、思考能力、批判性、洞察力"等人才特质与自由教育对人的智力发展的追求相一致。各个领域的领军型人才对提升国家核心竞争力的重要性不言而喻,跨学科时代对领军型人才的要求早已超越掌握单一学科知识技能,跨学科复合性知识、跨文化高科技运用能力、跨地域团队组织领导能力成为必备素养,这已成为英美研究型大学跨学科人才培养的共识。

除了战略层面的规定之外,英美研究型大学的校长也时常流露出对于培养领军型人才的渴望。剑桥大学校长斯蒂芬·图普(Stephen Toope)在全校演讲中提到剑桥已经培养了大批的领导者,在未来也渴望创造出更多的领导者。② 作为世界上久负盛名的理工院校,帝国理工学院校长爱丽丝·加斯(Alice Gast)同样指出:"我们社会面临的挑战需要新一代的领导人,我们为学生提供广泛的知识和经验,是为了使他们能够胜任未来领导者的角色。"③ 2004 年任宾夕法尼亚大学校长的艾米·古特曼(Amy Gutmann)推出一项前所未有的教师计划,即"整合知识"计划(Penn Integrates Knowledge,PIK),旨在招募一批研究领域不限于单个学科,并在跨学科领域中取得杰出成就的优秀学者。④

---

① Columbia University,Preparing Tomorrow's Leaders for a Data Rich World[EB/OL].[2019-12-19].http://entrepreneurship.columbia.edu/collaboratory/.

② Vice-Chancellor's Office. The Role of Universities as Dynamic Catalysts for Change[EB/OL].[2021-11-13].https://www.v-c.admin.cam.ac.uk/professor-stephen-j-toope/selected-speeches-professor-stephen-j-toope/universities-as-dynamic-catalysts-for-change.

③ Imperial College London. China Scholarship Council Invests in Imperial Talent[EB/OL].[2020-10-19].https://www.imperial.ac.uk/news/168565/china-scholarship-council-invests-imperial-talent/.

④ University of Pennsylvania. About the Program[EB/OL].[2019-11-14].https://pikprofessors.upenn.edu/about-pik.

不难看出，英美研究型大学对领军型人才的定位来源于社会需求，最终也希冀领军型人才可以引领社会的变革，为社会进步发展做出贡献，与知识生产变革理论提倡的"社会问责和反思性"相吻合，也体现了系统理论倡导的社会与学科内部的有机作用，其领军型人才所具有的基本特质也与自由教育对完整、和谐发展的人的规定相吻合。

3.2.2 跨越学科壁垒，促进不同学科融合

学科是大学培养人才的基础要素，高水平的学科设置是培育精英人才的基础。斯坦福大学副教务长安·阿文认为："一门学科的分析框架和工具与其他学科密切相关，我坚信学科的交叉点是新思想出现和创新研究发生的地方。"① 在知识经济时代，学科间的关系开始多维化地发展，正如系统理论所述，知识具有整体性，各学科间有着逻辑链接点，使之系统化有助于实现"整体大于部分"的特定效果，通过跨学科的方式连接各学科的交叉点，培养研究生创新性的思维模式，从而产生学科融合后的协同效益。以英国研究型大学为例，曾经深受传统人文主义影响，学科设置呈现高度"重人文、轻理工"的特点，存在着学科划分过于专业化、学科壁垒森严的问题。曾任英国大学拨款委员会主席的沃特·莫博莱在1949年指出，英国大学学科划分存在专业细化的危机，要摆脱这个危机，就要在学科教育中寻找最低限度的共同基础。② 随着近年科学技术既分化又高度综合化的发展，新兴学科不断涌现，英国一直在试图"粘合"文理学科之间的界限，尝试促进不同学科之间的融合发展，填补文理学科原有的学科鸿沟，学科设置也呈现明显的综合化趋向。③

事实上，系统理论和自由教育思想均为跨越学科壁垒提供了强有力的理论支撑，在二者的理论视角下看，各学科之间是一个完整的知识体系，不同

---

① Stanford University. Q&A with Ann Arvin[EB/OL]. [2018-11-14]. https://interdisciplinary.stanford.edu/qa-ann-arvin.
② 贺国庆，华筑信. 国外高等教育课程改革的动向和趋势[M]. 保定：河北大学出版社，2000：52-66.
③ 张国昌，林伟连，许为民，等. 英国高等教育学科专业设置及其启示[J]. 学位与研究生教育，2007（6）：68-73.

学科知识之间是一种相互联系和促进的关系,故不同学科融合发展必要且可行。英美研究型大学正是基于系统理论和自由教育理论,结合时代发展的需求开展跨学科研究生培养,通过系统的跨学科人才培养活动打破学科壁垒,从而促进不同学科融合发展。

首先,英美研究型大学的跨学科研究中心(研究所)在设立的目的上,表现出强烈的对学科融合发展的追求。剑桥大学战略倡议直接论述了跨学科研究中心对于促进学科融合的重要意义,并承诺未来会不断汇集多个学科的专业知识,加强跨学科教学和研究合作。① 帝国理工学院的跨学科研究中心的共同目标就是超越院系界限,支持多学科主题,围绕跨学科领域建立多种发展和联系。② 在学科融合的目标指引之下,各研究中心都在各自的学科领域不断向外拓展,如电磁和生化传感器研究中心致力于推动电磁学和生物化学的跨界发展,提出了"两个学科,一个目标"的口号。③ 耶鲁大学在2016年将"科技"确定为首要学术任务,通过增加学生跨部门和跨项目的流动性,提高跨学科研究及发现的可能性,让学生在科学、技术、工程和数学(STEM)方面打下扎实基础,助力未来科技领域的领导者正确理解世界并塑造未来世界。④ 加州理工学院成立了92个跨学科研究中心及项目组,致力于跨学科重建知识体系和教学模式,通过合作教学、科研训练、研讨会等多种形式培养学生的跨学科思维和创新能力。众多跨学科研究中心在学科融合方面的成功,也恰恰印证了系统理论和自由教育理论关于学科之间互联互促的论述,证明了促进学科融合、推动跨学科研究生培养工作确实可行。

其次,为了更加直接地跨越学科壁垒,推进跨学科研究生教育工作,英美研究型大学纷纷成立了专门负责跨学科研究生培养的学院和教学中心。伦敦政治经济学院的卫生政策系(Department of Health Policy)就是一个典型

---

① University of Cambridge. Interdisciplinary Research Centres [EB/OL]. [2021-03-13]. https://www.cam.ac.uk/research/research-at-cambridge/interdisciplinary-research-centres.

② Imperial College London. Multidisciplinary Networks, Centres and Institutes [EB/OL]. [2021-10-17]. https://www.imperial.ac.uk/multidisciplinary-research/.

③ Imperial College London. Electromagnetic and Biochemical Sensors [EB/OL]. [2022-01-30]. https://www.imperial.ac.uk/electromagnetic-biochemical-sensors/about/.

④ Yale. Report of the University Science Strategy Committee [EB/OL]. [2020-06-15]. https://research.yale.edu/sites/default/files/ussc_report_may_2018.pdf.

的例子，它致力于通过多学科研究和教学促进卫生保健学、政策学、经济学和卫生技术评估领域的学科融合，以此来改善全球卫生政策的设计、实施和评估。①牛津大学正在计划成立的施瓦茨曼中心（Schwarzman Centre）同样也是跨越学科壁垒的新型组织机构。设立该中心的初衷是利用牛津大学在人文学科的强大优势，将历史、语言学、哲学、神学和宗教等学科集中在一个空间内，领导人工智能、计算机学科的伦理发展。②牛津大学以打破院系壁垒为着力点，通过跨学科教育活动有效地化解了学科边界，促进了新兴学科的发展，同时也为跨学科研究生的培养提供了一个完善的组织制度环境。加州理工学院尤为重视研究生的跨学科培养，拥有21个大型跨学科研究所及实验室。普林斯顿大学拥有14个跨学科研究中心，涉及计算机科学、生物工程、材料工程、遗传学、化学等50多个学科专业。2018年，普林斯顿大学校长艾斯格鲁伯指出，要通过跨越学术界、政府、行业和非营利部门的伙伴关系来推进教学和研究，将研究生院打造成跨领域的创新引擎，加速研究生发现和扩展多领域知识的能力，确保所有学生将来有能力探索摆在他们面前的各种有价值的职业机会，满足未来职业发展的动态需求。③因此，英美研究型大学想方设法跨越学科之间的壁垒，积极推进跨学科研究生教育工作，以培养学生运用多学科知识解决问题的能力，使其具有综合性和复合性职业素养。

最后，积极创新跨学科研究生培养方式。随着知识生产方式的转型，世界性科技难题具有更强的综合性和复杂性，跨学科培养高层次创新人才正是应对这些难题的必由之路。美国教育部在《国家教育2026年愿景报告》中指出，跨学科教育有利于培养学生应对21世纪的重大挑战，利用科学、技术和创新来解决重要的国家问题或全球问题。④研究型大学积极创新跨学科研

---

① The London School of Economics and Political Science. Welcome to the Department of Health Policy at LSE[EB/OL].[2021-06-25]. https://www.lse.ac.uk/health-policy/about.

② University of Oxford. The Stephen A. Schwarzman Centre for the Humanities[EB/OL].[2020-10-18]. https://www.schwarzmancentre.ox.ac.uk/.

③ Princeton University. A Vision for Graduate Education[EB/OL].[2022-11-07]. http://www.princeton.edu/president/eisgruber/speeches-writings/archive/? id=18614.

④ The U.S. Department of Education26：A Vision for Innovation in STEM Education[EB/OL].[2022-09-22]. https://innovation.ed.gov/files/2016/09/AIR-STEM2026_Report_2016.pdf.

究生培养方式，以培养解决世界性科技难题的探究者。耶鲁大学承诺"改善当今世界、造福子孙后代"，将与科技变革相关的领域作为其教学和研究的核心，着力消除跨学校、跨学科工作的行政障碍，开发创新海外学习项目，促进跨学科学习。[①] 卡内基梅隆大学鼓励学生、教师和员工开展跨学科教育创新活动，为学生提供跨界整合观点的工具，支持师生深入学科知识内核，驱动传统领域边缘和交叉点的新思维。[②] 而且，英美研究型大学运用灵活的选拔方式、多样的教学方式、多类型的跨学科培养平台和严格的评价考核机制，建立了一套适用于突破已有学科界限的人才培养方式，促进了新兴学科的生长、优势学科的发展和重大创新的突破。例如，华盛顿大学的生物物理&结构和设计（Biological Physics, Structure and Design）跨学科项目使用的技术来自化学、生物化学、生物物理学和分子生物学，主要涉及使用和确定生物学上重要的大分子的原子级结构，即蛋白质、RNA 和 DNA。它促进不同学科之间的交叉，致力于疫苗开发、药物设计、蛋白质结构预测等重大突破。[③] 在《牛津大学战略规划（2018—2023）》中，牛津大学认为推动学院之间的合作与学科融合是培养创新人才的途径之一。[④] 通过跨学科研究生培养，有效地实现了不同学科体系间的知识互补、思维互补和研究方法互补，产生强大的协同效应，促进了不同学科的融合发展，以适应复杂科学研究的需要。

[①] Yale. Report of the Provost's Advisory Committee on International Affairs[EB/OL]. [2019-03-19]. https://world.yale.edu/sites/default/files/files/International_Affairs_Report_Final.pdf.

[②] Carnegie Mellon University. Goals for the University Community[EB/OL]. [2020-04-09]. https://www.cmu.edu/strategic-plan/university-community/index.html # interdisciplinary-problem-solving.

[③] UW Graduate School. Biological Physics, Structure and Design[EB/OL]. [2018-11-09]. http://grad.uw.edu/about-the-graduate-school/interdisciplinary-programs/biological-physics-structure-and-design/.

[④] University of Oxford. Strategic Plan 2018-2023[R]. Oxford: University of Oxford Press, 2018: 1-2.

3.3 跨学科研究生的培养方案

培养目的是培养方案设定的出发点和终点,培养方案是贯彻落实培养目的的中心环节,也是人才培养的实施蓝图。培养目标是培养目的的具体化,跨学科研究生培养方案正是以培养目标为纲领而形成的一套具体的、可实践的教育计划,其主要内容包括研究方向、学习时间及学分安排。

3.3.1 培养目标

英美两国不同的研究型大学对于跨学科研究生的培养目标略有差别,呈现多元化特点,其共同之处归纳为以下几点。

一是将跨学科研究生培养作为研究生教育创新的载体,以追求卓越的教育方式。例如,华盛顿大学、麻省理工学院、密歇根大学、杜克大学、牛津大学等将跨学科研究生培养作为促进研究生教育改革的重要途径。华盛顿大学研究生院明确表示支持跨学科教育活动,并将其作为支持研究生教育创新和卓越的核心使命的一部分。具体实施方式体现为:在研究生院倡导跨学科计划,为创建跨学科计划提供支持;每个研究生院的跨学科课程都由一个专门的跨学科教师团队监督,为跨学科课程提供宣传和管理;为跨学科研究生提供跨学科学位和证书课程等,为研究生教育创新提供政策支持。① 麻省理工学院将高尚的学术追求与"做中学"的实践方法结合起来,鼓励学生利用学校提供的广泛学习机会,积极参与跨学科教育,成为有创造性、有智慧、有终身学习热情的领导者和问题解决者,并为此设计了一种独特的教育形式,即基于解决现实世界中的复杂问题,把"做中学"的理念贯彻其中,鼓励学生通过科研实践和体验式学习的方式进行跨学科探索,使学生意识到在知识之间建立联系、在课堂之外做出发现的重要性,并加强对多元文化、知识和经验的尊重,积极探索交叉学科带来的新知识及科技领域前沿问题。杜

---

① UW Graduate School. Graduate School Interdisciplinary Programs[EB/OL].[2018-11-09]. http://grad.uw.edu/about-the-graduate-school/interdisciplinary-programs/.

克大学利用跨学科研究生教育培养传播知识的新方法,通过提供丰富的学术课程,跨越传统界限,提升其研究型大学跨学科的实力,实现更加卓越的教育。牛津大学强调推动学院之间的合作与学科融合是培养创新人才的途径之一。

二是培养高层次创新型人才,用其学术创造力开拓新的发现,以及培养跨学科研究生综合利用信息的能力,为将来的职业发展做准备。① 例如,斯坦福大学、密歇根大学、麻省理工学院、匹兹堡大学等多所高校提出培养此类人才明确的目标,这也是英美研究型大学跨学科研究生最核心的培养目标。斯坦福大学强调跨学科研究领域的学生必须对不断变化的世界做好准备,随着世界的不断变化,跨越传统学科边界进行思考的能力对成功越来越重要,学生可以通过参与跨越传统学科的研究,为其未来在学术领域和职业生涯的成功做好准备。② 该校现任副教务长安·阿尔文指出:"由于跨越边界的能力对于成功越来越重要,我们必须让学生做好准备,使其在新的研究和学术领域中能应对自如。"③ 密歇根大学应用经济学跨学科硕士学位的培养目标,是教会学生利用经济工具解决各个领域出现的实际问题,为学生提供充分的职业准备。④ 麻省理工学院计算机科学与分子生物学工程硕士学位,利用计算生物学(如药物、生物信息学、医学)等多门涉及广泛知识的跨学科课程为学生的职业做好准备。⑤ 加州大学洛杉矶分校的物理与生物医学跨学科项目,旨在培养具有生物学、物理学、化学、数学、工程学和计算机科学的广泛研究技能的科学家。研究表明,跨学科教育对学生的相关能力培养具有显著的作用。帕耶夫斯基以匹兹堡大学为样本进行研究,对比跨学科专业

---

① Caltech Division of Engineering and Applied Science. Facts & History[EB/OL].[2020-11-13]. http://www.eas.caltech.edu/about.

② Stanford University. For Students [EB/OL]. [2021-03-11]. https://interdisciplinary.stanford.edu/students.

③ Stanford University. Q&A with Ann Arvin [EB/OL]. [2021-03-11]. https://interdisciplinary.stanford.edu/qa-ann-arvin.

④ U-M LSA Department of Economics. Masters of Applied Economics[EB/OL].[2020-11-17]. https://lsa.umich.edu/econ/mae.html.

⑤ Massachusetts Institute of Technology. Computer Science and Molecular Biology[EB/OL]. [2020-11-18]. http://catalog.mit.edu/interdisciplinary/graduate-programs/computer-science-molecular-biology/.

学生和非跨学科专业学生的差异，发现跨学科专业的学生请教问题更频繁、质量更高，问题涉及的学科领域更广泛，说明在师生沟通与自主学习能力方面，跨学科专业的学生比非跨学科专业的学生能力更强。①

三是通过跨学科研究生的研究成果，扩大人类知识，解决社会存在的复杂问题，为社会服务。英美研究型大学鼓励学生在其主修专业领域之外积极进行跨学科学习。例如麻省理工学院的使命是致力于利用其在科学、技术和其他学术领域方面的知识开拓和培育学生，为21世纪的美国和世界提供更好的服务。② 哈佛综合生命科学项目（Harvard Integrated Life Sciences，HILS），将哈佛大学教师所具备的专业知识与丰富的学科资源结合起来，为跨学科研究生提供合作创新、改变世界的机会，开发益于人类健康的新技术。③ 卡内基梅隆大学强调要让优秀的教师与学生并肩探索，合作研究，共同应对社会面临的最大挑战，为此，该校特别注重在交叉领域的突破性发现，先后设立了12个跨学科学士学位项目、24个跨学科硕士学位项目。④ 现任校长法南姆·贾哈尼恩指出，多元化和包容性的团体是研究、创造力、学习和人类发展取得卓越的基础，也是大学使命的核心。⑤ 学校提出的"2025战略"计划的目标之一就是要营造跨学科文化，让师生一道运用跨学科方法解决问题，同时深化学生的跨专业知识，形成与传统领域交叉融合的新思维。宾夕法尼亚大学主张要通过学生与教师在一个灵活的、横跨4个本科学院和12个研究生学院的课程体系中进行深入合作，使学生能够展示他们的学术创造力并发现处理信息的新方式，培养学生成为适应能力强而又头脑全

---

① Pajewski S G. Engagement in Academic Advising a Comparison between Students in Interdisciplinary Programs and Students in Non-interdisciplinary Programs[D]. Pittsburgh: University of Pittsburgh, 2007: 34-36.

② Massachusetts Institute of Technology. Mission and Value[EB/OL]. [2021-01-22]. http://www.mit.edu/about/#mission.

③ Harvard University. The Graduate School of Arts and Sciences. Harvard Integrated Life Sciences[EB/OL]. [2020-11-24]. https://gsas.harvard.edu/programs-of-study/divisions/harvard-integrated-life-sciences.

④ Carnegie Mellon University. Interdisciplinary Programs[EB/OL]. [2021-03-11]. https://www.cmu.edu/academics/interdisciplinary-programs.html.

⑤ Carnegie Mellon University. Diversity & Inclusion[EB/OL]. [2021-03-14]. https://www.cmu.edu/diversity/.

面的人才，以为解决复杂性社会难题做好准备。① 麻省理工学院的跨学科研究生项目也立足于社会最需要解决的问题，包括可持续能源、城市防灾、贫穷、癌症、老年痴呆症和传染病的解决等项目，寻求复杂问题的解决方案等，为社会进步做出贡献。② 斯坦福大学医学院通过多学科方法为每位患者的独特需求提供无与伦比的关怀，并通过最先进的技术协调专业知识，研发最新最有效的药物治疗。③

英美研究型大学通过设立不同的具体培养目标，培养不同方向的跨学科研究生，凭借高质量的人才培养服务社会，引领社会各领域的发展，从而发挥其应有的表率作用。

3.3.2 研究方向

为了应对世界复杂问题持续发酵所带来的恶性后果，英美研究型大学对于跨学科研究生培养即以解决实际问题为出发点，探索利用多学科交叉融合，激发研究生的学术创造能力，为社会发展做出贡献，因此研究型大学往往根据各自学科发展优势，提供不同种类的研究生培养方向与跨学科研究。例如麻省理工学院共有18个跨学科研究生学习项目、32个研究方向，其中有11个研究方向培养硕士研究生，21个研究方向培养博士研究生，研究方向偏重于理工科。④ 斯坦福大学共有39个跨学科研究生学习项目，134门跨学科研究生课程，研究方向跨度大，既有文化、城市类的人文社科类研究，也有人机交互、生物医学的应用型研究。⑤ 同样擅长于工科类的加州理工学院，设置6个部门分别培养跨学科研究生，其中5个部门为应用型理工类科

---

① University of Pennsylvania. Interdisciplinary[EB/OL]. [2021-03-14]. https://www.upenn.edu/programs/interschool.

② Massachusetts Institute of Technology. Innovation[EB/OL]. [2021-11-24]. http://www.mit.edu/innovation/.

③ Stanford University. Health Care[EB/OL]. [2020-11-23]. https://www.stanford.edu/.

④ Massachusetts Institute of Technology. Interdisciplinary Graduate Programs[EB/OL]. [2020-11-23]. http://catalog.mit.edu/interdisciplinary/graduate-programs/#degreesofferedtext.

⑤ Stanford University. Interdisciplinary Programs[EB/OL]. [2020-11-20]. https://www.stanford.edu/list/interdisc/.

学研究方向。密歇根大学设立了69种研究生跨学科双学位和40种研究生证书项目，华盛顿大学研究生院提供17种跨学科研究生项目，研究方向趋于综合化。① 表3.1所列为美国5所高校具体的跨学科研究方向（节选）。

表3.1 美国5所研究型大学跨学科研究生培养方向概览

学校	研究方向
麻省理工学院	计算科学与工程、计算机科学与分子生物学、健康科学与技术、历史、人类学、科学、技术和社会、微生物学、社会和工程系统、统计学、供应链管理、系统设计与管理、技术与政策、运输等
斯坦福大学	各国文化研究、考古学、女权主义和性别研究、生物医学信息学、地球系统、癌症生物学、人机交互、国际政策研究等
加州理工学院	生物学和生物工程、化学和化学工程、工程和应用科学、地质和行星科学、人文和社会科学、物理、数学和天文学等
密歇根大学	应用与跨学科数学、大分子科学工程、生物医学工程、纳米生物学、生物物理学、商学、各国文化研究等
华盛顿大学	数据科学、人机交互及设计、分子和细胞生物学、神经科学、中东研究、分子工程与科学、统计遗传学等

资料来源：根据表中5所大学研究生官网相关资料整理而成。

3.3.3 学习要求及学分安排

英美研究型大学对于跨学科研究生的学习要求及学分安排，根据学校、专业及研究生层次的不同（硕士研究生/博士研究生）而有细微区别。牛津大学跨学科博士专业一般要求将多种类型的学习相结合：17～20周的主修课程、1～2周集中开设的选修课程，24周左右的科研实践课程，3年的项目研究实践，12周的职业发展规划等。其中科研训练往往占据较长周期，着重于发展研究生跨学科的思维能力、研究方法与技能。牛津大学跨学科

---

① UW Graduate School. Graduate School Interdisciplinary Programs[EB/OL].[2020-11-26]. http://grad.uw.edu/about-the-graduate-school/interdisciplinary-programs/.

生物科学博士生的学习要求中除了主修、选修课程外,还包括项目轮岗、研究项目训练以及职业发展实践等,多样化的学习安排使得学生在提升跨学科知识能力的同时,也成为具备团队协作、沟通交流、演讲技巧等各种迁移性技能的复合型人才。该学习安排受到学生的广泛好评,2015届博士生卡特琳娜·约翰逊说:"该授课课程十分具有价值,因为它能提供一系列对研究十分有用的知识和方法技术……可以在研究过程中建立广泛的联系,这不仅包括具有各种科学背景的学生,还包括在项目期间与之一起工作的研究人员。"①

一般而言,跨学科硕士研究生的学制多为2年左右,修完专业规定的课程学分,进行1年左右的研究实践,最后通过对于论文的口头报告便可获得跨学科硕士学位。例如,普林斯顿研究生院规定跨学科研究生至少需要完成12个学分;密歇根大学应用经济学(applied economics)跨学科硕士研究生需在2个学期内修完38个学分,包括20学分的核心课程和18学分的选修课程;哈佛大学数据科学(science in data science)的跨学科硕士研究生需在3个学期内修完12个学分,包括8学分的核心课程和4学分的选修课程,再进行项目研究、参加各种跨学科讲座,对知识进行更进一步的应用。跨学科博士研究生的学制多为4~6年,除了修完课程学分之外,还需通过博士生资格考试,进行独立研究。例如华盛顿大学生物物理的结构和设计(biological physics, structure and design)跨学科专业,需要博士生修完21个学分,包括9学分的核心课程和12学分的选修课程,选修课程涉及范围涵盖广泛,包括分子和细胞生物学、分子结构和设计、化学和分子生物物理学等。② 学生必须在第一年的夏季学期参加3次讲座和至少1场讨论会,同时还需轮换3个实验室,旨在提供广泛的实验经验,以进行论文研究;第二年做至少2个季度的助教,以获得实践教学经验;第三年春季学期参加博士生资格考试。学生将遵循学位授予部门的规定,涉及书面和口头部分的考试,通过则获博士候选人资格。第4~6年独立研究、撰写毕业论文,论文经论文答辩委员

---

① Doctoral Training Centre. Case Study: Katerina Johnson[EB/OL]. [2019-07-20]. http://www.dtc.ox.ac.uk/case-studies/case-study-katerina-johnson.html.

② UW Graduate School. Curriculum Requirements[EB/OL]. [2020-11-28]. http://depts.washington.edu/bpsd/for-current-students/curriculum-requirements/.

会一致通过后方可拿到毕业学位。加州大学伯克利分校应用科技（applied science & technology）跨学科博士研究生需修完 36 个学分，包括 30 学分的核心课程和 6 学分的选修课程，在第一年进行课程考试，旨在跟踪学生在整个学位课程中的进度，通过考试后的三年内进行博士生资格考试，大多数学生通过后一年内可完成学位。具体内容可参见表 3.2。

表 3.2　美国四所研究型大学跨学科研究生的学习时间安排及学分安排概览

研究型大学	密歇根大学应用经济学跨学科硕士研究生①	哈佛大学数据科学跨学科硕士研究生	华盛顿大学的生物物理 & 结构和设计跨学科博士研究生	加州大学伯克利分校应用科技跨学科博士研究生
学习时间安排	四个学期（第一年秋季学习定量方法、应用微观经济理论、应用计量经济学Ⅰ，冬季学期学习应用宏观经济理论、应用经济学计量经济学Ⅱ；另外两个学期学习选修课及参加讲座）②	2 年（3 学期完成 12 门课程的学习和 1 年的研究）	6 年（第一年轮转实验室，学习课程；第二年做助教，学习课程；第三年结束时进行口试和笔试，通过则获博士候选人资格。第 4～6 年独立研究、撰写毕业论文，合格拿毕业证书）	4 年［第一学年的第二学期（通常在春末学期）进行考试，跟踪学生在整个学位课程中的进度。通过考试后的 3 年内进行口头资格考试，大多数学生通过后 1 年内完成学位］③
学分安排	须修完 38 个学分，包括 20 学分的核心课程和 18 学分的选修课程	须修完 12 个学分，包括 8 学分的核心课程和 4 学分的选修课程	须修完 21 个学分，包括 9 学分的核心课程和 12 学分的选修课程	须修完 36 个学分，包括 30 学分的核心课程和 6 学分的选修课程

资料来源：根据表中 4 所高校的官网信息整理而成。

---

① U-M LSA Department of Economics. Program Requirements[EB/OL]. [2021-11-28]. https://lsa.umich.edu/econ/mae/guidelines.html.

② 注：经济学系只提供以上 5 个明确用于 MAE 计划的课程，其余课程还包括公共政策学院、商学院课程未被列出。

③ UC Berkeley. Student Manual [EB/OL]. [2021-11-29]. http://ast.berkeley.edu/resources/student-manual/.

将跨学科研究生的培养方案进行学分和学习时间的分解,一方面有助于将培养目标化解为可操作性的步骤,通过培养过程体现或及时纠正跨学科研究生的培养方向,为研究生提供可选择的空间,支持其个性发展;另一方面有助于跨学科研究生明确在跨学科学习中的具体任务,帮助研究生合理安排学习时间,对自身的研究方向和任务有明确的规划。美国研究型大学对于学习时间和学分的严格安排有效地保障了培养目的的符合度,并在一定程度上保证了跨学科研究生的培养质量。

3.4 本章小结

本章结合理论基础探究了英美研究型大学开展跨学科研究生培养的原因,并且通过案例分析了其培养研究生的动因与目的,解析其培养方案,得出了以下要点。

首先,从英美研究型大学开展跨学科研究生教育的动因来看,主要是历史文化和现实原因的叠加推动。从历史文化来看,自由教育或博雅教育传统在英美两国根深蒂固,其研究型大学早已形成尊重学术自由、学术自治的风气,为多学科融合发展,新兴学科的形成营造了一个相对自由发展的空间。从现实原因的角度来看,英美研究型大学跨学科研究生培养是现实中内因和外因共同作用的结果。外因来源于社会的高速发展使得单一学科知识难以解决社会的复杂问题,社会对综合创新型人才的需求不断扩大,促使大学不得不调整培养体系以满足社会的人才需求;内因在于学科自身发展逻辑日益走向交叉融合,基于知识生产模式的变革理论,知识向综合化、整体化趋势发展,学科之间的交互融合成为新学科、新知识的增长点,为研究生跨学科培养提供了发展方向。

其次,英美研究型大学跨学科研究生培养的目的主要包括以下三个方面:一是为日益复杂的社会培养输出能解决复杂性难题的高层次综合性人才;二是基于系统理论,通过跨学科研究与跨学科教育,鼓励不同学科间相互交叉融合,产生"综合大于个体"的协同效益,促进知识再生产;三是培养跨学科研究生的核心能力,包括知识整合能力、跨学科思维能力和全方面利用知识的创新能力,增强跨学科研究生的综合素养,使其成长为能引领社会发展与变革的创新型、领军型人才。

最后,英美研究型大学跨学科研究生的培养方案是培养目的的具体贯彻落实,也深刻地反映着其培养动因。其培养方案具有培养目标明确、多元,研究方向广泛,学制安排严格、合理的特点。培养方案中的培养目标与研究生跨学科培养的目的一脉相承,研究方向以解决实际问题为出发点,学校根据各自学科发展优势,提供不同种类的研究生培养方向与跨学科研究方向。在跨学科研究生培养的学分与学制上采用具体学科具体安排的方式,为学生提供适度的选择空间,实时跟踪研究生的学习方向,督促研究生的学业进度。

英美研究型大学的跨学科研究生培养的动因、目的和培养方案为其研究生教育改革提供了新的方向,为英美社会所需的高层次复合型人才的培养提供了解决方案。同时,也给我国跨学科研究生教育的培养理念和培养方案提供了学习思路:在培养理念上应以问题为导向,重视研究生的综合性实践能力培养;培养方案的制定应趋于个性化,以此培养研究生的创新性。

第 4 章

英美研究型大学跨学科研究生的培养内容

培养内容作为跨学科教育的主要载体,其科学性与合理性是衡量跨学科教育水平的重要标志之一。事实上,培养内容的质量在很大程度上决定了跨学科研究生培养的成功与否。英美研究型大学从多个方面入手,将不同领域的知识进行融会贯通,有机整合成一个科学的跨学科知识体系,实现了整体大于局部的系统最优化,为研究生提供理论和实践相结合的培养内容。学校引导研究生投入跨学科项目研究,进行多样化的实践训练,广泛参与跨学科学术交流活动,以培养具有思维发散性、知识面广、善于联合与利用、学科适应能力强的高层次复合型人才。

4.1 培养内容的主要构成

英美研究型大学跨学科研究生培养的内容构成十分丰富,大体可以归纳为跨学科课程、科学研究、实践训练和学术交流四大板块,这四个板块的内容培养侧重点不同,共同形成了一套学科理论知识与实践运用交流相结合的培养内容体系,为复合型人才的成长奠定了深厚的基础。

4.1.1 灵活的跨学科课程设置

课程设置的好坏极大程度上影响了人才培养的结果,跨学科的课程设置是开展跨学科研究生培养的核心环节,英美研究型大学跨学科课程设置整体上呈现灵活性和跨学科性的特点。

具体来说,英国研究型大学的课程设置分为两轨:一轨是必修课程模块(compulsory modules),也被称为核心课程模块(core modules),顾名思义,必修课程是某一跨学科专业的所有学生都必须要学习的课程,主旨是帮助学生获取该专业领域所必须掌握的基础知识和基本的研究方法,为后续的跨学科研究储备学科理论知识;另一轨是选修课程模块(optional modules),是学生在一定的范围内可以进行灵活自由选择的课程,主旨是为了满足不同学生群体多样化的学习需求和兴趣,在必修课程完成的基础上选修自己感兴趣或与未来研究相关的跨学科领域,进一步丰满了学科知识体系,同时帮助学生形成各自独特的研究视角。英国研究型大学大多围绕必修课程和选修课程来组织跨学科课程,且课程相互之间具有内在的逻辑联系性。以伦敦大学学院环境、政治和社会硕士专业(MSc environment, politics and society)2020—2021年的课程设置为例,其跨学科课程内容的构成及不同课程设置的目的详见表4.1。

表4.1 伦敦大学学院环境、政治和社会硕士课程设置

课程类型	具体课程	课程目标	课程评价方式
必修课程	环境知识	帮助学生掌握环境知识的地理和社会研究,促进对当代研究方法的理解,鼓励对环境知识研究中的问题进行批判性理解和反思	课程论文(3000字)
	地缘政治学	使学生理解地缘政治的相关理论,通过每年更新模块内容,使学生追踪到该领域的最新进展	制作一个课程相关视频(5分钟)
	环境、政治与实践	培养学生对地理理论与环境政治实践之间的理解,了解解决环境问题的实践多样性,使学生能在实践中运用系列研究方法	课程论文(2500字)
	社会科学研究:方法与手段	帮助学生学习做好定性社会研究的基础知识,对如何开发、设计、管理和完成一个定性研究项目有一个清晰的认识	课程论文(3000字)

续表

课程类型	具体课程	课程目标	课程评价方式
选修课程	保护和环境管理、气候变化政治、高级地缘政治、城市与气候变化等9门课程	满足学生对于某一具体学科方向的兴趣,丰富学生相关学科的知识体系,培养学生辩证思维能力和运用相关学科研究方法的能力	撰写课程论文、项目研究计划、课堂作业、课堂小组展示等

资料来源：UCL Department of Geography. MSc Environment, Politics and Society[EB/OL]. [2020-10-20]. https://www.geog.ucl.ac.uk/study/graduate-taught/msc-environment-politics-and-society.

从该专业课程设置上来看，课程以整合的形式吸收了环境、政治、气候、社会科学等多个学科的核心内容，通过对这些学科的基础知识、理论范式和基本研究方法的讲授，帮助学生储备丰富的跨学科知识，掌握跨学科科学研究中具体方法的运用。有毕业生认为从中获益匪浅，评价道："该专业的课程向我介绍了大量新概念和理论，最令人印象深刻的是随着课程自身的不断演变，讲师们也不断更新课程内容，用以契合学科发展的前沿动态，这是一个不断发展的跨学科学位。"[1] 伦敦大学学院跨学科研究生培养课程设置具有鲜明的跨学科性并非个例，英国许多研究型大学都围绕必修课程与选修课程的设置蓝本，建立起各具特色的跨学科课程体系。帝国理工学院的跨学科课程也是由核心模块和可选模块组成，如生物技术和高级化学工程硕士专业（MSc advanced chemical engineering with biotechnology）为学生设置了4个必修模块、26个选修模块，[2] 提供了广泛的可选择空间。伦敦政治经济学院的经济和历史硕士专业（MSc economic history）只要求学习一门必修的经济史课程和一门该领域的核心课程，剩下的课程都允许学生根据自己的兴趣

---

[1] UCL Department of Geography. MSc Environment, Politics and Society[EB/OL]. [2021-10-20]. https://www.geog.ucl.ac.uk/study/graduate-taught/msc-environment-politics-and-society.

[2] Imperial College London. MSc Advanced Chemical Engineering with Biotechnology[EB/OL]. [2022-01-30]. https://www.imperial.ac.uk/study/pg/chemical-engineering/biotechnology/.

和职业目标进行选修,① 从更大程度上给予学生跨学科选择课程的权利。总体来说,英国研究型大学在跨学科课程设置上,很大程度地符合学科生态系统理论对于学科内部之间相互联系和作用的规律,力求为学生提供更大的学科选择空间,倡导学生根据兴趣将多学科内容进行有意义的结合。

与英国研究型大学略有不同,美国研究型大学的跨学科课程体系可以从纵向与横向两个角度来分析。

从纵向分布来看,美国研究型大学的跨学科课程体系从易到难主要由以下几部分组成:入门课程、基础课程和高级课程。其一,入门课程为新生设置,主要课程目标是帮助学生了解和掌握几门学科的基本知识和理论,激发学生的学习兴趣。杜伦大学(Durham University)的公共卫生学院要求所有新生必修写作课和研讨课,旨在培养学生的学术写作能力和多学科思维能力,课程时长为两个学期。② 哈佛大学(Harvard University)为化学、生物工程等专业的新生开设生命科学综合课程,这一课程整合了化学、微生物学、基因遗传学等多门学科的知识,帮助学生形成对跨学科学习的初步认识。③ 其二,基础课程指跨学科整合程度较高的课程,目标是扩大学生的跨学科知识储备,培养学生跨学科综合学习的能力。俄亥俄大学(Ohio University)的本科生综合跨学科课程经过各个学院的教师及跨学科顾问委员共同严格筛选、论证和设计,④ 其知识整合度较高,帮助学生形成了相对系统的跨学科知识架构,培养了学生的跨学科综合学习的能力。其三,高级课程以某一主题或者问题为核心,基于此设置相关学科的学习内容,呈现出模块化的特点,注重培养学生的跨学科研究能力和实践能力。例如,人类生物学专业综合了生物学、微生物学、分子工程学等学科的知识,设置了生物心理学、生物遗传等多种主题课程,将不同专业的学生按照一定比例分成不

---

① The London School of Economics and Political Science. MSc Economic History (Research)[EB/OL].[2022-01-30]. https://www.lse.ac.uk/study-at-lse/Graduate/degree-programmes-2021/MSc-Economic-History-Research.

② Faculty of Social Sciences & Health of Durham University. Undergraduate Study[EB/OL].[2022-12-02]. https://www.dur.ac.uk/study/ug/learning/.

③ Harvard Faculty of Arts and Sciences. Degree Programs & Courses[EB/OL].[2021-12-02]. https://www.fas.harvard.edu/pages/degree-programs-courses.

④ Ohio University. Undergraduate Studies[EB/OL].[2022-11-24]. https://www.ohio.edu/fine-arts/interdisciplinary-arts/undergraduate.

同的小组，由教师分类引导学生开展跨学科合作学习，小组成员不必拘泥于某一学科的知识理论，可以互相交流探讨，最后形成跨学科研究主题的课程论文或课堂展示。美国研究型大学的跨学科课程体系注重系统培养学生的跨学科学习和研究素养，由浅入深逐渐展开：入门课程侧重于学生形成跨学科学习的感性认识，激发学生跨学科学习兴趣；基础课程侧重于跨学科基本知识和研究方法的掌握；高级课程侧重于培养学生的跨学科研究能力、合作及领导能力，最终促使学生形成跨学科综合学习和思维能力。

从横向分布来看，美国研究型大学的跨学科课程体系主要由通识课程、核心课程、选修课程等组成。通识课程包括人文科学、社会科学、自然科学，学科范围广泛，旨在培养研究生的基本文化素养，加深研究生对于现实社会生活的理解，养成良好的批判思维。哈佛大学的通识课程在美国最具代表性，它强调学科间的共生性，坚持将通识课程搭建在跨学科知识和创新教育的基础上。[①] 核心课程即跨学科专业的主修课程，是跨学科课程的主体。选修课程是指学生可以按照一定范围自由地选择课程种类，给予学生充分的选择空间，帮助每个学生根据自己所学的专业方向和爱好选择课程，扩大知识范围并进行知识的系统化整合，形成各自所具有的独特的知识领域视野，具备单独解决复杂问题的能力。

以约翰霍普金斯大学生物技术跨学科专业的硕士课程为例，其跨学科课程结构分类较细，全方位地为研究生提供多维度的知识，具体分为以下几种。① 核心课程，核心课程包括补本课程和主修课程。补本课程（prerequisite courses）不计入研究生课程学分，旨在为本科不是该专业的跨学科研究生打下学科基础；主修课程为本跨学科专业的必修课程，是进行后续研究的关键知识点。② 通识课程，包括企管类课程和健康科学强化课程。企管类课程旨在关注生物技术跨学科专业今后的职业发展，提供工作所需的必备技能；健康科学强化课程的设置是为了帮助研究生掌握卫生保健的生活常识，为更好的生活做准备。③ 选修课程，包括实验室选修课程和科学选修课，这两类选修课程的选择以学生的兴趣与需求为主，旨在帮助研究生在今后研究过程中提供实践经验，具体课程见表 4.2。

---

① 林晓玲. 创新创业视角下高校跨学科创新课程体系的构建探析 [J]. 大学教育, 2017（1）：1-5.

表 4.2　约翰霍普金斯大学生物技术跨学科专业硕士课程概览

课程类型	表现形式	具体课程
核心课程	补本课程	有机化学、生物科学基础
	主修课程	生物化学、分子生物学、高级细胞生物学Ⅰ、高级细胞生物学Ⅱ
通识课程	企管类课程	生物技术营销学、生物技术变革的经济动态、生物技术的法律、生物伦理学等46门课程
	健康科学强化课程	卫生保健专业人员的沟通技巧、卫生保健领导力与团队、健康的心理社会决定因素
选修课程	实验室选修课程	细胞培养技术、重组DNA实验室、生物防御和传染病实验室方法等9门课程
	科学选修课	临床试验管理、微生物学、分子进化与系统发育学、药理学的分子基础、癌症生物学等71门课程

资料来源：Johns Hopkins University. Biotechnology Science and Laboratory Elective Courses[EB/OL]. [2021-12-15]. http://advanced.jhu.edu/academics/graduate-degree-programs/biotechnology/course-descriptions/.

尽管在课程设置上有所不同，但英美研究型大学都为研究生提供了不同类型、不同门类的课程，强调根据跨学科的知识相关度将课程进行灵活组合，这恰好符合系统理论中"整体性"的观点，通过优化系统中的各个要素，有效地为跨学科研究生扩大了研究范围，形成了独有的知识体系，非常有利于研究生创新能力的养成。

4.1.2　多样化的跨学科研究

自洪堡创办柏林大学以来，世界上各所大学便开始探求"教学与科研相互结合"的发展道路，对于研究生教育来说，将科学研究和学习相融合更是高等教育机构所必须遵循的路径，正如伯顿·克拉克在其著作中指出的那样："科研组织和研究生教育之间的利害关系，已经超出院校，各国都在为能培养具有科学才能的人而操心。"[①] 英美研究型大学在设计培养内容时，跨

---

① ［美］伯顿·克拉克. 研究生教育的科学研究基础［M］. 王承绪，译. 杭州：浙江教育出版社，2001：4-5.

学科研究占据了研究生培养极为重要的一部分，为学生打造丰富的跨学科研究项目是每所高校的共同追求，根据跨学科研究项目设立的对象不同，可以大体划分为以下三类。

其一，联邦政府在高校设立的跨学科研究。英联邦政府主要通过7个下属研究理事会与高校建立跨学科研究项目的联系，即生物技术与科学研究理事会（BBSRC）、工程与自然科学研究理事会（EPSRC）、经济与社会科学研究理事会（ESRC）、自然环境研究理事会（NERC）、艺术与人文科学研究理事会（AHRC）、医学研究理事会（MRC）、科学与技术设施理事会（STFC）。剑桥大学是一个典型的例子，它在各个研究理事会的资助之下设立了相关跨学科领域的博士培养项目，每年资助15～50名博士生入学，利用跨学科领域的研究活动培养博士研究生的研究能力和实践能力，[1] ESRC计划在2017—2023年资助剑桥大学14个研究项目，致力于为博士生提供深入的研究培训，促进系列跨学科研究合作，全面发展学生的研究技能；[2] AHRC提出会为剑桥的跨学科博士培养提供系列创新的研究机会，将学生培养成具有高技能、创造性和批判性的个人。[3]

设置跨学科项目同样是美国联邦政府推动大学跨学科研究生培养的常用策略。1998—2013年，美国联邦政府设立了"研究生教育与科研训练一体化"项目（integrative graduate education and research traineeship，IGERT），对高校跨学科研究生培养提供经费资助，旨在"超越传统学科界限，开创跨学科研究生培养的新模式"。[4] 2014年开始设立"国家科学基金会研究培训"项目（NSF research traineeship，NRT），重点培养STEM跨学科科技人才的研究能力。普林斯顿大学、麻省理工学院、斯坦福大学、加州大学伯克利分校、加州理工学院5所高校均参加了这两个项目（见表4.3）。

---

[1] 饶舒琪.科研与实践能力兼顾的跨学科综合培养——剑桥大学研究生教育的新路径选择［J］.外国教育研究，2015（5）：25-36.

[2] University of Cambridge. ESRC Doctoral Training Partnership for Social Sciences［EB/OL］.［2022-10-28］. https://www.esrcdtp.group.cam.ac.uk/about.

[3] University of Cambridge. Cambridge AHRC Doctoral Training Partnership［EB/OL］.［2022-10-28］. https://www.ahrcdtp.csah.cam.ac.uk/.

[4] National Science Foundation. Bridging Disciplinary Divides: Developing an Interdisciplinary STEM Workforce［R］. New York: Abt Associates Inc., 2010: 12.

表 4.3　5 所美国研究型大学参与 IGERT 与 NRT 项目的基本情况

大学名称	IGERT 项目（1998—2013 年）		NRT 项目（2014 年至今）	
	研究和人才培养领域	项目资金（美元）	研究和人才培养领域	项目资金（美元）
普林斯顿大学	计算机科学与工程	2712000	计算机科学与工程	2913472
麻省理工学院	计算机科学与工程	2883385	生物学与生物工程	78237
	量子信息科学与工程	3000000	计算机科学与工程	300000
			机械工程与科学理论	1721592
斯坦福大学	计算机科学与神经科学	3192894	STEM 综合培养项目	99999
加州大学伯克利分校	纳米技术与工程	3918073	计算机工程与通信技术	1871814
	计算机科学与工程	2700000	材料工程与通信技术	300000
	计算机工程与材料工程	2700000	生物工程与遗传科学	370048
	物理学与生物工程	3195091	计算机科学与工程	1151234
	能源工程与纳米技术	2999501		
加州理工学院	神经科学与生物工程	2757669	计算机技术与神经科学	499998

资料来源：http://www.igert.org/projects.html；https://www.nsf.gov/awardsearch/advancedSearchResult?ProgEleCode=005Y,089Y,1053,1075,1080,1082,1089,1091&BooleanElement=Any&BooleanRef=Any&ActiveAwards=true&#results.

而美国联邦机构在高校跨学科培养科技创新人才方面也提供了大力支持。2003 年国家科学院提供 1.58 亿美元的资金用于支持研究生在工程和医学等领域的跨学科研究，2005 年国家卫生研究院（National Institutes of Health，NIH）发起了"共同基金跨学科研究项目"（common fund's interdisciplinary research program，IR），资助了包括麻省理工学院、斯坦福大学、加州大学伯克利分校在内的 9 个跨学科研究机构，为参与跨学科研究的不同学科背景的研究生提供跨学科研究技术和方法的培训。① 联邦政府通过各种跨学科教育引导政策，驱动美国高校在跨学科培养科技创新人才的内容、方式、策略上不断进行探索，以保持其人才培养的世界领先地位。

其二，社会组织在高校设立的跨学科研究。例如，英国知名的高校联盟——罗素集团（The Russell Group）设立了专项资金，帮助英国研究型大

---

① National Institutes of Health-Office of Strategic Coordination. The Common Fund[EB/OL].[2021-12-29]. https://commonfund.nih.gov/Interdisciplinary.

学完善跨学科课程和研究项目,负责人温迪·皮亚特认为:"高质量的跨学科研究项目的特点是帮助研究生与研究人员之间相互合作,获得跨学科研究经验,提供高质量的可转移技能培训。"并以伦敦大学学院的能源与建筑环境的博士培训中心为例,指出其博士生从皇家学院的跨学科研究项目中受益匪浅。① 再如英国皇家工程院(Royal Academy of Engineering)为支持英国高校在工程教育领域的跨学科工作,出台了研究生工程参与计划(Graduate Engineering Engagement Programme)和威尔士山谷暑期实习项目(Welsh Valleys summer internships),旨在帮助在校研究生参与工程领域的跨学科实践研究。②

美国研究型大学也非常注重与顶尖科研组织建立跨学科联盟、组织研讨会,为跨学科研究与教育提供新的思路。跨学科联盟的目标是改变单一的学术研究文化,打破学术机构内部的学术部门界限,加强机构间的合作,为高校共商跨学科人才培养大计,建立交流的桥梁。比如美国国家卫生研究院与美国西北大学、加州大学戴维斯分校、加州大学洛杉矶分校、得克萨斯大学西南医学中心、耶鲁大学建立了跨学科研究项目联盟。该联盟组建跨学科研究协会、推出跨学科培训项目、实现跨学科技术和方法的创新、推行多重首席研究员(Multi-PI)政策,③ 充分认可跨学科人才发展模式并为其进一步深化助力。芝加哥大学阿贡实验室在积极与科技公司、企业巨头开展科学与工程领域的跨学科研究的同时,常年为学生提供相关科研训练与实践的机会。该实验室通过与波尔斯基创新创业中心等公司合作,为学生提供进入高新科技企业进行技术研发的机会,④ 通过与众多私营科技企业开展联合研究,为学生提供科技实践的校外基地,实验室还自建了小型企业发展中心、采购技

---

① The Russell Group of Universities. Russell International Excellence Group[EB/OL]. [2022-10-30]. https://www.russellgroup.ac.uk/media/5261/russell-group-submission-to-postgraduate-review-final-2.pdf.

② Royal Academy of Engineering. Schemes for Students, Undergrads and Postgrads[EB/OL]. [2022-10-30]. https://www.raeng.org.uk/grants-prizes/grants/schemes-for-students.

③ National Institutes of Health (NIH). Overview[EB/OL]. [2022-10-17]. https://commonfund.nih.gov/Interdisciplinary/overview.

④ Argonne. Entrepreneurial Ventures[EB/OL]. [2022-10-20]. https://www.anl.gov/tcp/entrepreneurial-ventures.

术援助中心等实习基地，吸纳学生参与企业发展规划，增强学生的职业适应性。①

其三，研究型大学依靠自身的学科资源设立的跨学科研究项目。英美研究型大学根据社会发展和学科融合趋向设立了众多的跨学科研究项目。伦敦政治经济学院利用人文和社会科学领域的学科优势，结合社会发展的需求，在气候变化、人口老龄化、国际金融、经济和人类学等领域设立了广泛的跨学科研究，如自然和社会科学哲学中心（Centre for Philosophy of Natural and Social Science）设有15个跨学科研究项目，为跨学科研究生培养，主要是跨学科博士生培养提供了丰富的研究机会。②加州大学伯克利分校认为跨学科研究是其培养跨学科人才最为直接的途径，学校应该将跨学科研究融入学生的学习日常，使学生具备基本的自主开展跨学科研究的能力，学校开设"跨学科学习计划"（interdisciplinary studies field，ISF），学生完成通识教育课程后，可根据自己的兴趣、特长在专业课程之外申请参与跨学科研究，每年有两次申请机会。斯坦福大学数学与计算科学中心的学生可根据自身的兴趣联系一位导师，在导师的指导下完成3～15个单元的跨学科研究性学习，此外该中心还为学生提供暑期跨学科研究计划。③学校依靠自身学科力量设置的丰富跨学科研究项目，既是跨学科培养内容的重要组成部分，也是研究生参与跨学科科研训练的重要载体；跨学科研究和教学的有机结合，有助于学生夯实跨学科知识，形成跨学科思维方式和研究能力。

知识生产模式变革理论认为，新时代的知识生产具有异质性和组织多样性的特点，这就意味着除高校这一学术机构之外，政府和其他社会组织也会成为知识生产的重要主体，英美研究型大学联合联邦政府和社会组织设立多种类型的跨学科研究项目符合这一特点。在多种多样的跨学科研究中，研究生可以依据自身的学科专业和未来职业发展规划自由地选择学习内容，这不

---

① Argonne. Commercialization Programs[EB/OL]. [2021-10-20]. https://www.anl.gov/tcp/commercialization-programs.

② Centre for Philosophy of Natural and Social Science. Cutting-edge philosophical research at the London School of Economics[EB/OL]. [2022-03-14]. https://www.lse.ac.uk/cpnss/research.

③ Stanford Mathematical and Computer Sciences. Reseach[EB/OL]. [2020-10-16]. https://mcs.stanford.edu/academics/research.

仅有利于增长其跨学科研究经验,还为学生提供了接触理解和运用不同学科研究视角分析问题的机会。

4.1.3 系统的跨学科实践

教育实践对提升研究生的专业知识运用能力与可迁移技能具有重要的促进作用,通过对英美研究型大学的培养内容进行研究可见,开展跨学科实践对研究生培养非常重要。

英国研究型大学对跨学科实践的重视主要源于社会对毕业生实践技能的需求日益增长,早在1994年,英国科学技术办公室(The Office of Science and Technology)便意识到英国研究生教育理念主要以学术为主导,忽视了学生知识运用能力和综合实践能力的培养,由此提倡研究生教育应更多关注人际交往能力、管理沟通能力、动手实践能力等非学术技能的培养。[1] 进入21世纪以来,英国教育与技能部(Department for Education and Skills)于2003年和2005年相继出台文件《21世纪的技能:发挥我们的潜能》(*21st Century Skills: Realizing Our Potential*)[2]、《技能:在业务中增长,在工作中提高》(*Skills: Getting on in Business, Getting on at Work*)[3],两份文件的主旨都强调改革研究生教育,进一步提升研究生实践能力的培养,由此培养能够将知识运用到实践场景中的人才,促进国民经济发展。

面对国家对于研究生实践能力的需求,英国各所研究型大学也积极调整跨学科人才培养内容,将跨学科实践贯穿于研究生培养的全过程。硕士研究生的学制通常为1年,划分为3个学期,英国研究型大学循序渐进地将不同形式的跨学科实践安排在这一年之中;博士研究生的学制一般为4年,博士生拥有更加充裕的时间来参与跨学科实践,其跨学科实践的形式也更加多样化。以帝国理工学院生命科学系的两个跨学科学位为例,详见表4.4。

---

[1] Office of Science and Technology. Consultative Document: A New Structure for PostgraduateResearch Trainings[R]. London:Cabinet Office,1994:1.

[2] Department for Education and Skills. 21st Century Skills Realizing Our Potential[EB/OL].[2021-10-24]. https://assets.publishing.service.gov.uk/government/uploads/system/uploads/attachment_data/file/336816/21st_Century_Skills_Realising_Our_Potential.pdf.

[3] Department for Education and Skills. Skills:Getting on in Business,Getting on at Work[EB/OL].[2021-11-24]. https://dera.ioe.ac.uk/5290/2/SkillsPart1.pdf.

表 4.4　帝国理工学院跨学科研究生参与跨学科实践安排

生物信息学和系统生物学硕士 （MSc in Bioinformatics and Theoretical Systems Biology）		生态学和进化定量和建模技能博士 （Doctoral in Quantitative and Modelling Skills in Ecology and Evolution）	
第一学期	实践操作课程：① 微分方程在生物系统中的建模；② 计算机编程	第一学年	① 专业关键技能实践培训；② 参与小型实践项目
第二学期	实践研究项目：① 计算编程项目；② 数据分析项目；③ 生物信息学和系统生物学项目	第二学年	① 野外实训；② 实验室轮换
第三学期	① 可转移实践技能培训；② 参与行业实习	第三学年	① 小组实际训练；② 与行业从业人员一起解决实际问题
—	—	第四学年	① 可迁移实践技能培训；② 参与行业实习

资料来源：Imperial College London. Department of Life Sciences [EB/OL]. [2022-03-15]. https：//www.imperial.ac.uk/life-sciences/.

为了给在读研究生创设良好的实践训练的环境，提供更加全面的实践发展机会，剑桥大学还组建了个人和职业发展中心（Personal and Professional Development），① 通过协调实践课程和资源、发展实践项目倡议这两种形式为所有师生提供实践学习的机会，跨学科专业的研究生同样可以从中受益。而针对跨学科的研究生会给予更多参与行业实习的机会，如社会科学跨专业的博士生可以到 60 多个非学术机构中实习，这些机构不仅包括微软公司（Microsoft）、英杰华集团（Aviva）、联合利华（Unilever）等世界知名企业，还包括国际贸易部（Department for International Trade）、内阁办公室（Cabinet Office）、联合国（United Nations）等组织机构。② 在实习结束之

---

① University of Cambridge. Personal and Professional Development [EB/OL]. [2022-10-25]. https：//www.ppd.admin.cam.ac.uk/home/about-us.
② ESRC Doctoral Training Partnership for Social Sciences. Internships and Placements [EB/OL]. [2022-10-25]. https：//www.esrcdtp.group.cam.ac.uk/external-engagement.

后,剑桥大学要求实习研究生完成实习报告,反思实习经历,整理实习所得,相关单位也会对研究生的实习形成系统的报告,评估他们的实习状况,为研究生实践能力的提升提供参考性的意见。

实践课程也是美国研究型大学跨学科研究生培养内容必不可少的一环,它是跨学科课程体系的延伸,有效扩大了跨学科培养的覆盖范围。实践课程的具体形式一般为实验课程、实训课程、科研训练、实习等。下面将以康奈尔大学生物统计学与数据科学跨学科专业和宾夕法尼亚大学生命伦理学跨学科专业为案例进行具体介绍(见表4.5)。

表4.5 两所美国研究型大学的跨学科实践课程概览

跨学科专业	课程类型	时间安排	课程名称	课程目标
康奈尔大学生物统计学与数据科学跨学科专业	实验课程	秋季学期	生物统计学实验课程	了解生物统计学和推理中的重要概念
		春季学期	医疗保健数据管理	学会编程与医疗保健和研究环境中的实际数据管理
		夏季学期	健康数据挖掘	了解各种健康数据的分析方法
	小组研讨	秋季学期	卫生服务研究简介	通过讲座和互动小组讨论,教会学生将卫生服务研究基础知识的研究方法应用到硕士研究项目中
		夏季学期	生物统计学高级主题Ⅰ	为学生提供必要的工具来分析不同类型的数据
		夏季学期	比较效果研究的研究设计和方法	了解用于进行比较效果研究的分析方法和数据资源
	科研项目	秋/春/夏学期	硕士项目与专业发展	秋季学期旨在引导学生与合适的项目匹配;春季学期引导学生找到客户合作;夏季学期呈现最终报告
	实训课程	春季学期	健康数据研究	通过临床数据的实践经验获得数据审查和分析方面的技能
	实习	夏季学期	生物统计咨询实习	参加生物统计学和流行病学咨询服务,为今后事业做好准备

续表

跨学科专业	课程类型	时间安排	课程名称	课程目标
宾夕法尼亚大学生命伦理学跨学科专业	小组研讨	春/夏/秋季学期	研究伦理	利用讨论、讲座、访谈等方式，了解生物医学研究伦理的历史演变、道德基础和实际应用
	实践课程	春/夏季学期	调解强化Ⅰ、Ⅱ	通过角色扮演模拟学习的沉浸式体验，学习有效管理护理人员、患者和代理人之间的临床纠纷
	研究项目	秋季学期	生物伦理与法律	对法律与生物伦理学交叉的主题进行广泛的调查

资料来源：Weill Cornell Medicine Population Health Science. M S in Biostatistics and Data Science. Curriculum[EB/OL].［2022-02-26］. http://hpr. weill. cornell. edu/education/programs/biostatistics-and-data-science/curriculum. html.

Penn Medical Ethics and Health Policy. Courses[EB/OL].［2022-02-26］. http://medicalethicshealthpolicy. med. upenn. edu/education-master-in-bioethics/courses.

（1）实验课程。实验室课程的设置旨在利用实验室的设备与环境，将研究生置于研究的现实环境中，使之通过实际操作了解基本的研究方法和分析方法。从表4.5可以看出，康奈尔大学生物统计学与数据科学专业在秋季、春季和夏季分别开设了一门实验课程，即生物统计学实验课程、医疗保健数据管理、健康数据挖掘，三门课程的课程目标都指向通过实验学习，让学生了解研究中的基本概念，掌握研究工具和分析方法，为他们后续独立进行科研项目做好知识准备。

（2）实训课程/实践课程。这类课程注重学生的亲身体验，将学生置于现实环境中，通过设定相关的情景，锻炼和考察研究生的应变能力和实际处理技巧。例如宾夕法尼亚大学生命伦理学跨学科专业设置的调解强化实践课程为研究生提供了沉浸式的学习体验，通过角色扮演的方式，让学生在各种临床情况中分别担任争论者和调解者，与专业人员一起练习调解，在现实环境中获得建设性的反馈和经验。实训课程的优势在于帮助学生脱离书本知识，直接踏入现实环境中，以问题为导向进行学习，更容易获得创新性、突破性的思路。

（3）科研训练。科研训练是实践课程体系中的顶点项目，即实验课程和实训课程的设置都以学生能够承担科研项目的研究为归宿。美国研究型大学非常鼓励研究生进入科研项目的研究中,并为其提供师资支持。例如康奈尔大学生物统计学与数据科学跨学科专业中的每个学生从第一学期开始,都会通过教师指导研究项目的方式获得实践经验,最终进入科研项目中。宾夕法尼亚大学生命伦理学跨学科专业的生物伦理与法律项目旨在要求学生对法律与生物伦理学交叉的主题进行广泛的调查,学生通过研究国家对生命起始和终止问题的干预、医疗事故、医疗改革和国际问题等,获得创新的解决办法。

（4）实习。美国研究型大学为跨学科研究生提供了丰富的实习机会,旨在通过实习搭建高校和企业间的桥梁,将书本知识应用到实际现实中来,不仅能够一定程度地促进科技成果的转化,还为研究生的职业生涯做好准备。康奈尔大学生物统计学与数据科学跨学科专业为学生提供了生物统计咨询实习,学生将参加生物统计学和流行病学咨询服务,主要为临床研究人员提供数据分析、统计分析计划编写、样本量和功效分析、研究设计、数据库设计和管理等。学生将通过参与这些活动获得真实的体验,为他们在生物统计学领域发展事业做好准备。

总体而言,英美两国研究型大学为跨学科研究生设置的实践课程具有如下特点:一是课程设计具有条理性,即不单是某一类实践课程,而是多种不同类型实践课程的组合,这种做法更有利于对跨学科研究生进行多方面综合实践能力的培养,契合了系统理论所主张的在一定条件下"整体大于部分之和"的理论思想;二是注重学生的体验感,为学生营造现实环境,在实践中获取必备的技能,这也符合培养创新型复合型人才的跨学科培养目标。

4.1.4　广泛的跨学科学术交流

自由教育传统历来倡导大学要营造不同学科自由交流的氛围,深受这一影响的英美研究型大学历来重视学术交流活动。研究生跨学科学术交流的内容主要有不同院系联合举办的跨学科研讨班、研讨会和学术会议、国际学术论坛和跨国流动学习等多种形式,在交流过程中不同学科的理论、方法和思想在院系乃至国家之间广泛而自由地传播,在加深研究生对于跨学科知识理解的同时,还拓宽了他们的国际视野。

学校院系组织的研讨班和学术会议是比较普遍和常规的跨学科学术交流活

动,一般而言,研讨班会定期举行并列入研究生培养方案,这意味着所有的学生要参与其中。牛津大学的大气、海洋和行星物理学专业(atmospheric, oceanic and planetary physics)每周都会组织专题研讨班,研究生们齐聚一堂就某一话题展开小组讨论,在交流中不断启迪创新思维,对研讨班上存在争议的话题,感兴趣的学生还会到公共休息室继续进行非正式的交流与探讨。① 当然,除了学校要求所有学生都必须参加的正式研讨班之外,还有部分学生会依据各自的兴趣开展非正式的小型研讨班。伦敦大学学院的中世纪和文艺复兴跨学科研讨班②就是由研究生自主创立并运行的,参与研讨班的都是来自各个学科和各个部门对中世纪文化感兴趣的学生,他们利用 Zoom(一款多人视频会议软件)开展跨学科讨论,在相互交流之中学习其他学科的思维范式。如果说研讨班侧重于学生之间的交流,那么各类学术会议则是学生与教师、学科领域的领军者之间的交流。帝国理工学院的环境技术跨学科专业(environmental technology)将学术会议作为课程的一部分,定期邀请来自政府、行业和非政府组织的专家或者校友,给该专业的所有研究生介绍学科领域的前沿知识,与学生共同探讨学科发展方向。③ 美国研究型大学非常重视举办研讨会。一般而言,研讨会一方面可以鼓励有不同学术背景的教师和研究生分享知识和见识、加强合作,并为他们提供一个相互交流的平台,为解决复杂难题出谋划策;另一方面,研讨会可以帮助优秀研究生组建有助于其开展研究项目、撰写学术论文的研究团队。研讨会将在课程进行的学年期间定期举行,会中需确定跨学科目标或最终成果,比如增加特定目标领域的知识,或者发表论文,抑或是举行跨学科会议等。在定期举行的研讨班和学术会议中,来自不同学科背景的学生可以自由地发表看法,与各领域的专家学者进行学术互动,在很大程度上弱化了传统学科的界限,拓展了多学科思维。

---

① University of Oxford. DPhil in Atmospheric, Oceanic and Planetary Physics[EB/OL]. [2021-10-26]. https://www.ox.ac.uk/admissions/graduate/courses/dphil-atmospheric-oceanic-and-planetary-physics.

② UCL Home. UCL Interdisciplinary Medieval and Renaissance Seminar (IMARS)[EB/OL]. [2022-02-04]. https://www.ucl.ac.uk/medieval-renaissance-studies/seminars-lectures/imars.

③ Imperial College London. MSc Environmental Technology. Thursday evening Policy Seminars[EB/OL]. [2021-11-10]. https://www.imperial.ac.uk/environmental-policy/msc/policy-seminars/.

英美研究型大学的学术交流活动不局限于学校内部，在校外层面，学校也鼓励学生积极参与和跨学科议题有关的国际论坛，拓展国际视野。约翰霍普金斯大学生物技术跨学科课程体系除了理论课程之外，还每年举办一次国际研讨会，旨在为生物技术专业的学生提供一次与世界优秀学者、教师和学生交流的机会，保持研究成果的卓越性。康奈尔大学生物统计学与数据科学（biostatistics and data science）和宾夕法尼亚大学生命伦理学（bioethics）跨学科专业在其实践课程体系中都设置了研讨会，跨学科研究生通过研讨会中的交流，不仅能够加深课程内容，还能扩宽研究视野。国际海洋学会（Oceanology International）每两年就会举办一次海洋领域的国际论坛和展览会，包括牛津大学、剑桥大学和伦敦大学学院在内的多所英国高校都为学生提供了参与论坛的机会，了解海洋领域最前沿的学科动态和最新的海洋技术。① 除了参与国际上重大的学术论坛之外，英国研究型大学也利用自身的多学科资源举办国际论坛，如帝国理工学院创办的帝国全球科学政策论坛（Imperial Global Science Policy Forum），聚焦智慧城市、疫苗开发和人工智能三大主题，② 在探索多学科技术创新的同时，也为跨学科研究生提供了一个国际化的学习和学术交流平台。

跨国交流学习是较为专业、大规模的跨学科学术交流活动。为了培养能解决世界性科技难题的未来科学领袖，英美研究型大学积极开展国际跨学科人才合作培养，依托跨学科项目打造跨学科人才培养的国际平台，为学生的跨国流动学习奠定基础，使学生不仅能理解和应用所学的综合性知识，更拥有致力于全球科技发展的世界公民胸襟。宾夕法尼亚大学的全球跨学科科技人才培养项目众多，如与加纳恩克鲁玛科技大学合作的高质量医疗护理诊断项目，旨在让学生了解第三世界国家使用能源生产面临挑战的卢旺达程序项目，致力于帮助全世界开发工程需求而建立的无国界工程师组织项目，等等。麻省理工学院人才培养以实践创新和跨学科卓越著称，学校一直与全球

---

① Oceanology International. Take Your Place at Our World-Class Exhibition and Conference [EB/OL]. [2022-02-05]. https://www.oceanologyinternational.com/london/en-gb/whats-on.html.

② Imperial College London. About the Imperial Global Science Policy Forum[EB/OL]. [2022-02-05]. https://www.imperial.ac.uk/about/introducing-imperial/global-imperial/igspf/.

科研组织和科技行业合作，设立从学术协作到行业驱动的跨学科联盟，助力跨学科人才在科学探索和技术创新中解决全球科技问题。英国研究型大学参与的最典型国际跨学科学术交流活动莫过于伊拉斯谟计划（Erasmus＋），该计划是由欧盟委员会发起的促进高等教育交流的师生交换计划，研究生通常可以到欧洲其他学校交流学习2～12个月，英国多数研究型大学都有跨学科专业的研究生通过该计划进行跨国学术交流，伦敦政治经济学院2019—2020学年就有来自地理与环境专业、媒体与传播专业、统计数字专业等多个跨学科专业的研究生参与了该计划。① 跨学科专业的研究生通过许多同类型的跨国学术交流活动，有效提升了自身的跨文化理解能力，拓展了学术视野，调查显示90%的学生在学术交流的过程中跨文化理解力、外语能力、沟通技能和职业发展前景都得到了有效提升。

这些国际平台不仅为学生提供跨国学习的渠道，而且使学生有机会实地考察不同种族、文化、地域存在的复杂性科技难题与社会重大问题，帮助学生成长为胸怀天下、致力于解决世界性难题的探究者、领军人物。

4.2　培养内容的组织方式

前面介绍的英美研究型大学跨学科研究生培养的内容包括跨学科课程、跨学科研究、跨学科实践以及跨学科学术交流四大块，为了便于分析培养内容的组织方式，我们从广义上将上述四者大体分为理论课程和实践课程两类，这两种类型的跨学科课程共同构成了完整的跨学科课程体系。目前，英美研究型大学跨学科研究生培养内容的组织方式大体有三类。其一是个体式课程组织方式，即相对于传统学科课程，该类课程本身的性质为跨学科。其二是整合式课程组织方式，即通过将跨学科领域中各学科相关课程整合，按照专业本身课程体系的科学性与递进关系编排课程，打通相关课程间的隔阂，选取精髓知识，使课程间的组合达至跨学科的效果，构成系统的跨学科

---

① The London School of Economics and Political Science.Erasmus Postgraduate Exchanges[EB/OL].[2022-10-26].https://info.lse.ac.uk/current-students/services/erasmus/erasmus-postgraduate-exchanges.

课程体系。① 其三是组合式课程组织方式，即根据社会需要、高校战略或研究生自身兴趣所组合而成的课程，各门课程间无明显的联系，但通过有机组合能够扩大研究生跨专业的知识面和多学科视野。

4.2.1　个体式课程组织方式

个体式课程组织方式是指每一门课程都具有跨学科性质，课程本身是由多个学科通过内在的知识联系而有机融合形成的不同于传统单一学科的新课程。具体有以下特点。一是在课程目标上，研究领域面向两门及两门以上学科，以问题为导向，旨在解决社会的复杂问题。二是在课程内容上，具有开放性，可以融合两个以上不同领域的知识和认知方式，利用不同学科的思想与视角相互作用，对知识体系进行整合，形成一门新的学科。三是在教学方式上，多采用协同教学的方式进行，即不同学科的教师在同一堂课上合作讲解该课程的内容。当然，能够独立承担一门跨学科课程的教师也不胜枚举。

个体式跨学科课程具体表现形式多样，如社会学、经济学与数学整合为"计量社会学"学科，物理学与地理学整合为"地球科学"学科等。加州理工学院的电气工程跨学科专业所开设的课程，如生物光学、生物电子学、电力和能源系统、生物工程、计算金融等②；密歇根大学应用与计算数学跨学科专业的课程，如高级计算机图形学、信息可视化及多媒体、计量经济学等③；伦敦大学学院环境、政治和社会硕士研究生课程，如地缘政治学、气候变化政治、保护和环境管理、城市与气候变化等，都是独立的跨学科课程，即采用了个体式课程组织方式。

这种课程组织方式主要服务于狭义的跨学科研究生培养模式，其理念在于通过对两个及两个以上学科的有机整合，建立不同学科间的逻辑联系，帮

---

① 戴守玺，王伟."中国制造 2025"战略背景下的跨学科课程体系建设构想[J]. 高等农业教育，2017（6）：3-7.

② Caltech Graduate Studies Office. Degree Options [EB/OL]. [2022-12-10]. http://www.gradoffice.caltech.edu/academics/options.

③ University of Michigan-Dearborn. Master of Science in Applied and Computational Mathematics [EB/OL]. [2022-02-10]. https://umdearborn.edu/casl/graduate-programs/programs/master-science-applied-and-computational-mathematics.

助研究生更有效率地构建多元化的知识结构,以多学科的视角探讨专业领域中的复杂问题。

4.2.2 整合式课程组织方式

整合式课程组织方式是指通过将不同学科领域的课程以一定的理念整合到一起,组成一门跨学科专业的课程体系。具有如下特点。

一是在课程体系的构建上,并不是单纯地将各学科相关课程叠加,而是将各门课程从横向和纵向两个维度进行整合,做到内容连贯衔接,最大效能地发挥课程体系的综合优势。根据《牛津大学章程和规章》,牛津大学的38个学院各为一个小型自治的学术团体,其独特之处在于学院并不是按学科门类划分的,同一个学院存在多个学科,这就为跨学科教育提供了组织上的可行性。以国际关系、经济学、政治学、历史学和人类学等学科见长的牛津大学圣安东尼学院(St. Antony's College),它利用其强势的社会人文学科进行非洲、欧洲、拉丁美洲的跨学科区域研究和教育。以管理学、健康和医学、社会科学著称的牛津大学格林坦普顿学院(Green Templeton),其护理计划汇集了来自学院内多个学科和专业背景的师生共同探讨老年人护理问题,特别是来自医学、社会科学、商业和管理部门的学生和学者,跨越学科围绕老年人护理问题进行探讨,并研究社会护理和医疗保健之间的相互联系。①

二是在课程性质上,其跨学科性不一定体现在每门具体的课程中,而主要由组合而成的课程体系的跨学科特点来体现。例如杜克大学经济学跨学科项目,由于该学科需要研究生具备一定的统计数据能力、计算能力和计算机软件应用技能,其课程体系除了涵盖经济学系的微观经济学、宏观经济理论、国际货币经济学等课程之外,还囊括了统计科学学院所开设的统计学、计量经济学,数学学院开设的数学课程,计算机科学学院开设的计算机课程等。② 通过这些课程的组合,共同构成了跨学科课程体系。

三是在课程选择上,跨学科研究生可根据自身研究兴趣或优势,构建具

---

① Green Templeton College. Care Initiative [EB/OL]. [2022-05-03]. https://www.gtc.ox.ac.uk/academic/health-care/care-initiative/.
② Duke Economics Department. M. A. Economics [EB/OL]. [2022-03-01]. https://econ.duke.edu/masters-programs/degree-programs/ma-econ.

有个性化的课程体系。例如，加州大学伯克利分校应用科学与技术（Applied Science and Technology）跨学科项目，会为学生提供各种学院的研究生课程的选择，如研究纳米结构中的量子现象的学生，可以参加材料科学与工程系和物理系提供的课程；对生命科学中 X 射线显微镜的开发和应用感兴趣的学生，可以参加电气工程与计算机科学系和分子与细胞生物学系提供的课程；对理论力学感兴趣的学生，可以参加机械工程系和数学系提供的课程等。以学生的研究兴趣为出发点，在科学范围内将不同学科课程进行整合，形成独特的跨学科课程体系，这对于跨学科研究生的发展不失为一种有价值的做法。

这类课程组织方式的理念在于充分整合现有的课程资源，构建具有个性化的跨学科课程体系，使跨学科培养的内容更加系统和科学。这种方式可以有效利用校内课程资源，为每一位希望接受跨学科教育的研究生提供符合其个人需求的"课程菜单"。同时，由于从横向和纵向两个维度整合课程，课程内容连贯衔接，更有利于学生建立整体性的知识结构和体系，培养研究生的整体性思维，拓宽多学科的知识视野，激发创造潜能。整合式课程组织方式在实施上比较重视教师团队在教学与研究上的互补性，注重团队教学和跨学科学习，对学生突破以往的一对一指导，通过导师团队为学生提供多学科联合指导，培养学生的跨学科素养与研究能力。耶鲁大学神经科学跨学科项目，集结了文理学院、医学院等 20 多个不同专业领域的 100 多名教师，每个教师作为凝聚各单位的纽带，共同为学生构建广博的神经科学知识网络。[①]

4.2.3　组合式课程组织方式

组合式课程组织方式主要存在于广义的跨学科研究生培养模式中，是指根据人才培养需要或自身兴趣将不同学科的课程组合在一起，以达到学生在知识结构层面上的跨学科，即"课程的跨学科组合"，多存在于双学位项目以及通识教育之中。[②] 具体有如下特点。一是在课程目标上，主要为了拓宽学生的知识视野，为其打下多学科知识基础。二是在课程内容上，各学科间

---

① Yale School of Medicine. Interdepartmental Neuroscience Program. Academics [EB/OL]. [2022-05-12]. https://medicine.yale.edu/inp/academics/.

② 张晓报. 跨学科人才培养模式的划分框架及启示 [J]. 江苏高教，2014（3）：34-36.

仍然存在着学科壁垒，相互保持着独立，并没有整合成有机的课程体系。三是在课程选择上，具有一定的限制，通识教育中所开设的课程由学校根据国家需求和本校教育发展战略决定，双学位也仅在学校给定的学科范围进行选择。例如，在通识教育的开设方面，芝加哥大学的通识教育课程主要包括人文类、外语类、理工类、自然科学类、社会科学类和文明研究类；斯坦福大学的通识课程包括语言、思维与行为方法、思考类、写作与修辞四类必修课。① 在双学位的开设方面，密歇根大学拉克哈姆研究生院提供了亚洲研究与法学、教育学与公共政策、教育学与统计学、经济学与法学等 68 种双学位项目；② 杜克大学研究生院目前只提供和法学院（分为硕士和博士）、医学院、北卡罗来纳大学教堂山分校联合培养的四类双学位项目。③

组合式课程组织方式的理念在于提升研究生的基本素质和综合技能，出于个人研究兴趣或未来职业发展所做出的第二课堂选择，旨在扩大研究生的知识面，培养其综合能力，为其将来的职业做好准备。依托现有师资力量，联合不同学院组建跨学科教师团队是英美高校比较常见的做法。组合式课程组织方式在现实中普遍存在，可以较好地满足研究生对双学位和跨专业学习的需求，但在培养内容的有机整合深度方面不如前两种方式。

4.3　培养内容的主要特点

进一步分析发现，英美研究型大学跨学科研究生的培养内容具有以下特点。

4.3.1　破除学科藩篱，注重多学科知识的整合

无论是知识生产模式变革理论还是自由教育理论，都强调不同学科知识

---

① 张砚清. 美国研究型大学通识教育课程设置及其启示[J]. 高等教育研究，2015(9)：67-70.
② University of Michigan. Dual Degree Programs[EB/OL]. [2022-03-03]. https://rackham.umich.edu/programs-of-study/dual-degree-programs/.
③ Duke Graduate School. Dual, Joint, and 4＋1 Degrees[EB/OL]. [2022-03-03]. https://gradschool.duke.edu/academics/programs-and-degrees/dual-and-joint-degrees.

体系之间的内在联系性，不同学科能够在一定的情景下相互交流与融合，英美研究型大学的跨学科培养内容很好地遵循了这一规律，在内容的设置上不断破除学科壁垒，整合多学科的知识，形成新的跨学科知识体系和研究方法。

多学科知识的整合在课程内容的设置上得到了充分体现，英美研究型大学打破了单一学科为主导内容的课程内容设置模式，构建跨学科的课程内容体系，其跨学科课程内容往往不是将多个学科进行简单的叠加，而是基于学科之间的逻辑联系性进行有意义的整合。正如前文所提及的伦敦大学学院的环境、政治和社会硕士的跨学科课程设置，其课程内容涉及环境、社会和政治三个学科领域知识，将这三门学科进行整合形成新兴跨学科，正是基于它们之间的高度相关性，环境的形成有助于理解政治和社会的形成，对地缘政治和社会政策等问题的剖析反之解释了当代环境的形成和延续。① 麻省理工学院虽然名为理工学院，但是从建校之初起就没有将自己局限在理工学科，而是非常重视学生人文社会科学方面的培养，努力促进学科融合，强调通识教育和专业教育相结合，为学生提供一种平衡的教育模式。1865年，麻省理工学院首任院长威廉·罗杰斯为学院提出的办学宗旨之一就是："在数学、物理、自然科学、英语和其他现代语言以及心理学和政治学的基础上，为学生在毕业后能适应任何领域的工作做好准备。"立校至今，麻省理工学院一直秉承这种办学宗旨，以文理结合的通识教育为基础来培养本科生、研究生，并为跨学科教育积极创造各种支撑条件。

此外，跨学科研究、实践活动和学术交流都在一定程度上体现了不同学科之间的交叉融合，学生在参与研究或实践的过程中需要综合运用多个学科的知识，并与不同学科领域的学者、专家和行业领军者交流对话，尝试利用跨学科思维与方法去分析和解决相关问题，逐渐增强了其跨学科素养。

在英美研究型大学开放、自由、宽松的学科土壤环境之下，学科知识不断突破原有的边界而进行整合，在整合的过程中激发了新思想、新理念的产生，这使跨学科研究生教育产生"增效性"，即"1+1＞2"的人才培养效果。帝国理工学院生物医学工程专业处于工程和医学的学科交界处，研究生

---

① UCL Department of Geography. MSc Environment，Politics and Society[EB/OL].[2021-11-15]. https://www.geog.ucl.ac.uk/study/graduate-taught/msc-environment-politics-and-society.

通过学习工程、生物和医学的知识，能够有效理解并解决全球健康问题，这是以往单一学科的研究生无法解决的。① 牛津大学人口老龄化研究所所长莎拉·哈珀教授指出，以人口统计学（demography）作为学科重点，与其他学科部门开展跨学科教学与研究合作。人口老龄化研究所在系列跨学科教学活动中将人口老龄化与健康、经济教育、文化和心理等学科进行整合，培养的研究生兼具多学科的知识和技能，能够更加全面地看待与老龄化相关的复杂问题。华盛顿大学西雅图分校跨学科数据科学项目组，设立人机交互设计课程、开发期刊研讨会、进行分子和细胞生物学的教学实习、开展数据科学可视化实验室训练等跨学科课程。② 英美研究型大学聚焦高科技、重要社会问题领域，形成了理论与实践相结合、包容多样、开放共享的跨学科课程体系，既拓展和深化了学生的多学科知识，培养了学生的跨学科思维习惯，又为大规模培养跨学科、宽口径、复合型科技拔尖人才提供了可靠保障。

4.3.2 以问题为中心，组织形式多样化

近代知识分化使现代大学形成了与之相对应的学科制度，而在学科制度之下的知识体系是高度专门化、系统化的，学生在获取此类学科知识的过程中容易与现实生活世界脱节。随着知识生产方式的转型，世界性科技难题具有更强的综合性和复杂性，跨学科培养人才是应对这些难题的必由之路。因此，英美研究型大学对研究生开展的跨学科教育是以现实生活中的问题为切入点，多形式组织跨学科内容，倡导"以问题为中心"的知识学习路径，由此培养学生的问题意识、批判性思维能力以及运用多学科知识解决问题的能力。

其一，以问题为中心组织课程内容。跨学科教育专业往往伴随着新型社会问题的出现而产生，这类社会问题广泛地存在于现实的情景中，可能有多条求解问题的路径。因此，英美研究型大学为跨学科研究生设置的课程内

---

① Imperial College London. MSc Engineering for Biomedicine[EB/OL]. [2021-10-31]. https://www.imperial.ac.uk/study/pg/bioengineering/engineering-biomedicine/.

② University of Washington. Interdisciplinary Graduate Programs. Undergraduate Interdisciplinary Programs[EB/OL]. [2022-09-02]. http://www.washington.edu/students/crscat/?utm_source=whitebar&utm_medium=click&utm_campaign=academics&utm_term=coursedescriptions#InterGrad.

容，往往围绕社会存在的某一核心问题进行组织，由核心问题引导出与多个学科相关的系列子问题。伦敦政治经济学院卫生政策系（Department of Health Policy）的所有跨学科硕士课程的内容就紧密围绕"低收入国家卫生问题、全球卫生活动机制问题、新兴国家卫生保健问题、市场参与者相关的卫生政策问题"等方面的问题展开，由此分化出与政治学、经济学、统计学、卫生学等相关的细化问题，①并基于这些细化的问题产生跨学科专业，学生依据自身兴趣和原有学科基础选择攻读的跨学科学位。伊利诺伊大学香槟分校在战略发展规划中指出，在未来的150年里，社会将面临巨大挑战，未来的科技探究者需要具有合作、倾听和换位思考的能力，因此将以更富创造性和创新性的方法使大学社区继续在能源、粮食安全、健康和人类状况等广泛领域发挥领导作用，并为社会面临的最大挑战找到解决办法。②卡内基梅隆大学主张，让学生、教师和员工运用有意义的跨学科方法来解决世界性问题，为学生提供跨界整合观点的工具，强调深入学科知识内核，驱动传统领域边缘和交叉点的新思维。③普林斯顿大学开设自然科学综合课，将物理、生物学、数学等和计算机科学结合起来讲解；④斯坦福大学和加州大学伯克利分校开设跨学科研讨会，邀请不同学科的师生共同讨论计算机与其他学科融合形成的新技术；加州理工学院则直接开设计算机应用课程，培养学生在不同学科领域的计算机运用技术。⑤可见，英美研究型大学在人才培养定位上精准指向了跨学科，强调以问题为中心组织课程与教学，旨在培养学生跨学科视野和综合素养，使学生具备复合型科学实践技能，多角度分析问题，成为世界性难题的探究者。

---

① Department of Health Policy. Master's Programs Change the Future of Health Care [EB/OL]. [2021-11-01]. https://www.lse.ac.uk/health-policy/study/masters-programmes.

② University of Illinois at Urbana-Champaign. Strategic Plan 2018—2023 [EB/OL]. [2022-06-17]. https://strategicplan.illinois.edu/pdf/strategic-plan.pdf.

③ Carnegie Mellon University Goals for the University Community [EB/OL]. [2022-04-09]. https://www.cmu.edu/strategic-plan/university-community/index.html # interdisciplinary-problem-solving.

④ Princeton University. Computer Science [EB/OL]. [2022-09-13]. https://www.princeton.edu/academics/area-of-study/computer-science.

⑤ California Institute of Technology Caltech Department of Computing + Mathematical Sciences Course Descriptions [EB/OL]. [2022-05-19]. https://www.cms.caltech.edu/academics/course_desc.

其二，以问题为中心组织跨学科探究和实践研究。英美研究型大学的跨学科研究生培养过程可以看作是一个发现问题、分析问题和解决问题的过程，美国国立卫生研究院（NIH）自2002年以来与牛津大学和剑桥大学合作培养生物医学方面的跨学科研究生，培养方案中明确提出要培养学生在解决问题上具有自我导向性和独创性，能够创造性地解决学科领域的实际问题。① 该专业的跨学科小组讨论、探究性活动、实践活动、研究项目等多种组织形式的培养活动基本都以具体的问题为切入点，引导学生在问题的解决过程中建立与现实社会的联系。斯坦福大学数学与计算科学中心的学生可根据自身的兴趣联系一位导师，针对相关问题，在导师的指导下完成3~15个单元的跨学科研究性学习，该中心还为学生提供暑期跨学科研究计划。② 围绕问题组织的跨学科探究和实践研究活动，可以将跨学科研究和教学有机结合起来，有助于学生夯实跨学科知识，形成跨学科思维方式和研究能力。

英美研究型大学无论是在课程内容的组织上，还是跨学科实践探究过程中，都强调围绕具体的问题展开，这些问题都是当今社会面临的真实问题，系统理论强调学科与外界社会的联系和有机互动，这种以问题为中心组建培养内容正是与外界社会紧密互动的关键之举。

4.3.3　知识学习与科研训练并重

知识生产模式变革理论认为知识生产于真实的社会情景中，进行跨学科研究生教育自然也离不开在真实的场景中进行培养和训练，因此科研训练是跨学科研究生培养必不可缺的环节。在英美研究型大学的跨学科研究生培养过程中，科研训练占据了主要部分，一方面完成学位论文必须基于实际的研究项目；另一方面，科研训练也渗透在平时的课程学习环节之中。

为了发展研究生的科研能力，英美研究型大学在课程和相关学术交流活

---

① University of Cambridge. National Institutes of Health Oxford/Cambridge Program [EB/OL]. [2021-11-01]. https://www.postgraduate.study.cam.ac.uk/courses/directory/cvmdpdnih.

② Stanford Mathematical and Computer Sciences. Research [EB/OL]. [2022-10-16]. https://mcs.stanford.edu/academics/research.

动中融入"科研规训"的元素，让学生事先掌握从事科研训练所要具备的核心知识、必备能力与素养。牛津大学认为自身的研究生课程富有挑战性且密集，能让学生形成独立研究与工作的能力。[①] 因此，为了在有限的时间内提升学生的科研能力，一般在刚入学的课程中就设有与科研相关的方法论课程，如天体物理学跨学科专业（astrophysics）是由天体学和理论物理学两门学科合成的研究型博士学位，研究生需要具备广泛开展研究的能力，在第一年的教学课程中，设立了有关现代天体物理学研究技能课程，以便学生能尽快开展科研项目研究。[②] 剑桥大学纳米科学跨学科博士生培训中心（Centre for Interdisciplinary PhD Training and Research in Nanoscience）设有专项的科学课程（science courses），主旨是利用系列讲座课程，为学生在参与跨学科科研训练之前讲解纳米科学和纳米技术领域的研究方法论。[③] 康奈尔大学从五个方面调整了原有学科专业的培养内容：增加系列跨学科知识教学，培养学生跨学科信息检索与分析能力、适合的跨学科素养、综合运用专业知识的能力，以及强化沟通合作、设计解决方案的能力。英美研究型大学通过相关课程学习、实践锻炼，有效地发展了学生的跨学科思维能力、实践技能、沟通协调能力、跨学科研究技能，提升了学生的跨学科素养。

在掌握了扎实的学科知识之后，接受实际的科研训练则是英美研究型大学培养跨学科研究生的主体环节，在剑桥大学纳米科学跨学科博士培训中心，学生通过科学课程具备一定的科研能力之后，会相继参与两个为期8周的小型研究项目和一个为期13周的实验项目，最终选择一个感兴趣的项目完成毕业论文。值得一提的是，科研训练与学科知识是紧密相连的，在参与训练之前，学生需要利用学科知识形成书面研究计划，结束之后需要将科研训练的结果汇总成相关报告或论文。科研训练甚至在很大程度上决定了跨学科研究生的学位获得与否，帝国理工学院的生物技术高级化学工程专业（advanced chemical engineering with biotechnology）中学位论文80%的分值

---

① University of Oxford. Introducing Our Courses [EB/OL]. [2022-11-13]. https://www.ox.ac.uk/admissions/graduate/courses/introducing-our-courses.

② University of Oxford. DPhil in Astrophysics [EB/OL]. [2022-11-13]. https://www.ox.ac.uk/admissions/graduate/courses/dphil-astrophysics.

③ University of Cambridge Centre for Interdisciplinary PhD Training and Research in Nanoscience and Its Translation to Technologies. Science Courses [EB/OL]. [2022-11-12]. https://www.nanodtc.cam.ac.uk/science-courses/.

都基于对研究项目的评估。① 匹兹堡大学和卡内基梅隆大学合作开展的医学科学家培训计划（MSTP）成立于1983年，旨在为有特殊才能的人提供根据其研究兴趣定制的医学科学家培训计划，由美国国立卫生研究院的医学科学家培训项目资助。为了培养未来生物医学领域的跨学科研究者，匹兹堡大学和卡内基梅隆大学均构建了众多的基础学科与医学研究合作平台，如磁共振研究中心、麦高恩再生医学研究所、匹兹堡超级计算中心、机器人研究所、匹兹堡大学癌症研究所、西方精神病学研究所和诊所、妇女癌症研究中心等，为学生提供跨学科临床基础知识学习和研究培训，打造医学和基础科学相结合的研究环境。

跨学科研究生系统地学习相关学科领域的基本概念和理论，为进一步开展跨学科科研奠定了扎实的基础。同时，他们在科研训练之中运用跨学科知识建立了理论与实践之间的联系，使跨学科知识在科研训练中不断完善，两者相辅相成、互相促进，是英美研究型大学开展跨学科研究生培养的一大特色。

4.3.4　强调可迁移技能的培养，提升学生综合能力

可迁移技能是能够用来完成多种类型工作的能力，典型的有沟通交流能力、组织领导能力、学习和自我管理能力、解决问题能力等。英美两国政府均意识到可迁移技能的重要性。2002年，英国政府颁布了《走向成功：科学、技术、工程和数学技能人才的供应》（*The Supply of People with Science, Technology, Engineering and Mathematics Skills*），也称作《罗伯茨报告》，报告中提出要将可转移技能培养融入博士生教育中，博士生每年应该接受最少为期两周的可迁移技能专项训练。② 2018年，美国国家科学技术委员会STEM教育委员会在其报告《为成功绘制蓝图：美国STEM教育战略》中指出，只有拥有不同视角、生活经历、知识理解的人才能够创新并推动工

---

① Imperial College London. MSc Advanced Chemical Engineering with Biotechnology[EB/OL].[2021-10-31]. https://www.imperial.ac.uk/study/pg/chemical-engineering/biotechnology/.

② Gareth Roberts. SET for Success: The Supply of People with Science, Technology, Engineering and Mathematics Skills[EB/OL].[2022-11-13]. https://dera.ioe.ac.uk/4511/1/robertsreview_introch1.pdf.

作向前发展,因此高校要鼓励学生跨学科学习,让跨越学科边界的知识融合和应用助力学生的职业发展。英美研究型大学开展的跨学科研究生教育主要目的之一是解决社会复杂问题,尤其需要综合运用多种可迁移技能,因此,其培养内容处处凸显了对可迁移技能培养的重视,致力于培育具有综合素养的创新型人才。

英美研究型大学开展各种类型的实践课程提升学生动手实践能力、解决问题能力,鼓励学生参与多层次的跨学科研究项目以强化研究技能,在跨越院系、行业界限的学术交流活动之中锻炼沟通交流能力,这些培养内容的设置都充分体现对发展可迁移技能的重视。但英美研究型大学并不满足于此,还有针对研究生可迁移技能的系统课程或者培训项目,更加全面地提升学生综合能力。在普林斯顿大学"综合课程"体系的设计者看来,在几乎所有的学科领域,人们的区别不在于他们所知道的知识,而在于他们如何更好地应对未知领域内的问题。① 而应对科学领域内的未知问题,需要综合各方面的知识,因此需要培养学生跨学科视野和多学科知识储备、运用多学科原理的能力、处理未知问题的可迁移技能和信心,帮助学生应对现实的各种挑战,解决前沿科学难题。伦敦大学学院开发了一个名为鲁姆斯伯里研究生技能网站(The Bloomsbury Postgraduate Skills Network),吸引了包括伦敦政治经济学院、伦敦国王学院在内的9所英国研究型大学共同参与构建,为研究生开设可迁移技能专项课程和讲习班,主要内容为四大模块,即知识理解和认知能力、个人效能、组织和管理能力、交流传播和影响能力,在每个模块之内又进行了细致的分类。帝国理工学院研究生院为提升研究生的各项综合能力也设有专项计划——专业技能发展计划(professional skills development program),比较特别的是,该计划不仅支持个人可转移技能的培训,还尤为注重发展学生的学术技能和职业技能,学生可以根据个人需求选择不同类型的技能培训。②

综上可知,英美研究型大学跨学科研究生培养内容中不仅仅只强调学科知识的获得,更加强调贯穿其中的各项综合能力的培养,恰好符合自由

---

① Integrated Science Curriculum. Why Is Problem Solving Important? [EB/OL]. [2022-01-04]. https://lsi.princeton.edu/integratedscience/curriculum.
② Imperial College London. Graduate School Courses [EB/OL]. [2021-11-04]. https://www.imperial.ac.uk/students/success-guide/pgr/professional-development/graduate-school-courses/.

教育理论对于人本身智慧和能力发展的追求，并且制定了许多研究生层次的可迁移技能、学术技能、职业技能的培训计划，跨学科研究生从中受益匪浅。

4.3.5 内容紧跟社会前沿，培养学生的领导才能

英美研究型大学跨学科人才培养是社会变化发展下的产物，其培养内容处处彰显着跨学科领域的最新发展动态和社会前沿需求。其跨学科培养内容以社会生产中面临的具体问题为导向，重点关注科技社会的最新发展，教学中强调激发学生的跨学科学习兴趣，培养学生的跨学科学习及研究能力，引导学生通过跨学科的方式探索科学前沿。

首先，在培养过程中会根据社会前沿动态不断更新培养内容。以伦敦大学学院环境、政治和社会硕士课程中的地缘政治学为例，为了紧跟快速发展的社会政治变化的步伐，这门课程的内容每年会更新一次，教师会先向学生展示该学科领域的最新理论进展，再通过讲解与之相关的最新社会事件来帮助学生理解理论知识。[1] 考虑到新科技新产业具有综合性、跨学科性，密歇根大学确立了跨领域、文理交叉发展的学科专业建设策略，在原有的数据科学专业的基础上扩展了 5 个跨学科专业研究方向：数据与运输、数据对学习的分析、数据解剖健康科学、大数据社会科学、连接数据科学和音乐，并斥资 1000 万美元用于新研究方向建设。[2] 学校不少毕业生成为国家科学基金会中西部大数据中心的成员，并在数据挖掘的重点领域发挥领导作用。

其次，设立的跨学科研究项目、开展的实践活动和学术交流会议的内容都紧紧围绕社会的迫切需求。伦敦大学学院知名的大挑战计划（UCL Grand Challenges）成立于 2009 年，设立目的是召集各个领域的研究人员和研究生进行跨学科合作，探索社会前沿面临的最紧迫的问题，包括全球健康、城市

---

[1] MSc Environment, Politics and Society. Geo-Politics (GEOG0084)[EB/OL]. [2021-11-05]. https://www.ucl.ac.uk/module-catalogue/modules/GEOG0084.

[2] MIDAS. Research at MIDAS[EB/OL]. [2022-05-17]. https://midas.umich.edu/research/.

可持续发展、文化理解、人类福祉、正义和平、变革性技术等 6 大主题领域。① 密歇根大学和多伦多大学合作发起精准医学计划（Precision Medicine Initiative at U of T，PRiME），将多伦多大学的制药科学、医学与密歇根大学的物理科学、化学工程相结合，创立跨学科培养平台，培养药学、医疗化学等领域的跨学科科技创新人才。② 康涅狄格大学设立技术孵化计划（Technology Incubation Program，TIP），根据美国各类企业的不同生产需求成立不同的问题合作研究平台，通过不同学科的融合形成跨学科知识与技术，在跨学科平台中与企业合作培养学生，从而为企业生产提供一流的创新技术和人才。③

最后，英美研究型大学之所以重视与社会前沿领域的对接，主要目的就是培养能够引领社会发展进步的领军型人才，为此十分注重对学生领导才能的培养。伦敦政治经济学院卫生政策系院长阿利斯泰尔·麦奎尔指出："我们致力于跨学科教学，重点领域是卫生政策、卫生经济学和卫生部门管理，作为教师，我们的教职员工致力于培养未来卫生领域的领导者。"④ 基于该培养使命，卫生政策系提供非正式研讨会、国内外领导人的客座讲座、校友圆桌会议、海外知名机构访问等机会，让学生接触来自行业、政府和国家机构的领先学者和利益相关者，培养他们在卫生领域的领导力。⑤ 格兰瑟姆研究所（Grantham Institute）是帝国理工学院的气候变化和环境跨学科研究中心，其人才培养定位是未来的行业领导者，它与国家自然环境研究理事会合作培养跨学科博士生，通过定制领导力课程、活动和参与实习的机会，培养

---

① University College London. UCL Grand Challenges[EB/OL]. [2021-11-05]. https://www.ucl.ac.uk/grand-challenges/sites/grand-challenges/files/grand_challenges_report_2020_final.pdf.

② University of Toronto. Precision Medicine Initiative at U of T[EB/OL]. [2022-03-15]. https://www.prime.utoronto.ca.

③ University of Connecticut. Technology Incubation Program[EB/OL]. [2022-03-15]. https://ovpr.uconn.edu/services/tech-transfer/industry/incubator-services/.

④ Department of Health Policy. Welcome from the Head of Department[EB/OL]. [2021-11-06]. https://www.lse.ac.uk/health-policy/about.

⑤ Department of Health Policy. Elevate Your Career with Health Policy Expertise[EB/OL]. [2021-11-16]. https://www.lse.ac.uk/health-policy/study/executive-masters-programmes.

能够应对时代挑战的新一代环境专家和领导人。① 卡内基梅隆大学认为大学必须既是一个在问题研究方面保持强大驱动力的机构，还是能培育和重视学生好奇心和创造性的学术研究机构，因此通过建立种子资助计划以鼓励学生探究新生观念、开展创造性研究，并支持学生进行其他形式的早期研究和创造。

无论是跨学科课程教授的内容还是各类跨学科项目和实践，英美研究型大学的培养内容与社会需求、科技发展前沿的联系十分紧密，强调利用最新的学科知识动态培养学生对于社会现实问题的关注和反思，进而培育出能引领社会发展的领军型人才。这体现出高校强烈的社会责任感，与知识生产模式变革理论提倡要关注"社会问责和反思性"如出一辙，与系统理论强调的学科要与外界保持有机联系、相通相符，可以说，培养内容紧贴社会需求、紧跟科技前沿是学科发展内在的需求，同时也是高校承担社会责任的必然选择。

4.4 本章小结

英美研究型大学跨学科研究生培养内容的构成有别于传统单一学科的培养模式，除了常规的课程教学之外，更加注重通过系列的跨学科研究、实践活动和学术交流活动等来培养研究生跨学科科研能力和综合素养，以求达到学科知识体系和实践的完美融合。从课程设置上来看，依据学科之间的内在联系性来进行必修与选修课程的科学组合，必修课程奠定了必要的学科基础，选修课程考虑了学生的学习兴趣和后续研究需要；从跨学科研究来看，由联邦政府、社会组织和高校一起联合设立了多种类型的跨学科研究项目；从跨学科实践来看，处于不同年级的学生有各自的实践活动安排，贯穿于培养的全过程；从跨学科的学术交流上来看，有贯穿日常学习生活的常规性研讨班、跨院系研讨会、专家讲座，也有大型的国际性交流活动，包括联合培养、国外留学、国际会议等多种形式。

---

① Grantham Institute-Climate Change and the Environment. Training future leaders[EB/OL].[2022-11-06]. https://www.imperial.ac.uk/grantham/education/.

英美研究型大学跨学科研究生培养内容的组织方式高效且有序。其课程组织方式可分为个体式、整合式和组合式。个体式是指由单个的带有跨学科性质的课程共同组成的课程体系；整合式是指课程本身不具有跨学科性，但通过对不同学科的课程进行整合，整体达到跨学科性；组合式是指以学生发展所必要的技能或学生的兴趣选择为原则，将各独立的单一课程组合起来构建的跨学科课程，旨在开拓学生的知识视野。

进一步分析其培养内容，发现呈现出以下特征：尽管每个学校和具体的跨学科学位涉及不同学科领域，在跨学科内容的选择上并非完全相同，但是每个学校皆以跨学科作为主旨，依据学科前沿发展动态不断调整和更新培养内容，力求通过知识教育和科研训练双管齐下的方式培育学生的综合能力及可迁移技能等。这是英美研究型大学的跨学科内容所涵盖的共性特点，充分体现了知识生产模式变革理论的"跨学科性""真实运用场景""异质性和组织多样性"等思想。

跨学科培养内容是跨学科研究生成长的土壤，通过深入分析英美研究型大学跨学科研究生培养内容的具体构成、组织形式和特点，可为我国优化跨学科研究生的培养内容提供借鉴。

第 5 章

英美研究型大学跨学科研究生的培养方式

培养方式关系到跨学科研究生培养的质量与效率,是培养环节中极为重要的一环。跨学科研究生的培养方式体现了学校立足于培养目的,整合跨学科教育资源,将培养内容贯彻落实在教育教学过程中的独特具体的实践形式。本章立足于对跨学科研究生培养的起点、过程、结果三个阶段的考察,从选拔方式、教学方式、考核机制三个方面,深入分析英美研究型大学跨学科研究生的培养方式。

5.1 设置科学的招生选拔机制

招生选拔是开展跨学科研究生培养的第一步,利用科学合理的选拔方式能够挑选出更能适应跨学科学习的学生。毫无疑问,跨学科研究生的培养方式不同于传统的单一学科的培养方式,在招生选拔上自会有不同的要求。分析发现,英美研究型大学在遴选跨学科生源时基本遵循"宽严并济"的原则,在全世界范围内挑选具备跨学科发展潜力的学生,从多层面综合考查学生基本素养,并制定了严格的选拔标准。

5.1.1 选拔对象面向全世界

英美研究型大学进行跨学科研究生培养的目标追求是培养领军型人才,领军型人才必然是面向国际社会,在世界相关学科领域能够发挥引领作用的人才，因此，英美研究型大学在全球范围内网罗具有跨学科学习能力和潜质的学生。而且，学校更青睐不同种族、不同学科背景及不同生活环境的学生，因为多样性的文化环境和学术背景更容易引发学生对既往思维模式的挑战，从而激发学术创新的动力与活力。

在英美研究型大学的办学理念和战略发展规划中，均体现了对于全球学生的高度欢迎，因而其研究生来源的国际化程度很高。帝国理工学院校长爱丽丝·加斯指出："帝国理工学院是一个崇尚全球化的学术团体，我们愿意选拔来自不同文化的学生，为解决复杂问题贡献全新的思路和办法。"[①] 在学校全球化的招生政策指引下，其跨学科专业招生面向全世界，以生态进化和保护跨学科硕士专业（MRs in Ecology, Evolution and Conservation）为例，该专业明确提出招生对象是面向世界各地有生物学、基因组学、生态系统学学科基础的任何人。[②] 帝国理工学院生源的国际化程度达到60%。据剑桥大学2020年招生统计显示，其研究生的国际化程度达到59.06%，生源地前三名的国家分别是美国、德国和印度。华盛顿大学、密歇根大学、斯坦福大学等多所研究型大学通过"种族与公平倡议"（The Race & Equity Initiative）消除种族偏见，大力鼓励少数族裔、弱势背景的学生申请，以增强不同种族、不同背景学生的声音，提升校园文化的多样性，促进学术的卓越性。密歇根大学的研究生来自全世界118个国家；麻省理工学院吸引了来自全美50个州和120个国家的学生[③]；约翰霍普金斯大学的学生来自全世界120多个国家。牛津大学的一个跨学科单位——环境变化研究所（Environmental Change Institute），认为学生的多样性可以强化跨学科的学习过程，促进不同学生之间的思维碰撞和相互学习。该研究所每年有来自全球40多个国家的250多名学生申请跨学科硕士研究生的学习，而只有其中25名学生能够申

---

① Imperial College London. Global Imperial [EB/OL]. [2022-12-18]. https://www.imperial.ac.uk/about/introducing-imperial/global-imperial/.

② Imperial College London. MRes Ecology, Evolution and Conservation Research [EB/OL]. [2022-10-05]. https://www.imperial.ac.uk/study/pg/life-sciences/ecology-evolution-conservation-research/.

③ Massachusetts Institute of Technology. Admissions + Aid [EB/OL]. [2022-12-14]. http://www.mit.edu/admissions-aid/.

请成功,最后入学的研究生国际化比重高达80%～90%,[①] 这与其在全球范围内选拔生源密切相关。据英国高等教育统计局官方最新统计数据显示,截至2020年1月,英国高校中全日制研究生的国际化水平最高,来自非欧盟之外的学生占学生总数的45%。[②] 英美研究型大学的研究生国际化程度都较高,反映出其招生的开放性,尤其是跨学科的研究生选拔。

值得注意的是,英美研究型大学在跨学科研究生选拔中,更愿意接收具有不同学科背景的学生。例如,普林斯顿大学定量和计算生物学跨学科项目,鼓励拥有数学、物理、化学或计算机科学本科学位的学生申请;[③] 麻省理工学院供应链管理跨学科专业,要求申请者具备大学水平的微积分、经济学、概率论和统计学的背景。[④] 不同学科背景的学生往往对世界有不同的学术见解,跨学科研究生教育正是需要多元化的思想相互碰撞,挑战传统的固有思维模式,发现新的知识增长点和解决问题的新方法。

自由教育理论的倡导者纽曼认为:"学生不可能攻读所有的学科,但生活在代表各个知识领域的人中间,耳濡目染,必将获益匪浅。"[⑤] 一方面,英美研究型大学在全球范围内选拔学生创造了一个代表不同知识领域的丰富的知识环境,因为从全球选拔而来的学生具备多元的文化背景和学科思维方式,在相互的交流学习过程中不断产生新的见解,有利于跨学科创新思维的迸发;另一方面,全球化的招生也有利于凝聚国际化的优质生源,为后续开展具体的跨学科教育提供优良的先决条件。

---

① Environmental Change Institute. About the students[EB/OL]. [2021-11-15]. https://www.eci.ox.ac.uk/msc/students.html.

② Higher Education Statistics Agency. Higher Education Student Statistics: UK, 2018/19 - Where students come from and go to study[EB/OL]. [2021-11-15]. https://www.hesa.ac.uk/news/16-01-2020/sb255-higher-education-student-statistics/location.

③ Princeton University. QCB Graduate[EB/OL]. [2022-12-11]. https://lsi.princeton.edu/qcbgraduate.

④ Massachusetts Institute of Technology. Supply Chain Management Program[EB/OL]. [2022-12-17]. http://catalog.mit.edu/interdisciplinary/graduate-programs/supply-chain-management/.

⑤ [英]约翰·亨利·纽曼. 大学的理想[M]. 徐辉,顾建新,何曙荣,译. 杭州:浙江教育出版社,2001:30.

5.1.2 选拔形式注重全面考查学生

跨学科人才最显著的特征之一是具备综合素养，因此，在招生选拔环节就全面地对其进行考查，在选拔过程中不将学习成绩作为唯一的衡量指标，而是对学生的研究兴趣、学科基础、论文写作、研究能力等多方面进行全面的考核，综合评估学生的跨学科态度、知识和能力。

以跨学科硕士研究生的选拔为例，一般而言，其选拔具体形式分为两级决策：一级为研究生院统筹，协调并公布招生计划、录取程序，并确定录取的最低要求；另一级为申请人申请的研究领域所属学院，该级教师拥有决定权。申请截止日期和额外要求因部门和学位课程而异。具体来说，一名意图申请跨学科专业的硕士研究生首先需要在线申请，包括填写个人信息、描述本科专业背景、陈述感兴趣的研究方向；其次需要提供个人简历、本科正式成绩单、三封推荐信（特别是对申请人的研究经历非常了解的推荐评论）、GRE 成绩单，母语不是英语且未在申请国接受本科教育的学生还需提供托福或雅思成绩。申请者在线申请及提交材料均通过后，便可进入学院面试的环节，该环节着重考查申请者的快速学习能力、跨学科领域的知识积累、团队协作能力及交流能力、创新思维等方面。学院面试通过后，申请者可正式加入该跨学科领域的学习中。具体可见表 5.1。

表 5.1 跨学科研究生选拔具体形式概览

项目	研究生院	拟招录跨学科研究生的相关学院
具体职责	协调、公布招生计划、录取程序；确定录取的最低要求	具有招录研究生的决定权；负责跨学科研究生选拔的具体考核内容
申请步骤及材料	① 在线申请；② 提供个人简历、本科正式成绩单、三封推荐信、GRE 成绩单，母语非英语需提供托福或雅思成绩	提供招录学院额外要求的材料，例如 GRE 学科成绩、发表的论文、跨学科计划提案等

值得一提的是，英美研究型大学虽然欢迎不同文化背景、不同学科背景的学生申请，但前提是需具备一定的相关专业知识，学科基础是任何跨学科学习的根基，因此在招生选拔原则方面，高校以具备相关学科基础为前提招

录研究生。而且，不同的招录学院还有不同的附加要求，因为某些特定的跨学科领域需要有一定的相关学科专业背景，或有较好的外语能力，因此这些要求将均被列入招生考核中。

普林斯顿大学定量和计算生物学跨学科项目要求申请人拥有数学、物理、化学或计算机科学的本科学位，生态与进化生物学（Ecology & Evolutionary Biology）学院要求申请人进行 GRE 生物学科测试，特别是对于没有传统生物学背景的学生。① 哈佛大学综合生命科学项目同样也鼓励申请者参加 GRE 中专业领域科目的考试，并且英语非母语人士的托福成绩至少 100 分，若已发表文章，需附注在"附加学术背景"部分。② 而跨学科博士研究生的资格选拔更为严格，对于跨学科研究能力的考查极其重视。为了证明跨学科博士申请者具备独立拟议和执行计划的能力，首先需提交一份跨学科计划提案，由研究生理事会小组委员会审查；其次需证明外语能力，以满足研究生理事会对博士学位的要求；最后还需参加三门研究领域科目的资格考试。③

以牛津大学为代表的学校则要求学生先撰写一份个人申请陈述（personal statement），招生小组再根据个人陈述选拔一部分人进入后续的环节，如牛津大学的可持续发展、企业和环境学硕士专业（MSc in Sustainability, Enterprise and the Environment）就对个人陈述的内容做了具体的要求，要包括申请该跨学科专业的动机、相关的受教育经历、学科基础、对该专业领域研究的初步了解情况、高强度学习和工作的能力、批判性和创造性思维能力、接受新知识的能力，求知欲等方面。④ 帝国理工学院分子科学和工程专业（Masters in Molecular Engineering）要求在个人陈述中清楚地说明为什么对跨学科感兴趣、最感兴趣的研究领域是什么、简要介绍相

---

① Princeton University. Admission & Financial Support[EB/OL].[2022-12-14]. https://eeb.princeton.edu/graduate/admission%20%26%20Financial%20Support.

② Harvard University. Harvard Integrated Life Sciences[EB/OL].[2022-12-19]. https://gsas.harvard.edu/programs-of-study/divisions/harvard-integrated-life-sciences.

③ Berkeley Graduate Division. Interdisciplinary Doctoral Programs[EB/OL].[2022-12-19]. https://grad.berkeley.edu/programs/interdisciplinary/.

④ University of Oxford. MSc in Sustainability, Enterprise and the Environment: How to apply[EB/OL].[2022-11-18]. https://www.ox.ac.uk/admissions/graduate/courses/msc-sustainability-enterprise-environment.

关的研究经验。① 通过个人陈述，可以系统了解申请者对跨学科学习的态度和学习兴趣，筛选出真正热爱和适合跨学科教育的学生。

为选拔具有较强综合素养和跨学科学习潜力的学生，多数跨学科专业还要求学生提交一份英文的书面论文（written work），即围绕所申请的专业相关的学科领域撰写一篇简短的论文。如牛津大学的可持续发展、企业和环境学硕士专业，通过书面论文评估申请者对跨学科领域的了解情况（学科领域存在的问题和发展方向）、其分析和表达能力、构建论点的能力、使用英文写作的能力、批判性思维能力等综合能力。② 这种对书面论文进行评估的选拔形式可以更加全面地考核申请者在实际的论文写作和研究中是否具备综合思维能力。伦敦政治经济学院的组织和社会心理学（MSc organizational and social psychology）硕士在面试环节，导师会询问一些学科交叉领域的热点问题，考查学生看待问题的深度和广度，检验学生是否能够有效进行跨学科思考。③

英美研究型大学并没有囿于某一学科领域的束缚，而是采用多种考查形式来全面考核学生多个方面的能力，选拔出真正具有综合素养的学生，为后续复合型的人才培养工作奠定了良好的基础。关注能力而非某一学科专长，从这个意义上来说，这也符合自由教育理论对培养"完人"的追求，即各方面综合发展的复合型人才。

5.1.3 选拔标准严格细致

跨学科教育涉及多个学科领域知识的融会贯通，需要学生具备多学科的素养和创新能力，因此相较于单一学科的人才培养工作，跨学科人才培养对

---

① Institute for Molecular Science and Engineering. Course details and how to apply[EB/OL]. [2022-11-18]. https://www.imperial.ac.uk/molecular-science-engineering/masters-in-molecular-engineering/course-details-and-how-to-apply/.

② University of Oxford. MSc in Sustainability, Enterprise and the Environment: How to apply [EB/OL]. [2022-11-18]. https://www.ox.ac.uk/admissions/graduate/courses/msc-sustainability-enterprise-environment.

③ The London School of Economics and Political Science. MSc Organizational and Social Psychology [EB/OL]. [2022-11-18]. https://www.lse.ac.uk/study-at-lse/Graduate/degree-programmes-2021/MSc-Organisational-and-Social-Psychology.

申请者的学科基础和跨学科视野具有极高的要求。英美研究型大学在遴选跨学科生源时,制定了极为严格且细致的选拔标准。密歇根大学的跨学科研究生招生由拉克哈姆研究生院与相关学院联合进行分级实施,拉克哈姆研究生院主要发挥统筹作用,负责制定学校一级的相关制度;相关学院则负责具体的招生与培养工作。以其金融与风险管理、应用与跨学科数学两个跨学科硕士学位的招生要求为例,可以窥见一斑,详情见表5.2。

表5.2 密歇根大学研究生院跨学科硕士学位招生要求

项目	拉克哈姆研究生院	金融与风险管理跨学科科学硕士学位	应用与跨学科数学(AIM)硕士学位
招生时间	—	秋季学期招生	秋季学期招生
招生要求	① 获得大学学士学位;② 母语非英语的申请者的托福成绩最低为95分,雅思7分 申请提供材料:① 学习目的声明书;② 个人简介陈述;③ 简历;④ 三封推荐信;⑤ 官方GRE考试成绩	欢迎不同学科背景的申请人,申请人有数学、统计学、物理学、工程学和经济学背景,留学生有积分、线性代数、概率和编程学科背景将更具有优势	欢迎不同学科背景的申请人,数学专业或物理、科学工程等专业相关背景更具有优势,特殊要求:需要有GRE数学科成绩

资料来源:根据拉克哈姆研究生院及跨学科研究生培养院系相关规定。

在密歇根大学,拉克哈姆研究生院规定跨学科研究生的招生时间、入学基本要求以及毕业学分等,跨学科研究生的培养学院,如金融与风险管理跨学科科学硕士培养单位LSA学院数学系和统计系,可根据学科的需求,具体规定对不同学科背景的学生的要求以及考核的具体方式等。这种分级管理既满足了学校对跨学科人才培养的总体规定,也体现了学院的具体要求,有效地保障了人才培养的质量。

表5.3以牛津大学、剑桥大学、伦敦大学学院的三个跨学科硕士专业为例,介绍了这三个专业对申请人的本科学位、学科基础、学业成绩、语言能力和学术推荐等方面的具体要求。

表 5.3　三所英国研究型大学跨学科研究生招生选拔标准

项目	牛津大学生物化学硕士专业（MSc in Biochemistry）	剑桥大学生物人类学硕士专业（MPhil in Biological Anthropological Science）	伦敦政治经济学院地理数据科学专业（MSc in Geographic Data Science）
学位要求	英国一等本科学位或优秀的二等本科学位（海外大学相应同等学位）		
学科基础	化学、生物学、细胞生物学、分子生物学、生物物理学、物理学、数学	人类学、生物学、考古学、人文学科中同源领域的相关学科	经济学、其他定量社会科学学科背景
学业成绩	所有学位课程成绩，平均绩点高于3.5分	本科所有课程成绩单和研究生入学考试（GRE）入学考试成绩优异	
语言要求	雅思：7分以上；托福：100分以上；剑桥高级英语考试（CAE）：185分以上	雅思：7.5分以上；托福：110分以上；CAE：193分以上	雅思：7分以上；托福：100分以上；CAE：185分以上；皮尔逊英语测验（PTEA）：69分以上
学术推荐人	三名学术推荐人证明申请者具有较高的智力、较强的学术研究能力与团队合作能力	两名学术推荐人，其中一名为本科导师，证明申请者学习成绩优异，具有创造性和独立思考能力，适合跨学科课程	两名学术推荐人，证明申请者具有独立思考和写作数据分析的能力，具有跨学科思维能力
其他标准	有相关领域的研究或者工作经验，熟悉学科领域的研究成果	有良好的定量分析技能	

资料来源：University of Oxford. MSc by Research in Biochemistry Requirements[EB/OL].[2021-12-10]. https://www.ox.ac.uk/admissions/graduate/courses/msc-research-biochemistry.

The London School of Economics and Political Science. MSc Geographic Data Science Entry Requirements[EB/OL].[2021-09-27]. https://www.lse.ac.uk/study-at-lse/Gradue/degree-programmes-2021/MSc-Geographic-Data-Science.

从表 5.3 可见，牛津大学、剑桥大学、伦敦大学学院在制定跨学科专业的学生选拔标准时，一方面要求学生具有宽广的学科基础和突出的学术成就，对于申请者应该具备的具体学科知识、以往学科成绩和语言分数都做了细致的规定；另一方面对申请者的创新能力、研究能力、团队合作能力以及跨学科思维能力等综合能力也做了具体的要求，包括学术推荐人的陈述和其他能够证明申请者能力的证明材料。值得一提的是，三所大学均指出，由于跨学科课程学习难度大，上述标准均是最低要求，其实际招收的跨学科专业学生的标准远远超过上述最低选拔要求。由此可见，三所大学在选拔跨学科生源时制定了细致且严苛的选拔标准，申请者必须满足所有条件才能进入面试环节，它们严格筛选真正具有拔尖创新人才潜质的学生。

5.2 采用多样化的教育形式

教育方式是依据一定的教育目的，对教育内容进行合理组织而有效传授给学生的一种手段。英美研究型大学在跨学科研究生培养的过程中，依据不同培养内容形成了各具特色的教育方式，如合作化课堂教学方式、体验化实践教学方式、"寓研于教"的科研训练方式等。合作化课堂教学方式符合系统理论的核心思想，强调不同学科之间的深入交流，共同构成一个大的学科生态系统。体验化实践教学方式、"寓研于教"的科研训练方式体现了实践体验在跨学科研究生培养中的重要性，与知识生产模式变革理论所倡导的知识在真实情景下产生这一思想相符合。可以说，英美研究型大学针对跨学科研究生丰富的培养内容，所采用的多种教学方式，为培养具有广博知识和综合能力的跨学科人才提供了高效的手段。

5.2.1 合作化的课堂教学方式

传统意义上，教师在课堂教学中往往从各自的学科视角出发，为学生提供某一学科领域的精深知识，然而，跨学科教育追求的是多个相关学科领域广博知识体系的构建，这就需要不同学科领域的教师进行课堂教学合作，共同促进跨学科人才培养。英美研究型大学在跨学科研究生培养中深谙这一道理，在跨学科的课堂教学中汇集了来自不同院系的教师，以合作化课堂教学方式为学生提供多种多样的视角，促进学生对跨学科领域全面深刻而系统的学习。主要可以归纳为以下三种形式。

一是教师合作教学，即跨学科教师之间深度合作，各领域教师根据各自的学科专长，共同合作完成学生课程授受。帝国理工学院的地球科学与工程系（Department of Earth Science and Engineering），下设有应用计算科学与工程（MSc in Applied Computational Science and Engineering）、环境数据科学与机器学习（MSc in Environmental Data Science and Machine）、金属和能源金融（MSc in Metals and Energy Finance）等五个跨学科硕士专业，每个跨学科专业的课程都在一定程度上与其他院系合作进行，或聘用其他院系教师来地球与工程系授课，或学生在多个院系之间流动上课。比如金属与能源金融专业要学习的课程涉及自然能源、矿产资源、债务金融、金融工程、战略管理等方面的内容，地球科学与工程系会联合商学院的教师合作授课，为学生提供各自领域最卓越的课堂资源。① 地球科学与工程系在多个学科领域采取合作式的教学取得了巨大的收益，在《卫报》和《泰晤士报》中的学科排名都处于世界前列，深受学生好评，多次获得总统教学优秀奖（President's Awards for Excellence in Education）。② 斯坦福大学全球研究部门（Global Studies）旨在以区域和全球视角探索社会和文化问题，其利用斯坦福大学人文科学学院各领域的世界级教师，为学生提供为期一年的跨学科课程，供有兴趣深入了解历史、文化和当代政策问题的跨学科研究生深入学习。③ 华盛顿大学的数据科学（data science）跨学科专业教师组成有计算机科学与工程系副教授玛格达莱娜·巴拉津斯卡、统计系副教授阿德里安·多布拉、应用数学系教授内森·库茨、信息学院副教授比尔·豪、生物统计学系教授帕特里克·赫格蒂、人类中心设计与工程系高级讲师布洛克·克拉

---

① Department of Earth Science and Engineering. We offer a range of Master of Science Courses[EB/OL].［2021-11-17］. https://www.imperial.ac.uk/earth-science/prosp-students/pg-courses/.

② Department of Earth Science and Engineering. Recogation for Our Teaching Excellence[EB/OL].［2022-11-25］. https://www.imperial.ac.uk/earth-science/prosp-students/teaching-excellence-in-ese/.

③ Stanford University. Masters[EB/OL].［2022-12-10］. https://africanstudies.sites.stanford.edu/study/academic-programs/masters.

夫特等，旨在通过合作化教学教会研究生技术技能，将大量混乱的数据集或大数据转化为个人或组织可以方便快捷使用的数据。① 麻省理工学院的微生物学专业，涵盖了生物工程、化学工程、土木与环境工程、地球科学等50多名不同专业的教师合作教学。② 莱斯大学（Rice University）的生物科学研究合作中心综合生物学、化学、分子工程学等多门学科的教师共同讨论其课程的设计方案，鼓励教师发挥不同学科的优势，深入讲解课程主题，③ 如生物与分子工程专业综合了化学工程、环境工程、地球科学、遗传学等20多个不同学科的教师合作授课。

不同领域的教师通过合作教学的方式快速建立起跨学科的知识联系，一方面能够帮助教师打破学科壁垒，筑成学科沟通的桥梁，引起教师对于跨学科科研的兴趣和重视，进而在学校层面提升跨学科教师的数量和质量；另一方面，跨学科研究生更容易在教师合作化教学的课堂中，通过教师不同学科思维的碰撞与交流找到不同学科的连接点，精准地建立起不同单一学科之间的跨学科逻辑。

二是课程组织合作，即教师共同参与某门跨学科课程的设计、授课和评价，建构不同的课程组织形式，诸如合作课程、链接课程、集合式课程、补充课程、教阶式课程等。以密歇根大学的合作课程为例，跨学科教师们组成不同的教学团队，在一门课中，1～2位老师担任主讲教师，负责设置课程目标、教学策略和评价方式等；另外设立嘉宾老师，在合适时机补充课程材料、辅助课程讲授，或者通过作报告、讨论的方式扩展学生的跨学科视野。④牛津大学赛德商学院通过"1+1"MBA计划，利用其一流的管理学科资源，与学校其他13个部门和学院合作开发联合课程，将管理学与其他13个部门的专业课程进行跨学科整合，针对不同学科背景的学生开展跨学科教育培

---

① UW Graduate School. Data Science [EB/OL]. [2021-12-29]. http://grad.uw.edu/about-the-graduate-school/interdisciplinary-programs/data-science/.

② Massachusetts Institute of Technology. Microbiology Graduate Program [EB/OL]. [2021-12-17]. http://catalog.mit.edu/interdisciplinary/graduate-programs/microbiology/.

③ BioScience Research Collaborative of Rice University. Researchers [EB/OL]. [2021-11-14]. https://brc.rice.edu/people/researchers.

④ 刘海燕. 密歇根大学的跨学科协同教学模式 [J]. 中国高等教育，2008 (17): 60-62.

养。① 在帝国理工学院的医学院,跨学科课程内容、教学形式和逻辑顺序是各门课程的教师共同讨论并自主安排的。一般来讲,每位教师所负责的课程部分都不一样,这些不同部分需要各教师轮流讲授,在讨论课或讲座需要两位或以上的教师共同主持。② 剑桥大学在公共卫生领域的跨学科课程在英国处于前列,关键就在于该项课程集合了公共卫生和保健系、流行病学系和生物统计研究中心三个单位的核心师资力量,涉及流行病学、全球健康、传染病、健康数据科学等多个核心模块,在合作教学中有效开拓了学生的跨学科思维和合作意识。③ 这种围绕课程组织的合作,更容易促使教师树立正确的跨学科教育教学理念。约翰斯·霍普金斯大学(Johns Hopkins University)应用物理实验室参与跨学科教育的教师认为,实验室应鼓励学生以跨学科的方式开发物理技术,以提升学生的跨学科研究兴趣。而事实上,该实验室大多数成熟的物理技术都基于生物学和化学的跨学科合作,而这些成果最初的灵感通常是来自参与研究的教师通过跨学科的方法来培养学生的想象力、计划能力和研究能力。④

课程组织合作形式下的教师们基于对某一综合性研究问题的兴趣而走在一起,相互协作将各自不同学科的知识、方法用于解决共同的问题。同时,为了共同的教育目标,教师从多个角度多种方式为跨学科研究生讲解课程内容,帮助跨学科研究生更加深刻和全面地掌握知识,打下坚固的学科基础,为今后的跨学科研究提供知识储备。而通过课程组织合作形式下教师们的跨学科合作教学,学生也学会了用跨学科的知识和视角去分析和解决现实中的复杂问题。

三是跨校合作化教学,这类课堂教学突破了学校组织的边界,研究型大学之间相互借用各自的优势课程资源,开展跨学科课程教学合作。剑桥大学

---

① University of Oxford. Oxford 1 + 1MBA [EB/OL]. [2022-05-03]. https://www.ox.ac.uk/admissions/graduate/courses/oxford-1plus1-mba? wssl=1#content-tab.

② Pannick S, Archer S, Johnston M J, et al. Translating concerns into action: a detailed qualitative evaluation of an interdisciplinary intervention on medical wards[J]. BMJ Open, 2017, 7(4):e014401.

③ University of Cambridge. MPhil Population Health Sciences Course Info[EB/OL]. [2022-12-18]. https://www.phs.masters.cam.ac.uk/course-info/.

④ Johns Hopkins. Colloquium Topic: Harvesting Biology for Defense Technology[EB/OL]. [2022-11-13]. https://www.jhuapl.edu/colloquium/Archive/Detail? colloqid=149.

与伦敦大学学院结合它们在电子和光子学方面的专业优势,合作成立一个互联电子和光子博士培训中心(Connected Electronic and Photonic Systems),在电子和光子的交叉领域培养跨学科博士生,两所学校合作设置课程教学模块,共同推进学生对于跨学科的理解,培养在电子和光子系统领域具有跨学科理解能力和综合技能的领导者。[1] 参与课程的学生认为,这种跨越学校界限开设的课程极大地拓宽了其研究学习的视野,同时增强了在光子系统开发领域进行跨学科学习和探索的能力。[2] 伦敦大学学院与巴黎文理研究大学(PSL Research University)于2018年开启了一项博士联合培养计划,主旨在于促进两所大学的艺术、人文和社会科学之间的跨学科合作培养,在移民、种族、宗教等领域开展合作式的在线课堂教学,为学术卓越和创新发展提供一个多元的授课环境。[3]

合作化课堂教学方式有助于打破各专业领域的壁垒,一方面,通过教师的资源整合,帮助学生快速打通学科之间的逻辑脉络,高效学习最核心的知识系统,并教会学生跨学科的思维模式和知识技能;另一方面,共同合作的教师能够在教学过程中敞开已有的学科思维,接纳不同学科的学术理念,更容易获得教学及研究的灵感,促进课程与教学的创新。除此之外,合作化课堂教学方式还能避免教学团队的冲突,提升工作和学习效率。英美研究型大学在开展跨学科课堂教学时,积极与学校其他院系的优势学科开展教学合作,同时还不断向外部探索,与本国乃至国际社会上的其他高校建立跨学科合作教学关系,在跨学科课堂教学中形成了多样化的合作教学关系。此举在不断扩大跨学科资源的同时,也充分利用了多学科的教师资源为学生打造了一个多角度思考的空间,激发了学生跨学科学习与思考的积极性。

此外,英美研究型大学还会采取跨学科研讨会、头脑风暴等多种新型课堂教学形式。普林斯顿大学在跨学科教学中广泛采用研讨会的形式,学校邀

---

[1] EPSRC center for doctoral training in connected and Electronic and Photonic Systems. Centre for Doctoral Training[EB/OL].[2021-11-17]. https://www.ceps-cdt.org/.

[2] EPSRC center for doctoral training in connected and Electronic and Photonic Systems. Programme Summary[EB/OL].[2021-12-18]. https://www.ceps-cdt.org/programme.

[3] UCL Global. New UCL-PSL joint research seed funding launched[EB/OL].[2021-12-18]. https://www.ucl.ac.uk/global/news/2018/apr/new-ucl-psl-joint-research-seed-funding-launched.

请各学科的知名学者、各行业的科研专家来校内举行跨学科研讨会，为学生讲述最前沿的跨学科研究问题，扩展学生的学术视野。麻省理工学院的电气工程与计算机科学课程中，部分教师会采用头脑风暴的办法，将课堂交给学生，师生可共同针对某一跨学科问题进行头脑风暴，以此打破学生的固化学科思维，激发学生的跨学科创新思维。① 在当今教育改革创新的背景下，英美研究型大学注重采用多种新颖的课堂方式激发学生的学习兴趣，这对于改变传统的课堂式教学，调动学生的跨学科学习积极性具有重要的意义。

5.2.2 体验式的实践教学方式

英美研究型大学跨学科研究生培养高度注重理论和实践的相互结合，体验式的实践教学是其培养学生的理论运用能力的重要途径。与课堂间接知识的学习不同，体验式的实践教学将学生置于真实的社会情境之中，强调学生发挥主观能动性，在"做中学"。体验式的实践教学主要采用以下三种方式。

一是通过实践课程，让学生在实践课程中体验跨学科领域相关的实践活动。如剑桥大学医学院的跨学科研究生要学习实用实验室研究技能（practical laboratory research skills）这门实践课程，课程的主体内容就是让学生在实验室中动手操作基础的医学研究技术，如 RNA 和 DNA 提取、聚合酶链反应、菌群筛选、细胞培养和转染等一系列常见的研究技术，学生在亲自动手的过程中收获了实践经验。② 伦敦大学学院的医学院也同样为跨学科研究生设计了短期的实践课程——医学研究实用统计学（practical statistics for medical research），让学生通过实际的计算机操作学会研究设计、数据生成和分析、回归分析、样本量计算等基本的统计学技能。③ 斯坦福大学有 18 个跨学科实验室、中心和研究所，通过设置跨学科项目、学位及暑假实习等方式吸纳跨学科研究生参与国际和经济、环境，能源和健康面临的挑战的合

---

① MIT. Course 6: Electrical Engineering and Computer Science IAP/Spring 2020［EB/OL］.［2021-03-15］. http://student.mit.edu/catalog/m6a.html.

② UCL Module Catalogue. Practical Laboratory Research Skills (MEDC0066).［2021-11-18］. https://www.ucl.ac.uk/module-catalogue/modules/practical-laboratory-research-skills/MEDC0066.

③ UCL Statistical Science. Practical Statistics for Medical Research［EB/OL］.［2022-06-15］. https://www.ucl.ac.uk/statistics/psmr.

作实践学习。斯坦福大学的化学、工程与医学促进人类健康研究所（Chemistry, Engineering & Medicine for Human Health, ChEM-H）实施了化学/生物学跨学科博士预科培训计划，为研究生提供跨学科项目研究环境，扩大他们对科学观点和调查技术的实践接触机会，提高他们日后在多学科的研究环境中有效贡献的能力。可以说，实践课程是实践教学的重要组成部分，让学生在实际的参与过程中学会必备的跨学科研究技能。

二是组织田野调查，在实地考察或现场研究之中进行跨学科教学。帝国理工学院的石油地球科学跨学科专业（MSc in petroleum geoscience）的研究生有为期15天的实地教学课程，教师在野外给学生巩固讲授的课程理论知识，让学生在现场考察和勘测，取得了良好的教学效果。① 在新冠疫情期间，师生不便外出开展实地考察，教师还特意为学生准备了虚拟实地考察，严格按照野外工作的时间表，结合虚拟现实技术考察了西班牙的比利牛斯山脉。② 伦敦大学学院的岩石矿物和地球科学、环境变化和地球科学等十余个地球科学领域的跨学科专业，将实地野外考察作为学位课程的必修板块，将野外实训视为一个自然的实验室，锻炼学生在实践中学习如何应用理论，发展他们作为未来地球科学家的技能，同时也培养他们参与团队活动所需的可迁移技能。③

三是采用实验室轮换，跨学科专业的研究生可以在多个实验室轮换开展实践研究。伦敦大学学院的细胞和发育生物学专业（cell and developmental biology），跨学科研究生在入学第一年就需要在三个实验室轮换，轮换周期为三个月，在此过程中接触不同的项目和导师，发展跨学科交流与合作能力。④ 牛津大学细胞结构生物学专业（cellular structural biology）要求学生

---

① Department of Earth Science and Engineering. Postgraduate fieldwork-based teaching[EB/OL]. [2022-11-19]. http://www.imperial.ac.uk/earth-science/prosp-students/pg-courses/petroleum-geoscience-msc/postgraduate-fieldwork-based-teaching/.

② Imperial College London. Imperial geoscientists complete UK's first MSc virtual field trip[EB/OL]. [2021-11-19]. http://www.imperial.ac.uk/news/196961/imperial-geoscientists-complete-uks-first-msc/.

③ UCL Earth Sciences. Fieldwork[EB/OL]. [2022-12-19]. https://www.ucl.ac.uk/earth-sciences/study-here/fieldwork.

④ University College London. Cell and Developmental Biology MPhil/PhD[EB/OL]. [2022-11-19]. https://www.ucl.ac.uk/biosciences/departments/cell-and-developmental-biology/training/cell-and-developmental-biology-phds.

至少在两个不同的实验室之中轮换,轮换周期为五个月。参与实验室轮换的学生指出:"在不同的实验室参与项目研究为我提供了结构生物学方法论方面的优质培训,为我之后开展研究奠定了方法论的基础。"① 华盛顿大学的生物物理&结构和设计(biological physics,structure and design,BPSD)跨学科研究生需在第一年轮换三个 BPSD 实验室,并将从参与的 BPSD 教师名单中选择实验室轮换导师。② 普林斯顿大学的定量和计算生物学(quantitative and computational biology,QCB)跨学科专业的学生须在两个不同的实验室进行研究学习,使他们能够与多个主要研究人员(包括同学、导师)建立密切的知识关系。英美研究型大学通过实验室轮换,推动跨学科研究生适应多个实验室的研究实践,广泛接触跨学科领域的前沿工作,丰富其实践经验,并高效地帮助学生在实践中找到最优的研究方向和研究伙伴。

迈克尔·吉本斯在解释知识生产的应用情景中曾言:"知识探究由具有相关恰当的认知实践和社会实践的、可以指明的共识所引导。"③ 英美研究型大学采取的跨学科实践教学方式符合吉本斯所说的这种知识的实践探究性,顺应了知识生产模式变革理论的要求。除上述三类体验式的实践教学之外,英美研究型大学还安排有其他相关的综合实践教学活动,其核心要义都是塑造一个真实的学习与研究的情景,借助体验式的实践教学实施,让学生从中巩固多学科的理论知识,也能和不同学科专业的同伴和导师共同参与跨学科实践,促使学生在体验中得到锻炼与发展,并提升跨学科团队协作能力。

5.2.3 "寓研于教"的科研训练方式

科研能力是跨学科研究生必须具备的核心能力,英美研究型大学巧妙地将科研能力的训练融入教育教学过程中,形成了独特的"寓研于教"的科研训练方式。"寓研于教"有以下两重含义。

---

① University of Oxford. DPhil in Cellular Structural Biology[EB/OL].[2022-12-20]. https://www.ox.ac.uk/admissions/graduate/courses/dphil-cellular-structural-biology.

② UW Graduate School. Curriculum Requirements[EB/OL].[2022-12-19]. http://depts.washington.edu/bpsd/for-current-students/curriculum-requirements/.

③ [英]迈克尔·吉本斯,卡米耶·利摩日,黑尔佳·诺沃提尼,等.知识生产的新模式:当代社会科学与研究的动力学[M].陈洪捷,沈文钦,等译.北京:北京大学出版社,2011.

其一,"研"指科研训练,"教"指教学,意指通过跨学科课程体系及跨学科教师的教学方法,帮助研究生学会科研思维,掌握科研基本方法,感知科学研究的魅力。这一层含义多体现在跨学科硕士研究生的学习生活中。

以杜克大学数据科学跨学科专业(Master in Interdisciplinary Data Science,MIDS)为例,该校数据科学跨学科硕士学位共有七门核心课程,涵盖统计建模、机器学习、编程、数据整理、文本分析、数据库系统、数据可视化、数据规则、数据伦理以及数据解释等多个关键主题。所有的核心课程和编程都以现实生活中杂乱的数据集为案例,在教学过程中逐渐教会学生如何管理及处理数据集的思路与做法,以确保学生在应对现实生活数据挑战时能够应用类似的科研思路。同时,核心课程还强调整体框架,引导学生学习如何提出"正确的问题",并如何为这些问题寻求可行的答案。① 杜克大学通过这种将研究方法与思维贯穿在教学内容中的"寓研于教"教学方式,不仅能够达到培养跨学科研究生科研能力的教学目标,还能够在实践中培养研究生的科研兴趣,养成其深入思考的习惯,为今后深入开展学术研究奠定基础。

牛津大学目前有超过350个跨学科专业,且每年都在新增新兴领域的跨学科专业,所有的跨学科专业都会给研究生提供持续研究的机会。② 如自主智能机器与系统专业(DPhil in Autonomous Intelligent Machines and Systems)的研究生在第一学年的学习过程中会承担两个为期8~10周的小型项目(mini projects),这种初期的小型项目主要是为了磨炼学生的研究技能,帮助他们探索感兴趣的研究领域和方向,同时项目主管会不断对参与项目的研究生进行评估,确定其是否具备足够的能力开展独立的研究。有了小型项目的"研究演练"之后,从第二学年开始,学生被要求开始独立的个人研究,即在视觉和感知、机器智能、安全传感和驱动等跨学科主题领域内,选择相应的项目研究作为学位论文的研究主题。学位论文主题的选择会在学术导师和项目主管的指导下进行,是跨学科研究型培养过程中最为核心的科

---

① Duke University. Data Science Masters Program[EB/OL].[2022-12-13]. https://datascience.duke.edu/academics.
② University of Oxford. Introducing Our Courses[EB/OL].[2022-11-18]. https://www.ox.ac.uk/admissions/graduate/courses/introducing-our-courses.

研训练教学环节。① 再如伦敦大学学院遗传、进化和环境（genetics, evolution and environment）专业，是依托多个由小及大的项目对学生进行实践科研训练，第二学年学生在三个实验室进行轮岗，每次轮岗三个月，由各个实验室的项目主管监督他们在发育生物学和干细胞生物学的交叉领域之间进行科研训练，第二至四学年开始进行大型项目的选定，在大型的实验设计、工作坊之中进行项目研究，辅以一些研究方法的强化课程，帮助他们更好地适应大型项目的研究。②

利用多层次的跨学科项目开展科研训练教学，是英美研究型大学研究生培养的基本路径之一，项目多围绕复杂的跨学科议题而设置，引导学生参与系列项目开展科研教学是提升跨学科研究能力最为直接的手段。而在实施过程中，英美研究型大学基本都是遵循由小及大的项目科研教学路径，初期的小型项目或者团队协助项目都是为最后选定学位论文的研究项目做铺垫，在渐进式的项目科研训练中培养研究生的跨学科科研能力。

其二，"教"指助教这类工作，培养方案规定，跨学科博士研究生除了课程之外还需要担任一至两学期的助教，以获得实践教学经验。这种方式一方面可以帮助跨学科博士适应教学环境，对将来有意向在高校工作的学生提供体验和实践经验。例如普林斯顿土木与环境工程跨学科博士培养将教学经验视为研究生教育的重要组成部分，要求博士候选人至少协助完成一个学期的课程指导，通过助教的形式对教学阶段有初步的认知。③ 另一方面，跨学科博士生通过在教学过程中的实践和思考以及和同学之间的对话交流，激发新想法、新思路，对研究有更深的理解，有益于找到合适的研究方向。杜克大学计算媒体、艺术和文化（Computational Media, Arts & Cultures, CMAC）学院要求跨学科博士研究生第一年作为助研（research assistant）或助管（graduate assistant），一年后会被指派为助教（teaching assistant），

---

① University of Oxford. Autonomous Intelligent Machines and Systems (EPSRC Centre for Doctoral Fraining)[EB/OL]. [2022-11-18]. https://www.ox.ac.uk/admissions/graduate/courses/autonomous-intelligent-machines-and-systems.

② UCL Division of Biosciences. Genetics, Evolution and Environment[EB/OL]. [2022-12-19]. https://www.ucl.ac.uk/biosciences/departments/genetics-evolution-and-environment.

③ Princeton University Graduate School. Civil and Environmental Engineering[EB/OL]. [2022-12-19]. https://gradschool.princeton.edu/academics/fields-study/civil-and-environmental-engineering.

之后每学年的第一个学期需以助教（或助研、助管）的身份工作。CMAC 研究生主任与本科部主任合作，尽可能地尝试将学生的兴趣与可用的教学相匹配，为跨学科博士的研究提供便利。① 华盛顿大学的生物物理与结构和设计跨学科研究生需担任两个季度的助教，以获得实践教学经验，同时也允许非传统的教学经验，如课程开发或外展教学，重视跨学科博士的研究能力和创新能力的培养。②

"寓研于教"的科研训练方式最值得称道之处在于，其将跨学科研究生的培养置于科研实践的大环境中，通过安排巧妙的教学内容，以及提供具体的教学助理职位，在实践中锻炼研究生的跨学科研究能力和职业发展技能，既能够帮助研究生在实践中寻找跨学科研究的创新点，又能够为其将来的职业选择和职业发展做好相关准备。一般来说，英美研究型大学"寓研于教"的科研训练是由浅入深、由小及大的，在循序渐进的科研规训中锻炼研究生独立开展跨学科研究的能力，为后续毕业论文的项目选定奠定了基础。而且这些纳入训练计划的跨学科项目往往与社会实际问题紧密相连，与知识生产模式变革理论提出的"应用情景中的知识生产"相符合，每个具体的科研项目代表一个真实的应用情景，在参与项目中研究生建立与同辈、导师、行业科研人员之间强有力的跨学科联系，这可以帮助研究生树立严谨的科研态度，拓展研究视野，使研究生在毕业后能充分利用高水平的研究技能解决学科领域的复杂挑战。

5.3　运用完善的评价考核机制

知识生产模式变革理论认为，现代知识生产的一大特征就是具备"质量控制"的特征，即需要不断拓宽对学科和研究开展质量评估的基础，吸引多方利益主体参与评价，关注学术本身及其带来的社会效应。对跨学科教育活

---

① Duke University. Teaching, Grading, and Research Assistantships[EB/OL]. [2022-12-24]. https://sites.duke.edu/computationalmedia/ph-d-program/phd-requirements/teaching-grading-and-research-assistantships/.

② UW Graduate School. Curriculum Requirements[EB/OL]. [2022-12-19]. http://depts.washington.edu/bpsd/for-current-students/curriculum-requirements/.

动开展及时、有效的评价是跨学科人才培养质量的重要保证，也是英美研究型大学的共识。加州大学伯克利分校的副校长兼教务长阿里维萨索斯认为，在跨学科教育中，有效的跨学科教育评价必不可少，它既是学校对跨学科教育的必要控制保证，也是对参与教育活动的所有人员的责任性行为，本校的跨学科教育评价对参加跨学科人才培养活动的各方都是一种有效的沟通措施。[①] 英美研究型大学在对跨学科研究生培养效果进行考查时注重吸引多方主体参与，采取多重考核标准，利用多种考核方法，这与"质量控制"这一特质相吻合。这种来自多方面多维度的评价考核机制，能够更加客观且全面地考查跨学科研究生培养的成效，为完善跨学科研究生培养体系提供了重要的依据。

5.3.1 多主体参与评价

英美两国都是十分注重教育评价的国家，社会各界都高度关注高等教育人才培养的质量。对于跨学科研究生人才培养来说，参与评估的主体主要来自学术界、工业界和政府这三个方面，各自的代表分别是研究型大学、雇主和资助组织。

首先，研究型大学是跨学科研究生培养体系的建构者，主导着跨学科人才培养的全过程，是最直接的跨学科人才培养评价主体，扮演着最主要的评价角色。英美研究型大学整体上都建立了一套适用于所有学生的评估体系，主要对考试和学位论文的考核作了大体的要求，而跨学科人才培养的评价往往更加复杂，各具体跨学科培养单位对相应的跨学科专业又有各自的评价体系。如剑桥大学的拉丁美洲研究中心（Centre of Latin American Studies）就指出，对跨学科专业的研究生评估标准和过程会更加严格，会更加突出强调对于创新性的评估。[②] 牛津大学要求其各学部分管跨学科教育的委员会按照其学部的校历定期开展跨学科人才培养评价，评价范围可涉及每个人才培养

---

① UCB. Chey Institute for Advanced Studies Scientific Innovation Conference[EB/OL]. [2022-12-21]. https://youtu.be/z4NXkhODyj8?t=1376.

② Postgraduate Admissions. MPhil in Latin American Studies[EB/OL]. [2022-11-23]. https://www.postgraduate.study.cam.ac.uk/courses/directory/polamplas.

的环节。① 普林斯顿大学的校长、教务长授权其教务办公室制定关于跨学科人才培养评价的规定，具体包括学生体验、合作提升、学业成绩、研究能力、创新思维等多个方面的评价。②

英美研究型大学为了保证跨学科研究生的培养质量，一是对跨学科研究生实行分级管理。以密歇根大学电气与计算机工程跨学科专业博士研究生的评价考核要求为例，由于密歇根大学实行分级管理，即拉克哈姆研究生院主要发挥统筹作用，对于普通博士学位有着基本要求，包括博士研究生需完成36个课程学分、博士资格考试需在第二年或第三年完成等；相关学院根据专业需求设定具体的考核要求，电气与计算机工程学院对于博士研究生的考核分为五步，第一步为完成博士课程，并要求在专业领域外获得6学分（通常为两门课程），课程成绩GPA必须达到3.0才能获得学位；第二步，参加并通过博士资格候选人考试；第三步，成为博士候选人；第四步，完成论文开题；第五步完成论文，六年内完成即可毕业。③ 二是重视评价的合理性。在考核过程中，由于跨学科教育的特殊性，英美研究型大学都非常重视评审人员的多样性，以确保跨学科学生的成果被合理评价。例如，华盛顿大学研究生院要求委员会由至少4名成员组成。其中一位是学生顾问，另一位是研究生院代表，其余成员通常由学位授予部门安排。考试的目的不仅是批准研究课程，还要评估学生识别研究领域的能力，规划必要的实验，预测和分析潜在的问题。④ 杜克大学博士学位委员会由至少4名，通常是5名经批准的研究生院教师组成，该委员会包括3名相关学科的教师成员和1名与学生研究领域相距较远的学科教师。委员会主要职责是为给跨学科学生的研究和论文的研究课题提供建议。⑤ 各个跨学科培养主体有着各自独立的评估话语权，

---

① University of Oxford. Strategy 2020[R]. Oxford: Oxford University Press, 2019: 362-365.
② Princeton University. Princeton University Strategic Framework[R]. Princeton: Princeton University Press, 2016: 138-141.
③ University of Michigan. Graduate Programs Admissions[EB/OL]. [2021-12-29]. http://eecs.umich.edu/eecs/graduate/ece/forms/ECE-Grad-Manual.pdf.
④ University of Washington. General Exam[EB/OL]. [2021-12-09]. http://depts.washington.edu/bpsd/for-current-students/general-exam/.
⑤ Duke University. Chapter 9 Doctoral Programs[EB/OL]. [2021-12-29]. https://gradschool.duke.edu/sites/default/files/documents/dgs_manual_ch09.pdf.

相同之处在于他们对跨学科人才培养的评估往往都相对严格。

其次，跨学科教育培养的研究生最终要面向人才市场，满足雇主对于创新型人才的需求，因此，雇主是跨学科人才培养质量评估不可或缺的主体。雇主参与评估的主要目的是选拔优秀的毕业生任职，除了学术能力外，还比较关注学生的非学术性能力，包括团队合作、创造力、沟通能力、组织能力、时间管理和解决问题的能力等方面。帝国理工学院为了方便雇主参与跨学科人才评价，为其搭建了专项的评估中心，雇主通过小组讨论、案例探究、实际任务、角色扮演和小组陈述等系列方法考查学生的综合素养。[①] 雇主属于培养体系之外的主体，能够更加公正客观地对跨学科研究生的培养成效给予评价，尤其是对跨学科人才的各项非学术性能力进行有效监测。

最后，参与跨学科资助的政府机构、社会组织等也是跨学科人才评价的重要主体之一。伦敦大学学院的能源研究所（Energy Institute）是一个跨越自然科学、工程学和社会科学的典型跨学科机构，英国工程和自然科学研究理事会每年都会资助一定名额的跨学科博士生在该研究所进行跨学科学习，而对于最终这些博士生取得的跨学科学习的成效，工程和自然科学研究理事会也会参与人才培养质量的评价。[②] 斯坦福大学的卡弗里粒子天体物理学与宇宙学研究所（Kavli Institute for Particle Astrophysics and Cosmology，KIPAC）致力于粒子技术的跨学科研究，与硅谷的14家高新技术研发企业保持着密切合作，从中获得了不菲的资助。资助主要被研究所用于跨学科研究及跨学科教育，其跨学科研究及教育质量也接受资助企业的监督，其结果会影响到后续的资助情况。政府机构、社会组织的参与丰富了跨学科研究生培养的主体，有助于研究型大学形成更加科学的评估机制，促使其更加重视跨学科研究生培养的质量。

吉本斯在解释知识生产模式变革理论的"质量控制"这一特性时指出，评价体系不应该局限于同行评议，而是要反映出更加广泛的社会构成，这是

---

① Imperial College London. Assessment Centres [EB/OL]. [2021-11-25]. https://www.imperial.ac.uk/careers/applications-and-interviews/assessment-centres/.

② Center for Doctoral Training in Energy Demand. Program Summary [EB/OL]. [2021-11-23]. http://www.lolo.ac.uk/programme-summary/.

一种更加综合的、多维度的质量控制。① 英美研究型大学联合雇主、政府、社会组织共同参与跨学科人才培养评价，完美契合了吉本斯的这一观点，三者分别从各自的角度出发评估跨学科人才培养的质量，形成了更加全面、综合的评价视角，使评价结果更加客观真实。多主体共同参与评价也畅通了跨学科人才培养工作和社会的沟通渠道，符合系统理论的论述，研究型大学内部的跨学科教育活动和外部的社会组织共同形成了有机的评价系统。

5.3.2 多元化的评价标准

跨学科研究生教育的主要任务就是解决社会复杂难题，这要求高校最后输出的是能够创造性地运用多学科知识解决重大问题的创新型人才，因此，英美研究型大学的跨学科研究生教育始终坚持严格要求，在坚持选拔创新型人才的原则上，合理制定了多元化的评价标准，综合考查学生对多学科知识的掌握和理解能力、研究方法的运用能力及利用创新思维解决问题的能力。

其一，针对各类跨学科课程设立的评价标准。以伦敦大学学院斯拉夫语和东欧研究学院（School of Slavonic and East European Studies）为例，该学院提倡利用跨学科的区域教学方法来培养研究生，在设置跨学科研究生课程或研究评分标准时，分为学科知识、分析和解释、结构和论点、课堂汇报、研究技能、语言熟练程度六个模块进行了分别的设置，将评价标准划分为卓越、优秀、良好、及格和失败五个档次，每个档次又有各自相对应的标准。比如当一个学生拥有大量的词汇知识，能够准确翻译长难句，并能够对翻译的内容进行合理总结时，他的评价基准就会是80分以上，所对应的档次是卓越。②

而研究生院和培养学院设立互相补充的评价标准，则是英美研究型大学的通常做法。以密歇根大学金融与风险管理、应用与跨学科数学两个跨学科硕士学位的为例，其管理与考核详情见表5.4。

---

① ［英］迈克尔·吉本斯, 卡米耶·利摩日, 黑尔佳·诺沃提尼, 等. 知识生产的新模式：当代社会科学与研究的动力学［M］. 陈洪捷, 沈文钦, 等译. 北京：北京大学出版社, 2011.

② UCL School of Slavonic and East European Studies (SSEES). Postgraduate Marking Criteria[EB/OL]. [2021-12-11]. https://www.ucl.ac.uk/ssees/node/6131.

表5.4 密歇根大学研究生院跨学科硕士学位分级管理与考核

项目	拉克哈姆研究生院	金融与风险管理跨学科硕士学位	应用与跨学科数学（AIM）硕士学位
课程及考核	24~72学分；符合学术规定，遵守学术诚信	4个层次的专业核心课程（24分）+学生自主选择特定领域的选修课（12分）+每周1次的金融数学研讨会；须在3个学期内修满36学分	9门常规课程（27学分）+学生研讨会（2学分）+其他研究生课程，共计31学分；常规课程中应包括5门AIM核心课程，2门指定的合作伙伴领域或数学领域之外的课程；除研讨会外，其余课程成绩须B以上，平均成绩B+
学位授予	学分修满；毕业论文合格；教师批准；符合毕业条件方可授予学位	提供授予学位资格的相关资料	提供授予学位资格的相关资料

资料来源：根据拉克哈姆研究生院及跨学科研究生培养院系相关规定。

密歇根大学拉克哈姆研究生院规定跨学科研究生的毕业学分、基本要求，而具体的跨学科研究生培养学院则根据培养目标、内容和方式的不同，制定详细的考核标准。

其二，针对跨学科实践项目和科研训练设立的评价标准。牛津大学无机化学（inorganic chemistry）专业是跨越分子、纳米和材料化学领域的跨学科专业，该专业的研究生在参与科研训练时是以群组的方式进行的，每12名研究生为一个群组，群组在参与跨学科科研训练时，会得到来自项目主管、导师、行业领域相关学者的共同指导，因此在对他们的科研训练的效果进行评价时，学生也会被要求从多个方面展示他们的学习成效，包括撰写项目报告、小组论题展示和实际动手解决问题，[①] 评价标准既注重理论知识方面的成长，也兼顾项目研究的实效。剑桥大学电子与光子学（electronic &

---

① Univeristy of Oxford. Inorganic Chemistry for Future Manufacturing（EPSRC Centre for Doctoral Training）[EB/OL]. [2022-02-20]. https://www.ox.ac.uk/admissions/graduate/courses/inorganic-chemistry-future-manufacturing.

photonic systems）专业在对科研训练进行评估时，主要通过模拟实验考查学生光电实验和建模的能力，同时要求学生就项目研究成果在研讨会上做公开的报告，① 评价标准既关注跨学科研究的技能和成效，也注重考核其是否具备良好的语言组织能力和临场应变能力等。密歇根大学的研究生证书项目是一种非学位证书项目，旨在鼓励研究生参与感兴趣的学术研究课题，例如纳米科学与技术专业的研究生证书项目，它提供一个交叉学科的证书课程，帮助生物学科的学生进行现代纳米技术研究，并帮助物理学科的学生进行现代生物研究，从而更广泛地丰富纳米科学与技术专业。研究生证书项目的学习年限最长为4年，要想顺利结业，学生必须完成至少9个学分的课程作业和与该证书项目目标相关的经验课程，如实习、研究等，或者选择3个学分的选修课，平均成绩不低于B。② 这些项目为学生创造了一个多学科学习的环境，有效满足了研究生的多样化学习与个性化发展需求。

其三，针对学位论文的审核要求所设置的评价标准。牛津大学的人类学和博物馆民族志学院（School of Anthropology & Museum Ethnography）针对学院内的四个跨学科研究生专业的学位论文分别出台了相关的评价标准文件，评价的标准公开透明，这不仅是教师对论文进行打分的重要参照标准，而且也是学生撰写学位论文的"指南针"。③ 以认知和进化人类学（cognitive & evolutionary anthropology）跨学科硕士专业为例，为了能有效地检测学生利用认知和人类学的知识发现问题并进行原创性研究的能力，评价标准的设置依据三个原则：一是对跨学科知识的理解和批判性认知；二是提出一个明确可研究的问题，并酌情提出可检验的假设；三是在合理总结现有研究的基础上提出原创性的研究。在这三个原则的指导之下，学校设置了多元化的评价指标，主要包括研究问题是否具备现实意义、对跨学科知识的运用程度、

---

① University of Cambridge. EPSRC CDT MRes + PhD in Connected Electronic & Photonic Systems [EB/OL]. [2022-12-21]. https://www.postgraduate.study.cam.ac.uk/courses/directory/egegpdpsd/study.

② University of Michigan. Academic Dispute Resolution Policy and Procedures [EB/OL]. [2022-04-20]. http://www.rackham.umich.edu/current-students/policies/academic-policies/section.

③ School of Anthropology & Museum Ethnography. Examination Conventions: MSc in Cognitive & Evolutionary Anthropology [EB/OL]. [2022-12-11]. https://www.anthro.ox.ac.uk/examination-conventions-and-marking-criteria.

是否批判性地看待和分析问题、论证过程是否客观、是否具有创新的观点和研究方法、论文结构是否完整、语言组织是否流畅这七个方面的指标，同样依据各项标准的达成情况将学位论文划分成不同的档次。[①]

英美研究型大学在对跨学科研究生进行评价时，会从跨学科课程、科研实践训练、学位论文等多方面出发，分别设定相应的评价标准，有的放矢地评价跨学科研究生在各个方面的表现力。具体来看，各个方面的评价标准也非唯一，比较注重由学科知识、各项综合能力和创新思维能力出发，结合学习要求从多个方面选定评价标准，全面客观地评价跨学科研究生的真实学习水平。这与自由教育理论对知识、智力和情感全方面发展的完人追求类似，多元化的评价标准也是从多方面考查跨学科人才培养质量，为培养具备综合素养的复合型人才提供科学的尺度。

5.3.3 多样化的评价方法

由于跨学科教育需要采用课程、讲座、研讨会、实验室、科研项目等多种教学方式，因此，与之相对应的考核评价方法也是多元的，从多侧面、多角度考评跨学科研究生的学习成效。具体而言，在不同的教学语境中可能会单独使用某种评价方法，也有可能综合运用多种评价方法。

通过对牛津大学生物医学（synthesis for biology and medicine）、剑桥大学的人口健康科学（population health sciences）、帝国理工学院的生态系统和环境变化（ecosystems and environmental change）、伦敦大学学院的计算机金融（computational finance）、伦敦政治经济学院的数据网络与社会（data，networks and society）五个跨学科研究生专业进行研究，发现英国研究型大学对跨学科专业的研究生的评价方法十分多元，包括课堂作业、课堂汇报、学术海报、项目研究报告、实习报告、口头测验、考试、学术论文等多种形式（详见表 5.5）。这些评价有些是形成性评估，旨在帮助教师监控学生的学习状况，帮助学生识别自己的优势和劣势，为后续的学习提供反馈意

[①] School of Anthropology & Museum Ethnography. Examination Conventions：MSc in Cognitive & Evolutionary Anthropology［EB/OL］.［2022-05-27］. https://www.anthro.ox.ac.uk/sites/default/files/anthropology_examination_conventions_-_cea_new_tt20.pdf.

见，这类分数不会对学位获取产生影响；而有些评价则是总结性评估，一般需要完成较为正式的书面报告和学术论文，其分数最终会影响学生获取的学位等级。

表 5.5　英国研究型大学跨学科研究生评价方法

跨学科专业	评价方法
牛津大学生物医学	课程论文、小组展示、个人汇报、口头测验、项目研究报告
剑桥大学人口健康科学	课程论文、课堂作业、小组展示、课堂汇报、学术海报、文献综述
帝国理工学院生态系统和环境变化	课堂作业、课堂汇报、学术海报、口头测试、课程论文
伦敦大学学院计算机金融	课堂作业、课程论文、考试、项目研究报告
伦敦政治经济学院数据网络与社会	课程论文、案例分析报告、个人汇报、课堂论文

资料来源：University of Oxford. Synthesis for Biology and Medicine（Centre for Doctoral Training）[EB/OL]．[2021-12-02]．https：//www.ox.ac.uk/admissions/graduate/courses/synthesis-biology-and-medicine.

University of Cambridge. MPhil in Population Health Sciences[EB/OL]．[2021-12-02]．https://www.postgraduate.study.cam.ac.uk/courses/directory/cvphmpphs/study.

由于跨学科教育的特殊性，对跨学科研究生进行多角度多方面的考核是非常必要的。通过多元化的考核方式，不仅能公正客观地对跨学科研究生进行评价，也能从不同的评价视角挖掘跨学科研究生不同方面的研究潜力。分析哈佛大学生物力学、康奈尔大学跨学科生物地球化学与环境、麻省理工学院计算和系统生物学、杜克大学仿生学材料与材料系统中心跨学科研究生培养的考核方式，可以发现这些研究型大学采用了课程考核、实验室报告、讨论会报告、实习报告、论文等多种方式进行综合考核，详细内容见表 5.6。

表 5.6 美国四所研究型大学跨学科研究生培养项目考核方式

项目名称	哈佛大学生物力学	康奈尔大学跨学科生物地球化学与环境	麻省理工学院计算和系统生物学	杜克大学仿生学材料与材料系统中心
考核方式	课程考核、实验室轮转报告、讨论会考核、论文	课程考核、实验室实验报告、实习报告、论文	课程考核、学术讨论会报告、资格考试、论文	课程考核、小组讨论报告、资格考试、实验考核、论文

资料来源：根据各校官网资料整理而成。

具体以麻省理工学院计算和系统生物学为例，该跨学科项目对于博士生的考核分为以下几个方面。首先，需要完成课程作业，修满规定学分；核心课程共计 36 学分，包括三门课程和三个研究组的研究轮换；另外还需选修四门高级选修课。其次，通过对学术讨论报告会的研究论文进行评审，考核学生的学习能力和研究能力；第二年结束或第三年开始时，对学生设置博士候选资格的考试，包括笔试、口语考试和资格考试。笔试为学生根据论文研究准备研究提案，并将提案提交给审查委员会，该过程为之后的论文研究提供了坚实的基础；口语考试基于所学的课程和相关的出版文献；资格考试旨在开发和展示选定领域（论文研究领域）的深度以及计算和系统生物学领域的广泛知识。最后，论文研究及答辩环节，研究将在教师的监督下进行，研究生院会为跨学科博士生组建一个论文咨询委员会，其成员将每年与跨学科研究生见面，监督与解答论文相关问题，最终在论文答辩委员会面前提交书面论文并进行口头答辩，所有考核皆通过即可申请跨学科博士学位。[①]

值得一提的是，不同学校的某些跨学科专业或项目，往往会有独特的考核方式。伦敦大学学院的许多跨学科研究生专业创建了许多十分新颖的评价方法，如发展心理和临床实践专业（MSc in developmental psychology and clinical practice）要求学生以小组为单位，拍摄与心理学相关的角色扮演的

---

① Massachusetts Institute of Technology. Computational and Systems Biology[EB/OL]. [2022-12-22]. http://catalog.mit.edu/interdisciplinary/graduate-programs/computational-systems-biology/.

视频，通过评价视频的内容来评估学生。①再如其流行病学和卫生保健研究所（Institute of Epidemiology and Health Care）的多个硕士研究生的跨学科专业是为致力于解决21世纪主要卫生和健康领域的挑战而最新设立的，相应地也为这些跨学科专业创建了一种新的评估方法——电子研究日志（electronic research log），记录学生在学习过程参与的重要学术会议、研究训练、实践经验等方面的情况，最后通过对电子日志中的内容进行审核，评估学生对相关学术和项目技能的掌握程度，作为其申请博士学习的重要参考依据。②麻省理工学院是全世界范围最重视学生跨学科研究参与的高校之一，在每一期研究工作结束后，学生所在的项目组的办公室或责任人都会对学生进行实验考试，让学生选择单人或者合作的形式独立完成规定的实验任务，并在此过程中对其打分及评级。③卡梅隆大学要求参加跨学科项目的学生在毕业之前与学术咨询中心联系，选择导师对其进行论文或设计指导，其论文内容应该有关学生所参与的跨学科学习，说明其在本质上是跨学科的，并提交报告阐明学生期望通过跨学科研究而完成的工作，论证其跨学科研究的合理性。密歇根大学电气工程与计算机科学（electrical engineering and computer science，EECS）专业对于跨学科博士研究生的修业年限有不同的安排，要求持有学士学位的EECS博士课程的学生在第三年成为博士候选人，并且强烈建议他们在五年内完成学位；持有硕士学位的学生在第二年成为候选人，并强烈建议他们在四年内完成学位。此种方式通过对修业年限的要求，对跨学科学生的研究能力和学习能力进行了评价。

总的来说，英美研究型大学在评估跨学科研究生培养的成效时，往往会采取课程论文、个人或小组汇报、考试等多种评价方法，多种方法相结合能够更加全面地考查学生在知识、技能和情感多个方面的学习收获程度。而随着跨学科教学实践的不断深入，许多跨学科专业或是依托自身的学科特色，

---

① University College London. Filming Role-played Mental Health Consultations for Assessment[EB/OL]. [2021-12-12]. https://www.ucl.ac.uk/teaching-learning/case-studies/2013/aug/filming-role-played-mental-health-consultations-assessment.

② Institute of Epidemiology & Health Care. Supervision and Training[EB/OL]. [2022-12-22]. https://www.ucl.ac.uk/epidemiology-health-care/study/research-degrees/research-degree-epidemiology-and-health-care/supervision-and-training.

③ MIT. Minor in Energy Studies [EB/OL]. [2022-03-10]. http://catalog.mit.edu/interdisciplinary/undergraduate-programs/minors/energy-studies/.

或是利用便利的互联网技术创建了许多新型的评价方法,以确保对跨学科人才培养的结果评价更加科学全面。

5.3.4 严格的淘汰机制

为了保证跨学科研究生的培养质量,英美研究型大学采用了严格的评价考核机制,对于不符合要求的研究生直接淘汰,因此在一定程度上控制了毕业率。英美研究型大学的跨学科人才淘汰机制主要通过其成绩分级制度来实现。帝国理工学院的航天工程与技术专业是一个典型的跨学科专业,该专业要求其学生从本科学习的第二年开始,对其进行学习等级评价,共分为四个等级,从低到高分别是 A、2A、3A、4A,每个学生只有在得到至少 3A 的评价之后才可以进入下一阶段的学习,否则需要通过补考、补修、增加选修等方式来满足要求。[①] 麻省理工学院的综合设计与管理跨学科计划,要求研究生在整个课程中保持 4.0 或以上的累积平均分,低于 4.0 的学生下学期将不能继续注册跨学科项目。[②] 杜克大学跨学科博士生的成绩分为 A(优秀)、B(良好)和 C(满意)三个等级,博士研究生必须在每门课程评价中保持 B 等级或以上才能继续学习。[③] 华盛顿大学(University of Washington,UW)按照学生的考试成绩将其从高到低划分为 A、B、C、D 四个等级,对于未达到 B 级的学生学校有权取消其学位,或是做留级处罚,[④] 跨学科学生在参加博士资格考试中若书面或口头部分表现不充分,委员会可要求对该部分进行复审,或者决定撤销该生对于跨学科项目的继续注册机会。[⑤]

---

① Imperial College London. MEng Aeronautical Engineering[EB/OL].[2022-03-11]. https://www.imperial.ac.uk/study/ug/courses/aeronautics-department/aeronautical-engineering/.

② Massachusetts Institute of Technology. IDM - Curriculum & ID Lab[EB/OL].[2021-11-08]. https://idm.mit.edu/about/curriculum/.

③ Duke University. Grading and Evaluation [EB/OL].[2020-12-29]. https://sites.duke.edu/computationalmedia/ph-d-program/phd-requirements/grading-and-evaluation/.

④ University of Washington. UW Biological,Physics,Structure and Design. General Exam[EB/OL].[2021-12-17]. http://depts.washington.edu/bpsd/for-current-students/general-exam/.

⑤ UW Biological Physics,Structure and Design. General Exam[EB/OL].[2021-11-09]. http://depts.washington.edu/bpsd/for-current-students/general-exam/.

同时，通过对研究型大学的毕业率进行研究，可发现跨学科研究生的考核极其严格，与非跨学科专业的毕业率不可同日而语。密歇根大学的常务副校长丽贝卡·坎宁安认为，密歇根大学在跨学科教育方面具有严格的管理办法，这是密歇根大学跨学科人才培养和研究活动得以成功的关键，通过人才淘汰机制，教师和学校管理者可以更好地发现教育活动存在的不足并及时改进。① 密歇根大学在2015—2016年间，获得STEM领域跨学科博士学位的学生占该领域毕业总人数的3%，获得硕士学位的仅占1%。② 近五年来，生物信息学专业平均每年招收16名学生，但每年仅有9人最终拿到了跨学科硕士学位。与非跨学科研究生毕业所需时间进行对比，如化学专业的硕士生1～2年毕业的比例可达100%,③ 而生物信息学专业能在1～2年完成硕士学位的人数仅有77%，91%的跨学科专业学生需要3～4年才能全部完成跨学科专业的毕业要求。④ 博士研究生的淘汰率比硕士研究生的更高，密歇根大学应用与跨学科数学专业近五年年平均招收的9名学生中有8人顺利拿到硕士学位，⑤ 近五年年平均招收的35名学生中却只有6人顺利拿到博士学位。杜克大学在生物与生物医学科学、工程、人文学科、物理科学和社会科学五类学科中，跨学科博士研究生的毕业率分别为81%、78%、77%、81%、76%，其余未达到毕业要求的学生只能拿到硕士学位或分流到其他项目，抑或是肄业。⑥

---

① The University of Michigan. Federal Research Reports: Week of March 25th - March 29th[R]. Ann Arbor: The University of Michigan Press, 2018: 3-6.

② Tammy Bimer. Chapter 5 Graduate Academic & Professional Degree Students[EB/OL]. [2019-11-09]. http://obp.umich.edu/wp-content/uploads/almanac/Almanac_Ch5_Sept2018.pdf.

③ University of Michigan. Master's Program Statistics - Chemistry[EB/OL]. [2021-11-29]. https://secure.rackham.umich.edu/academic_information/program_statistics/masters/program.php?id=Chemistry.

④ University of Michigan. Master's Program Statistics - Bioinformatics[EB/OL]. [2021-11-29]. https://secure.rackham.umich.edu/academic_information/program_statistics/masters/program.php?id=Bioinformatics.

⑤ University of Michigan. Master's Program Statistics - Applied and Interdisciplinary[EB/OL]. [2021-11-29]. Mathematicshttps://secure.rackham.umich.edu/academic_information/program_statistics/masters/program.php?id=Applied+%26+Interdisciplinary+Mathematics.

⑥ Duke Graduate School. All Departments: PhD Completion Rates Statistics[EB/OL]. [2021-12-17]. https://gradschool.duke.edu/about/statistics/all-departments-phd-completion-rates.

严格的淘汰机制是跨学科研究生培养评价考核机制中的关键环节，英美研究型大学通过对质量不合格学生的毕业限制与分流，调动了学生跨学科学习的主动性，确保了跨学科教育的培养质量。与此同时，跨学科研究生的学习体现出高压力与高要求并存的特点，唯有时刻不松懈与精益求精才能在严酷的淘汰机制中存活下来。

5.4 本章小结

本章探讨了英美研究型大学跨学科研究生的培养方式，主要从招生选拔方式、教育教学方式和评价考核三个方面介绍了其具体的做法，发现注重培养过程中方法的运用是其跨学科研究生培养取得卓越成效的突出特点。分析英美研究型大学培养兼具跨学科知识和综合素养的研究生所采取的方式，总体来说具有以下亮点。

首先，形成了科学完善的招生选拔机制。从多个方面考查申请者的综合能力，并对申请的标准做出了严格而细致的规定，这是由于跨学科学习的难度一般大于普通的研究生教育，所以在选拔环节设置了层层关卡，从各个方面综合考量，以便优中选优。而在严苛的选拔机制的基础上，英美研究型大学将选拔范围放眼到全世界，注重招收不同文化、学科和身份背景的学生，为跨学科研究生培养招揽了多样化生源，有助于学生跨学科创新思维的发展。

其次，创设了与跨学科研究生培养相适应的教育方式。英美研究型大学跨学科研究生的教育方式基本上与其培养内容相一致。其一，在课堂教学上采取合作化的方式，广泛地汇集校内外的优势学科资源，这与其培养内容的跨学科性息息相关。其二，在课堂教学之外，充分利用实际的跨学科科研项目着力培养学生独立解决问题的能力，并结合体验式的实践教学强化学生动手实践能力，这些教学方式与培养内容注重科研实践、以问题为中心相呼应，也体现了对可迁移技能的重视。

最后，设置完善的评价考核机制监测跨学科研究生培养的成效。英美研究型大学的评价考核机制总体呈现多方参与、多维评价和多种方式的特点。其一，评估的主体来自学术界、工业界和政府部门，内外结合，保证评估的结果客观真实。其二，针对跨学科课程、跨学科科研训练和学位论文等，分别设置了不同的评估标准，全面综合地考核跨学科研究生的知识和能力。其三，针对不同培养内容采用多种评价方法，注重形成性评价和总结性评价相互结合、配合使用。其四，采用了严格的淘汰机制，主要通过其成绩分级制度来实现。淘汰不符合要求的研究生，在一定程度上降低了毕业率，但确保了培养质量。无论从主体、标准还是方式上来看，英美研究型大学的评价机制都呈现出多元化的倾向，这也是"质量控制"这一特征在评价领域的重要体现。

英美研究型大学在跨学科研究生培养的起点、过程和结果三个阶段，形成了一套行之有效的培养方式，保证了跨学科人才培养的成效，其做法值得我国高校参考借鉴。

第 6 章

英美研究型大学跨学科研究生培养的保障机制

众所周知，跨学科研究生培养的顺利开展离不开一系列的保障机制作为基础，正如系统理论的创始人贝塔朗菲所主张的"非加和定律"，即各要素之间的直接相加不一定等于整体，可能大于整体也可能小于整体。在跨学科研究生培养体系中，若缺少了保障机制这一重要因素，那么整个培养体系的运营将无法达到最佳效果。因此，英美研究型大学通过制度保障、师资保障、经费保障和平台保障等多个重要环节的完善，为跨学科研究生提供了可持续发展的培养环境，这对英美国家培养高层次复合型创新人才有着十分重要的意义。

6.1 跨学科研究生培养的制度保障

知识生产模式变革理论认为，知识生产的需求来自国家政府、社会组织和高校自身等各种社会主体面临的现实问题，体现出的"异质性"也要求各方主体参与其中，因此在构建跨学科研究生培养的保障机制之时，也需要多方主体参与。事实上，英美研究型大学的跨学科研究生培养是一项系统繁杂的工程，所培养的复合型创新人才关涉多方的利益，为此，主要利益相关者在跨学科研究生培养上出台了相应的制度保障。

6.1.1 联邦政府出台相关支持政策

开展跨学科研究生培养，是英美国家解决复杂性社会难题、增强其核心竞争力及建设科技领军人才队伍的战略举措。英美两国的联邦政府从国家层面对跨学科人才的教育培养给予了极大的关注，同时陆续出台了相关的政策制度来推进跨学科人才培养，支持设立各类跨学科项目，从国家层面给予研究型大学开展跨学科研究生培养以有力支撑。

20世纪英国联邦政府就开始意识到培育跨学科人才对于推动国家经济社会发展的重要意义，在宏观上不断强化政府对跨学科教育工作的支撑作用。英国高等教育研究会（The Society for Research into Higher Education）为推动英国的跨学科教育工作，在1975年主办了欧洲"教育中跨学科课程研讨会"，1981年还与联合国教科文组织一起举办了"高等教育中的跨学科研讨会"，这些都在很大程度上推动了跨学科人才的教育和储备工作。英国联邦教育部在其教育战略设计中，把跨学科人才培养视为重要的战略举措，鼓励高校开展一切形式的跨学科教育探索，培养学生的跨学科创新思维和能力。① 英国研究理事会顾问委员（Advisory Board of the Research Councils）出台了《自然科学基础战略》这一报告，报告指出，经调查发现跨学科领域是最能产生研究成果的地方。该结论直接导致了英国政府连续三年在研究型大学增设跨学科研究中心，为跨学科研究生培养提供了强有力的硬性条件。② 在牛津大学和剑桥大学设立的纳米技术跨学科研究中心是一个最为典型的例子，该中心主要进行生物纳米技术方面的跨学科研究，吸引了两校大批的研究生在其中接受跨学科教育，参与跨学科研究。在即将迈入21世纪之时，为了满足对于知识和科技创新型人才的需求，英国联邦政府在20世纪90年代末接连发表了《高等教育框架》和《21世纪的教育和训练》教育白皮书，指出英国高等教育要开始注重现代科学技术的教育，倡导文理并重，重视开展综合教育培养跨学科人才，实施宽口径的人才培养理念促进复合型人才的培养。③ 除了在政策层面对跨学科人才培养进行引导之外，联邦政府还从宏观

---

① Department for Education - GOV. UK. Joint foreword from the Secretary of State for Education and the Secretary of State for International Trade[EB/OL]. [2022-08-10]. https://www.gov.uk/government/publications/international-education-strategy-global-potential-global-growth/international-education-strategy-global-potential-global-growth.

② 陈艾华，邹晓东. 英国研究型大学提升跨学科科研生产力的实践创新——基于剑桥大学卡文迪什实验室的分析[J]. 自然辩证法研究，2012，28（8）：54-58.

③ 李兴业. 美英法日高校跨学科教育与人才培养探究[J]. 现代大学教育，2004（5）：71-75.

层面给予了实际的支持，2009年英国政府宣布投资 3.4 亿英镑在 24 所英国研究型大学设置 70 余个博士培训中心（Centers for Doctoral Training），牛津大学和剑桥大学分别有 6 个，帝国理工学院和伦敦大学学院分别有 7 个，这些中心均为了促进航天、生物、医药等重要行业领域的跨学科教育，培养能迎接并解决未来社会复杂问题的复合型人才。①

美国联邦政府为了鼓励研究型大学大力培养跨学科人才，也相继颁布了一系列政策，引导与资助各类跨学科项目，在宏观层面上保障了跨学科研究生培养的顺利进行。1986 年美国白宫科技政策办公室（Office of Science and Technology Policy，OSTP）发表《关于美国学院和大学健康发展的报告》，指出联邦政府应鼓励大学建立跨学科研究中心来解决国家的问题。然而，大学由于经费紧张，无法轻易地开展跨学科研究，因此联邦政府应该为大学跨学科研究的发展提供经费支持。在这一时期，很多研究型大学成立了跨学科的研究中心、研究所、实验室等。1998 年，美国卡内基教学促进会（The Carnegie Foundation for the Advancement of Teaching）发布报告《重建本科教育：美国研究型大学发展蓝图》（即《博耶报告》），明确指出研究型大学应该致力于消除跨学科教育的障碍，加强不同学科之间对人才的联合培养。② 尽管该报告是针对本科教育提出的建议，事实上对美国研究型大学的研究生教育发展也具有重要的指导意义。1998 年，美国国家科学基金会启动了"研究生教育与科研训练一体化项目（IGERT）"，明确在国家政策层面上支持跨学科研究与跨学科研究生教育。该项目通过科研经费资助来影响研究生培养模式的转变，以跨学科研究项目为催化剂，帮助研究生形成跨学科的潜意识，了解研究成果转化为社会效益的创新过程；推进传统院系开展跨学科研究生培养，促进跨学科创新文化氛围的形成；从解决实际问题出发，培养研究生的非学术职业技能，获取更为广泛的工作能力。IGERT 项目吸纳了多所研究型大学参与研究，如加州大学洛杉矶分校参与项目研究的研究生人数

---

① 叶桂芹，李红宇，张良平. 借鉴国外跨学科合作经验促进我国高校发展 [J]. 黑龙江高教研究，2006（1）：30-32.

② Boyer Commission on Educating Undergraduates in the Research University. Reinventing Undergraduate Education ：A Blueprint for America's Research Universities[R]. New York：State University of New York at Stony Brook for the Carnegie Foundation for the Advancement of Teaching，1998.

占总人数的比例高达79.21%,康奈尔大学的占比为63.48%,哥伦比亚大学的占比为64.21%。① 2002年,美国政府修订新的学科专业目录,单独设置了"交叉学科"和"综合学科"两个学科群,其交叉学科群内的学科数量从1985年的9个增至2000年的21个,可见美国正逐步加大跨学科人才培养力度。2004年,美国国家科学院协会发表了《促进学科交叉研究》报告,该报告从专业学会、学术机构、资助机构、研究人员等方面提出了促进跨学科教育与研究的建议。② 2014年NSF开始了研究培训计划(NSF Research Traineeship,NRT),资助在科学、技术、工程和数学(STEM)四大领域中的跨学科人才培养。联邦政府一系列的制度保障,使得美国研究型大学对于培养跨学科研究生的积极性高涨,同时政府的经费资助也保证了一个资金充裕的跨学科研究与培养的环境。例如,从1998年开始至2014年项目结束,IGERT项目已经资助了132所高校、298个具体项目,参与的跨学科研究生达6500多名。该项目在参与的研究生群体、受资助的机构以及有代表性的科研领域中产生了重要的影响。③ 2018年,美国国家科学技术委员会STEM教育委员会在其报告《为成功绘制蓝图:美国STEM教育战略》中指出,只有拥有不同视角、生活经历、知识理解的人才能够创新并推动工作向前发展,因此高校要鼓励学生的跨学科学习,让跨越学科边界的知识融合和应用助力学生的职业发展。④ 这进一步表明了美国推进跨学科人才培养的决心。

英美两国在国家政策层面的制度保障不但能够适时引导研究生教育改革的路线,还能激励高校提供更优质的跨学科教育,为研究型大学开展跨学科研究生培养提供了一个良好的大环境。

---

① 陈翠荣,鲁智丹,刘牧.美国联邦政府的研究生科研资助政策分析[J].教育与经济,2016(2):82-89.

② 高磊,赵文华.美国学科交叉研究生培养的现状及启示——以美国研究生教育与科研训练一体化项目为例[J].学位与研究生教育,2014(8):54-60.

③ 高磊,赵文华.美国学科交叉研究生培养的现状及启示——以美国研究生教育与科研训练一体化项目为例[J].学位与研究生教育,2014(8):54-60.

④ Committee on Stem Education of the National Science & Technology Council. Charting a Course for Success: America's Strategy for Stem Education[EB/OL].[2021-12-20]. https://www.whitehouse.gov/wp-content/uploads/2018/12/STEM-Education-Strategic-Plan-2018.pdf.

6.1.2 社会层面构建跨界联合培养机制

在社会层面构建跨界联合培养机制，从而保证跨学科研究生培养的顺利进行，是英美研究型大学跨学科研究生培养的突出特点。跨界联合培养主要可分为四种具体形式（见表6.1）。第一，跨校联合构建实践培养体系。校际跨学科合作有利于实现优势学科互补，推动跨学科人才培养。第二，学校与企业联合构建实践培养体系。学校与企业的合作的意义在于建构学生以问题解决为中心的跨学科思维，更有利于学生选准研究和职业方向，成长为跨学科人才。第三，学校与政府联合构建实践培养体系。政府的跨学科资助或委托项目往往具有前瞻性，是英美研究型大学开展跨学科研究生培养的重要方向。第四，跨国联合构建实践培养体系。英美研究型大学的跨学科研究和教育致力于解决世界性的共同问题，因此对于学生的实践培养也具有高度的国际化特征：将学生置于世界范围内跨学科实践的一线，锻炼学生与不同学科人员合作开展跨学科研究的能力。

表6.1 麻省理工学院和帝国理工学院跨界培养跨学科研究生的部分项目

学校	跨校合作	企业合作	政府合作	跨国合作
麻省理工学院	与哈佛大学、波士顿大学合作马萨诸塞州绿色高性能计算中心；与哈佛大学合作拉贡研究所	创业工程；与宝马公司、杜克能源公司合作能源与环境跨学科研究中心	与美国国家公路交通安全管理局合作"零事故"智能数据项目；与美国环境署合作"无塑料"海洋跨学科研究项目	MIT-中国香港创新项目；与墨西哥国家基因医学研究所合作博德研究所健康研究中心；与以色列合作克拉曼细胞天文台
帝国理工学院	与剑桥大学合作自适应与人工智能机器人实验室；与伯明翰大学合作航空航天材料项目	与坎贝尔集团合作巴克莱实验室；与英国心脏基金会心血管再生医学中心合作微生物与细胞再生实验室	与英国教育和科学部合作药物发现科学中心；与英国国防部合作智能通信技术项目	与中国广东工业大学合作研究气候变化与再生能源研究项目

资料来源：由大学官方网站资料整理合成。

特别值得一提的是，目前英美的企业界对复合型高技能人才有着越来越高的需求。2010年，美国学院与大学协会（Association of American Colleges & Universities，AAC&U）对企业雇主进行的一项调查显示，企业都在寻找具有较强分析能力和沟通能力、团队合作能力、写作能力和清晰思考能力的大学毕业生。① 然而，企业界对跨学科高新技术的需求与高等教育培养的人才素养之间尚存在一定的差距，而且雇主需求与高等教育的人才培养之间也存在着一定的信息不对称。为解决这些问题，英美研究型大学在培养跨学科研究生的过程中，不断强调建立校企协同育人机制，以推进跨学科人才培养成效与社会需求之间更高的契合度。而校企协同育人机制的建立有效地促进了学校和企业之间的优势资源互补，将现实世界中的商业挑战和需求与严格的学术研究相互结合，实现共赢。帝国理工学院在最新推出的《2020—2025年战略规划》（Strategy 2020—2025）中指出，与企业伙伴协同育人不仅有助于共同解决社会难题，还有助于创造社会经济利益，目前帝国理工学院拥有192个校企合作项目，主要集中于医疗保健、工程、技术和可持续发展等跨学科领域。② 学校与企业的深度合作有效促进了跨学科研究生培养，帝国理工学院许多跨学科专业都设有工业年（year in industry），即学生在校学习的过程中有机会到行业领域中知名的企业实习，在实际环境中运用理论知识，最典型的如航空工程（aeronautical engineering）跨学科专业的学生可以在第三学年有机会到通用航空公司、劳斯莱斯和奔驰等知名企业参与为期一年的实习。③ 伦敦大学学院许多跨学科学位还设有行业合作伙伴的教学模块，为企业参与协同育人开拓了一条更为直接的路径，如金融计算和数据科学（financial computing and data science）专业的跨学科博士培养项

---

① Department of Education. The Relevance of Liberal Arts to a Prosperous Democracy: Under Secretary Martha J. Kanter's Remarks at the Annapolis Group Conference[EB/OL]. [2022-06-22]. https://www.ed.gov/news/speeches/relevance-liberal-arts-prosperous-democracy-under-secretary-martha-j-kanters-remarks-a.

② Imperial College London. Strategy 2020-2025 [EB/OL]. [2021-12-14]. https://www.imperial.ac.uk/media/imperial-college/about/leadership-and-strategy/strategy-2020-2025/public/CollegeStrategy2020-2025.pdf.

③ Imperial College London. MEng Aeronautical Engineering with a Year in Industry[EB/OL]. [2021-12-14]. https://www.imperial.ac.uk/study/ug/courses/aeronautics-department/aeronautical-engineering-year-industry/.

目,与花旗集团、汇丰银行、瑞士信贷等 20 余家国际知名企业合作开拓企业教学模块,开设金融信息技术、计算金融和金融工程的课程,邀请企业的专业人士担任学生的行业顾问,有效提升了学生的商业技能。[①] 威斯康星大学麦迪逊分校(University of Wisconsin-Madison)发起了大学-州伙伴关系创新性计划,旨在通过跨越现有学术部门的界限,促进跨学科研究、教学和服务,培养跨学科人才。

英美研究型大学跨学科研究生培养目标之一是培养能够解决社会复杂难题的创新型人才,在社会层面构建跨界联合培养机制可以让学生置身于真正的社会问题之中,这无疑为培养目标的实现创设了良好的条件。依托该机制,学生与社会各界建立起课程和研究项目的有机联系,参与企业实习,为跨学科培养提供了重要的科研训练和实践活动的场所,为培养学生的实际动手能力和各项可迁移技能提供了一个重要的渠道。

6.1.3　高校构建跨学科组织和管理制度

完备的跨学科培养组织与制度不仅能够促进资源的高效、合理利用,还能促进不同学科研究人员的交流与合作,从而发挥资源自身的多重价值。[②] 英美研究型大学充分考虑到跨学科研究生培养的特殊需要,设立了专门的培养组织与管理制度规范。

在培养组织方面,英美研究型大学打破院系和专业之间的学科界限,建立了跨学科学院、中心和研究所、跨学科项目等。一般而言,跨学院大致分为两类:一类是在跨学科领域基础上建立的学院,另一类是将多种跨学科教育项目、课程集合在一起的学院。前者与传统单一学院相似,从本科阶段开始培养学生,学院有完整的培养计划,拥有自身的专职教师队伍,如哈佛大学的亚洲研究学院、非洲研究学院等。后者是在对跨学科教育资源进行整合的基础上的教学科研和管理机构,专注于跨学科研究生的培养,师资来自各个学院。例如,麻省理工学院跨学科微生物学的课程由来自跨越多所学院或

[①] UCL Financial Computing and Data Science. Our industry partners[EB/OL]. [2022-12-14]. https://financialcomputing.org/about/industry-partners.

[②] 李金,王磊,梁洪. 研究型大学跨学科研究生培养模式研究 [J]. 黑龙江高教研究,2015(9):138-140.

大学的教师共同讲授，包括生物学、生物工程、化学工程、土木与环境工程、地球科学、大气和行星科学、电气工程与计算机科学、材料科学与工程、物理学等学院的教授。① 学院的主要职责是协调教学和科研工作。跨学科研究中心的规模一般较小，研究领域较集中，主要为跨学科科研人员和跨学科研究生提供进行学习和研究所需的设施，是培养研究生从事跨学科研究的科学研究基地。跨学科教育项目与第二类跨学科学院组织方式类似，项目也拥有完整的培养计划，为学生提供跨学科研究生学位和课程。但项目稳定性不足，会根据学校战略调整，较为灵活地增加或撤销。例如，加州大学伯克利分校文理学院的大众传播项目、美国研究项目，普渡大学的中世纪研究项目、比较文化项目等，② 均会根据学校的学科发展计划与战略而适时进行调整。

英国研究型大学为了适应日益突出的跨学科教育和研究需求，普遍设有跨学科研究中心，这些研究中心多依据现实社会的能源、气候、健康和人口老龄化等重大话题而设立，具有数量多、种类繁的特点。伦敦政治经济学院在学校研究委员会的许可和监督之下设有近80个跨学科研究中心，各个研究中心都可容纳一定数量的研究生在其中参与跨学科研究，部分研究中心还会提供短期的跨学科课程，举办跨学科交流活动和研讨会，这些都是跨学科研究生的重要活动场所。③ 牛津大学的跨学科中心更是不胜枚举，尤其是只招收研究生的学院都设立了相应学科领域的跨学科中心，如纳菲尔德学院（Nuffield College）致力于社会科学领域的跨学科研究，拥有实验社会科学研究中心、政治研究中心、气候计量经济学中心等五个跨学科研究中心，为跨学科研究生提供便利的实验室设施和定期的讲习班。④ 牛津大学以管理学、健康和医学、社会科学著称的格林坦普顿学院（Green Templeton），其护理

---

① Massachusetts Institute of Technology. Microbiology Graduate Program [EB/OL]. [2021-12-17]. http://catalog.mit.edu/interdisciplinary/graduate-programs/microbiology/.

② 杨海燕. 美国高校交叉学科发展的制度保障 [J]. 中国高等教育，2009 (Z1)：77-78.

③ London School of Economics and Political Science Research Centers. Departmental Research Units and Recognized Groups [EB/OL]. [2021-12-14]. https://info.lse.ac.uk/Staff/Research-centres-and-groups.

④ Nuffield College. Research Centres [EB/OL]. [2021-12-14]. https://www.nuffield.ox.ac.uk/our-research/research-centres/.

计划汇集了来自学院内多个学科和专业背景的师生探讨老年人护理问题,特别是医学、社会科学、商业和管理部门的学生和学者,他们跨越学科围绕老年人护理问题进行探讨,并研究社会护理和医疗保健之间的相互联系。① 牛津大学纳菲尔德学院2014—2017年成立了四个跨学科研究中心,② 为不同学科的学者和研究生合作交流提供组织保障,将来还会新增一个跨学科研究中心,旨在汇集计量经济学和气候科学领域的研究人员。③ 增设专门的跨学科研究生教育组织机构,有利于汇聚各类资源,为促进跨学科研究和人才培养创设便利的环境及提供可靠的组织保障,因此,成立专门的跨学科组织机构将成为跨学科研究生培养的重要趋势之一。

在管理制度上,根据研究生院组织制度的不同,各研究型大学会有所区别,一类是全校只设一所研究生院的全校模式,专门负责管理招生、奖助学金的发放、教学准备、专业发展、学术上的进步和学位完成度的跟进,而具体的录取过程及学位授予的明细要求由各学院决定。④ 例如密歇根大学拉克哈姆研究生院规定跨学科研究生的招生时间、入学基本要求以及毕业学分等,跨学科研究生的培养学院,如金融与风险管理跨学科科学硕士培养单位LSA学院数学系和统计系,可根据学科的需求,具体规定对不同学科背景的学生要求以及考核的具体方式等要求。另一类是一校设立多所研究生院的学院/学部模式,各学院(学部)自主规划跨学科教育的各个环节。例如哈佛大学、耶鲁大学、哥伦比亚大学等,这类大学的学院具有独立决策权,其性质为学术机构兼行政管理机构,能够以学院发展战略为中心设定招生制度、培养方案、考核内容和方式等。以牛津大学和剑桥大学为首的古典大学是典型的学院制高校,两所学校内部分别设有35个和31个学院,学院为不同学科专业、不同年级的学生提供了一个共同生活和交流的场所,由于学院囊括了不同年级和不同专业,为跨学科活动提供了很大的便利,可以说,传统的

---

① Green Templeton College. Care Initiative [EB/OL]. [2022-05-03]. https://www.gtc.ox.ac.uk/academic/health-care/care-initiative/.

② Nuffield College. Research Centers [EB/OL]. [2022-05-29]. https://www.nuffield.ox.ac.uk/our-research/research-centres/.

③ Nuffield College. Climate Econometrics [EB/OL]. [2022-05-29]. https://www.nuffield.ox.ac.uk/our-research/research-centres/climate-econometrics/.

④ University of California, Berkeley. Berkeley Graduate Division [EB/OL]. [2022-07-20]. http://grad.berkeley.edu/.

学院制也是重要的跨学科组织形式。伦敦大学学院、帝国理工学院和伦敦政治经济学院这些新大学虽然没有建立学院制,但是它们实行的学部制度(faculty)也是重要的跨学科组织机构,学部制是按照学科大类和专业门类组成的机构,将许多相近的学科有意义地进行了集合,如伦敦大学学院将仅设有工程学部、自然科学学部、医学部和商学部四个学部,每个学部内部有几十个相互联系的学科专业和跨学科专业,为跨学科人才培养提供了重要的组织制度环境。①

值得一提的是,英美研究型大学对于多样性的保护也是管理制度保障的具体表现。每所研究型大学都设置了多元化办公室,以保护不同背景的学生获得跨学科学习的机会。例如华盛顿大学成立了少数族裔与多元化办公室(Office of Minority Affairs & Diversity),旨在为不同的人群创造获得高等教育的机会,营造一种丰富所有人教育体验的校园氛围。现已帮助250名学生准备、申请并在研究生和专业课程中取得成功。②哥伦比亚大学文理研究生院也设置了学术多样性和包容性办公室。艺术科学研究生院认为,多样性是一种学术价值,它是制度卓越的标志,也是创新的基准。③牛津大学认为只有吸纳不同的文化并平等对待,才能促进多样化思想之间的相互沟通和融合。埃克塞特学院(Exeter College)出台了"平等与多元化"的学院政策,明确其教育目标是促进平等、重视多元化,并维持一个尊重所有员工和学生权利和保障其尊严的教育环境,帮助他们充分发挥潜力。④牛津大学指出,其追求平等与多元化的学术愿景是致力于营造一种包容性的牛津文化,保持师生学习和工作环境的平等和多样性。⑤由此形成的包容性极强的软环境更有利于形成良好的学科生态,使不同学科之间的交叉融合更加便利,为跨学

---

① Imperial College London. Faculties and departments[EB/OL]. [2021-12-14]. https://www.imperial.ac.uk/faculties-and-departments/.

② University of Washington. About OMA&D [EB/OL]. [2021-12-09]. http://www.washington.edu/omad/about-omad/.

③ Columbia University. Diversity and Inclusion [EB/OL]. [2021-12-22]. https://gsas.columbia.edu/our-intellectual-community/diversity.

④ Exeter College. Equality Policy[EB/OL]. [2021-07-15]. https://www.exeter.ox.ac.uk/wp-content/uploads/2017/06/Equality_Policy_July_2016.pdf.

⑤ Equality and Diversity. University of Oxford Equality Policy[EB/OL]. [2021-07-08]. http://www.admin.ox.ac.uk/eop/policy/equality-policy/.

科人才培养营造了浓厚的文化氛围。此外，为给研究生创造了解不同文化背景、开展跨学科交流的契机，英美研究型大学还将住所等基础设施进行了调整。例如密歇根大学修建了芒格（Munger）研究生公寓，安排来自36个国家的630名研究生住在一起。斯坦福大学成立了克拉克中心（Clark Center），将不同学科的教师与研究生搬到了这里一起工作，通过共同的工作环境将相同兴趣的人组织起来开展跨学科研究。[1] 牛津大学对已有的跨学科机构进行了更新完善，目前规划了五块区域进行翻修用以支持跨学科工作的图书馆、住所和实验室等，其目标是为牛津的员工和学生提供最先进的设施，以创造未来跨学科工作的机会。[2]

知识生产模式变革理论认为，大学的组织结构将会走向网状化、开放化，大学将不再局限于稳定的组织架构，会具备更强的组织制度弹性，而这种组织制度的变化又会反过来进一步促进大学向跨学科的方向发展。[3] 跨学科组织是进行跨学科研究生培养的重要形式，建立配套的优良管理制度是跨学科组织高效运行的重要保障。完善的制度保障使跨学科教育更具操作性和可行性，既确保了跨学科研究生培养的质量，又促进了研究生教育模式的进一步改革探索。

6.2 跨学科研究生培养的师资保障

百年大计，教育为本；教育大计，教师为本。跨学科师资质量无疑是跨学科人才培养工作中至关重要的因素之一，可靠的跨学科师资保障在很大程度上决定着跨学科研究生培养的成功。知识生产模式变革理论的代表人物吉本斯认为，知识日益呈现出去学科化、去单一化的特点，知识生产模式呈现

---

[1] Stanford University. Building Collaboration [EB/OL]. [2021-12-30]. https://news.stanford.edu/features/2015/clark/.

[2] University of Oxford. Vision[EB/OL].[2021-10-03]. https://www.ox.ac.uk/about/building-our-future/vision?wssl=1.

[3] Michael Gibbons. The New Production of Knowledge：The Dynamics of Science and Research in Contemporary Societies[M]. London：SAGE Publications，1994：61-62.

出竞争性、不确定性的特点,知识生产呈现开放化、多主体化等趋势。① 在跨学科背景下,单一学科的教师群体难以适应跨学科研究生的培养要求,组建高质量的跨学科教师队伍的重要性日益增强,英美研究型大学从跨学科教师的选拔到后续的培养、考核、激励等进行了全方面的安排,建立了完善的跨学科师资保障机制,为跨学科研究生培养提供了可持续发展的力量。

6.2.1 多种方式选聘跨学科教师

跨学科教师的选聘是高校进行跨学科人才培养的第一步也是最重要的一步。传统单一学院关于教师聘任实行单聘制,即教师的行政归属及教学、科研和社会服务都在一个学院进行。随着跨学科教育的兴起,该种聘任制对于较为特殊的跨学科教师的不适用性日益凸显出来,跨学科研究成果不易被承认、岗位晋升困难、建立合作关系困难、难以获得足够的资金支持等。因此,英美研究型大学根据各自需求采用了多种跨学科师资聘任方式,其中较为成功的模式有联合聘任制、共同资助聘任制、集群聘任制和外来访问制。

联合聘任制(joint appointment)是指两个及两个以上的院系通过签署"谅解备忘录"(memorandum of understanding)的方式共同聘任跨学科教师,被聘任的教师可确定其中一个学院为其人事行政事务的归属单位,而教师在隶属学院和附属学院享有相同的权益,比如教学支持和收入分配等。备忘录主要用于概述教师的教学职责、奖学金评估和服务承诺方面。利用谅解备忘录作为终身教职人员重新确定其角色的一种方式,有助于为各学科之间建立清晰的联系,并支持所有级别的教师开展跨学科教学与研究。牛津大学、密歇根大学、哈佛大学、耶鲁大学、麻省理工学院等高校都采用了该聘任方式。例如,哈佛大学艺术与科学学院的联合聘任章程为:当学院需要聘任其他学院的教师时,首先需要教师的行政归属单位和聘任单位联合任命的可能性;其次,聘任单位的院长召集部门会议进行讨论和投票;最后,投票

---

① Michael Gibbons. The New Production of Knowledge:The Dynamics of Science and Research in Contemporary Societies[M]. London:SAGE Publications,1994:41.

通过后，聘任单位可与教师行政归属单位签署谅解备忘录，确认联合任命教师的新头衔和新任务。① 剑桥大学的丘吉尔学院（Churchill College）是一个追求跨学科卓越的典型例子，它广泛吸引了建筑、艺术史、生物化学、计算机科学、数学和植物科学等领域的研究人员，其使命是鼓励跨学科思维和创造力，连接不同学科，培养能够应对21世纪挑战的学生。② 为了实现使命目标，学院内部聘任了许多具备丰富跨学科经验的教师，如研究生导师巴里·菲普斯教授，是丘吉尔学院聘任的第一位具有跨学科素养的教师，他同时拥有华威大学的哲学学位、牛津大学的艺术史学位、剑桥大学的历史建筑与哲学学位。③ 再如2020年聘任的基里亚克斯教授，他拥有康奈尔大学生物科学学士学位和哈佛大学遗传学博士学位，在学院教授涉及生物学和物理学领域的跨学科课程。④ 联合聘任制的优点在于它能够打破学科壁垒，建立学科间的联系，促进教师资源共享。

共同资助聘任制（co-funded hiring）是指跨学科研究机构与相关学院或系联合增设跨学科教师岗位，共同资助科研资金及教师工资的一种聘任模式。这种聘任模式下教师的行政归属属于相关学院或系，教师一方面须履行在教学、研究和社会服务等方面的基本职责；另一方面，由于受到跨学科研究机构的共同资助，教师也须同时完成跨学科研究机构交付的工作。以宾夕法尼亚州立大学的"儿童、青年和家庭联合体"研究项目为例，遴选程序为：① 项目发起单位根据跨学科项目的需求，制定一份教师招录公告，发放到相关的学院中；② 院系提交关于本研究的提案，包括标明领域、描述岗位、阐释理由、具体说明教师的跨学科活动、证明资金支持；③ 委员会审议提案，确定最终的招聘岗位；④ 聘任符合条件的教师。在任期内，院系需要每年对共同资助的教师进行评估，并生成准备评估报告，该报告直接决定下

---

① Harvard University. Joint Appointments[EB/OL].[2022-02-16]. https://academic-appointments. fas. harvard. edu/joint-appointments.

② Churchill College. OUR CREATIVE HUB[EB/OL].[2021-12-29]. https://www. chu. cam. ac. uk/alumni/giving-college/current-appeals/creativehub/.

③ Churchill College. People：Mr Barry Phipps[EB/OL].[2021-12-29]. https://www. chu. cam. ac. uk/people/view/barry-phipps/.

④ Churchill College. People：Dr Kyriacos Leptos[EB/OL].[2021-12-29]. https://www. chu. cam. ac. uk/people/view/kyriacos-leptos/.

一年度的资金发放。① 伦敦大学学院从英国皇家学会、各类行业委员会、其他高校聘任了许多在行业领域久负盛名的客座教授（visiting professor）；当学生到海外参加跨学科交流与交换时，学校还会为他们聘任海外的导师（year abroad tutors）；为了满足跨学科实践教学的需要，还会聘任企业导师，帮助学生更好地掌握社会市场所要求的综合技能。② 共同资助聘任制的优势在于聘任流程与组织关系简单，不会对院系中教师原本的评估和晋升等造成挑战和威胁。除此之外，院系还能获得丰厚的研究资金，实现科研机构与院系双赢，共生发展。

集群聘任制（cluster hiring）是指将传统学系教师中有意或有能力研究新型的跨学科知识领域的教师抽离出来组成集群。集群内的教师行政归属在某个学院，但同时可在独立于学院之外的虚体组织中，共同开展他们感兴趣的学术活动，展开跨学科研究与教育。华盛顿大学、威斯康星大学麦迪逊分校、佛罗里达州立大学、帝国理工学院等高校利用集群聘任制招募跨学科教师。以华盛顿大学为例，若华盛顿大学西雅图校区、塔科马校区和贝瑟校区计划共同就"美国原住民研究"跨学科项目招募教师，由于此项目涉及历史、语言学、人类学、艺术史、英语、教育、社会工作等多个学科，则公共卫生学院、信息学院、法学院、环境学院、商学院的教师在行政归属不变动的情况下，都可报名参与该项目的研究与教学。③ 帝国理工学院高度强调跨院系聘任教师的重要意义，为了保证跨院系教师能够在各个院系获得正式的认可，帝国理工学院专门设立了一个跨学科教师网络平台（multi-faculty centres and networks），所有跨越院系聘任的教师都可以在这个平台上进行注册申请，其跨院系任职的基本情况、承担的跨学科教育教学课时量、跨学科研究项目都会记录在这个平台上，有效量化了其跨学科成果。④ 集群聘任制的优点在于被聘任的教师能够在一个相对自由的研究环境中，突破学科

---

① 项伟央. 高校跨学科组织中的教师聘任制度研究［D］. 上海：复旦大学，2011：1-107.

② University College London. Departmental Graduate Tutors［EB/OL］.［2021-12-29］. https：//www. ucl. ac. uk/engineering/people.

③ University of Washington. Cluster Hiring［EB/OL］.［2022-02-16］. https：//www. washington. edu/diversity/files/2016/08/Cluster-Hiring. pdf.

④ Imperial College London. Multi-faculty centres and networks［EB/OL］.［2022-12-29］. https：//www. imperial. ac. uk/research-and-innovation/about-imperial-research/multi-faculty/.

冲突和障碍，以兴趣为出发点，各自发挥学科优势，为共同的目的努力。在项目结束后，教师可回到原岗位工作，这种制度在行政归属方面有很大的便利。

外来访问制（external visitor）指跨学科教育与研究中心会在某些项目的推进过程中，邀请这一领域的专家学者以访问访学的形式参与研究和教育，这类教师的行政归属不在访问访学的大学，也无明确的聘任期限，一般以其所参与的研究项目的时间为限，行动相对自由，灵活度很高。例如，加州理工学院的喷漆推进实验室（jet propulsion laboratory），是与美国能源部合作的跨学科研究实验室，其部分教师从万豪国际公司、国家税务局、美国能源部聘请[1]，大大增强了教师队伍的多元化。斯坦福大学的材料与能源科学研究所（Stanford Institute for Materials and Energy Sciences），其教师既有与本校物理学系、化学系联合聘任的，也有来自其他单位的长期从事材料能源跨学科研究的外来访问学者。尽管外来访问制受聘教师的行政关系不在学校，但是对其聘任的条件也有严格要求，英美研究型大学在跨学科教师招聘中，明确宣称将优先录用具有跨学科的经历（new interdisciplinary ventures）、全球化视野（global comprehension）、超强写作能力（intensive writing）和量化素养（quantitative literacy）的学者，不少学校还将跨学科经历作为教师招聘的指标之一，从鼓励教师参与跨学科研究转向更积极地招聘本身具有跨学科合作兴趣的教师。

以上四种不同类型的跨学科师资聘任模式满足了不同高校对于跨学科组织方式的不同需求，保障了跨学科教师的准入、晋升、评价的公平与合理性，有利于激励更多的教师投入到跨学科教育之中。在实践中，英美研究型大学往往同时使用多种聘任方式，广泛多样地构建跨学科师资队伍。

6.2.2 完善的跨学科教师发展机制

帕耶夫斯基通过实地调查后发现，跨学科专业学生倾向于向导师或指导委员会寻求指导和建议，与非跨学科专业学生相比，他们不仅与导师交流的频次较多，对于建议质量的要求也较高，同时，他们更看重导师的素质（如

---

[1] Caltech Jet Propulsion Laboratory. JPL Executive Council[EB/OL]. [2022-10-20]. https://www.jpl.nasa.gov/about/exec.php.

对于非专业领域的指导能力）和个人品质等。通过与8个非跨学科专业的学生相比，跨学科专业学生在导师指导满意度、寻求导师指导的频次等方面都优于非跨学科专业学生。① 可见，跨学科师资队伍建设决不能仅停留在选聘阶段，其质量建设是一项不可忽视的重要工程。跨学科教育需要与经济社会的发展高度对接，面对瞬息万变的社会发展格局，英美研究型大学深知不断提升跨学科教师队伍的重大意义，建立了完善的跨学科教师培训机制，为跨学科教师队伍的可持续发展提供了重要的保障。

其一，成立专门的教师发展培训中心，系统地设计了多种类型的教师培训计划，让来自不同学科的教师都可以在这个中心寻求到真正适合自己的培养机制。牛津大学教师发展中心的培训计划主要依据教龄划分，针对不同教学经验的教师设置了一揽子的教师培训计划，典型的如牛津大学学习和教学准备培训计划（PLTO），主要面向刚开始教学工作的博士后研究员；推进教学培训（ALT），主要针对教学技能的提升培训；发展学习和教学培训（DLT），主要面向有一定教龄的高级教师。这些培训计划大多利用短期课程帮助教师不断提高自身的教学技能，同时经常性地举办网络研讨会和讲座，把对于某一主题领域感兴趣的教师聚集在一起，相互讨论和交流，形成思想的碰撞与融合，强化了教师的跨学科思维水平。② 剑桥大学的教师支持中心依据教学的过程开展教师培训，在教学规划和准备阶段，教学大纲的设计、开发创新性的课程、课程规划指南是主要的培训内容；在教学实施阶段，创新性的教学方式、发展实践教学、提升学习体验是主要的培训内容；在教学评估和反馈阶段，合理制定考核方式、评估可迁移技能、利用评估结果改进教学实践和方法等成为主要的培训主题。③ 英国研究型大学根据不同教龄抑或不同教学阶段设置的教师培训，是为了有的放矢地提供差异化的培训，满足不同教师的需求，在培训方式上注重教师之间的跨学科交流，培训内容上

---

① Pajewski S G. Engagement in Academic Advising a Comparison between Students in Interdisciplinary Programs and Students in Non-interdisciplinary Programs［D］. Pittsburgh：University of Pittsburgh，2006：48.

② University of Oxford. Centre for Teaching and Learning［EB/OL］.［2022-07-25］. https://ctl. ox. ac. uk/programmes-and-courses.

③ Cambridge Assessment International Education. Support for teachers［EB/OL］.［2022-12-23］. https://www. cambridgeinternational. org/support-and-training-for-schools/support-for-teachers/.

突出对创新教学方式、教学实践、可迁移技能的教学培训，符合跨学科人才培养的需求。

其二，除了通过教师培训中心开展的系列正式的教学培训之外，英美研究型大学还提供不同学科教师之间交流、互相学习的机会和平台，作为正式培训的重要补充。帝国理工学院推出了个人回顾和发展计划（PRDP），致力于为所有学科的教师创建一个支持性、包容性和高度激励性的环境，组织评审团体与教师开展有意义的双向谈话，引导其总结和反思一年的教学成果，制订下一年的发展计划，鼓励其积极探索如何提高教学质量。① 伦敦政治经济学院创设了一个推动教学人员相互沟通的实践社区，会不定期地聚集各个学科领域的教师参与会议论坛，围绕跨学科合作、学生交流、教学实践等方面分享优秀的经验。② 伦敦大学学院教师交流的特色在于其十分强调发展国家化的跨学科视野，在工作坊（workshop）为教师发展提供短期课程，通过开发教职工国际学术交流互动来提升教师的跨学科视野。③ 来自各个学科背景的教师跨越学科界限进行交流互动是培养其跨学科思维和教学能力的重要途径之一，英美研究型大学利用研讨会、论坛和工作坊等多种形式为教师跨学科交流搭建起了一座座桥梁，是培养跨学科教师的重要补充。

英美研究型大学内部基本设有促进教师专业提升的教师培训和发展中心，为教师提供正式的教学培训，发展其跨学科教学技能，在此基础上也创设了许多跨学科教师交流的机会，由此搭建起完善的跨学科教师培训体系，有效保障了跨学科研究生培养工作的师资力量。

6.2.3 明确的工作职责和考核要求

作为跨学科教师，除了需要满足传统学科教师的一般职责之外，在任期中还需要做到以下三点。（1）课程创新。课程的研发和创新是跨学科教师的

---

① Imperial College London. Personal Review and Development Plan（PRDP）[EB/OL]. [2021-12-29]. https://www. imperial. ac. uk/staff/prdp/.

② The London School of Economics and Political Science. Your community of practice [EB/OL]. [2022-02-23]. https://info. lse. ac. uk/staff/services/programme-managers-and-administrators-forum/Programme-Managers-and-Administrators-PMA-Forum.

③ 吴薇，陈春梅. 英国大学教师发展中心的特点及启示——以伦敦学院大学、伦敦皇家学院和牛津大学为例 [J]. 高教探索，2014（3）：53-57，64.

首要职责。跨学科教师根据学科特性创新课程内容与形式，是跨学科研究生培养的重要一环。威斯康星大学麦迪逊分校要求跨学科教师通过创新性的课程激发学生的创造力和学习热情，创造适合跨学科学习的整合和创新教学法。麻省理工学院研究生课程委员会（committee on graduate programs）2016年批准的两个跨学科硕士课程，均由两个及以上的学院教师联合研发，为跨越传统学科边界的学生开发新的教育资源。① 牛津大学赛德商学院的"1＋1"MBA计划，学院利用其一流的管理学科资源，与学校其他13个部门和学院合作开发联合课程，将管理学与其他13个部门的专业课程进行跨学科整合，针对不同学科背景的学生开展跨学科教育培养。②（2）指导学生进行跨学科科研训练。英美高校跨学科研究生一般配备有2名及以上不同学科领域组成的导师组，各个跨学科导师的主要职责是根据研究生的知识结构、研究方向和兴趣爱好等分阶段、有计划地进行科研训练。杜克大学全球健康跨学科硕士学位的教师除了教授核心课程与选修课程之外，还须在实地研究项目中指导学生，担任论文委员会成员，指导跨学科研究生的科研论文。③ 密歇根大学医学院的生物化学专业的教师将不同研究方向和研究兴趣的博士研究生分别纳入生化信号、蛋白质加工和折叠、基因表达的调节和结构酶学四个跨学科领域的科研项目中，通过项目实践指导学生完成科研训练。④（3）积极组织和参与跨学科交流组织。英美研究型大学提供了一系列的跨学科交流平台，旨在帮助师生开展创造性的跨学科对话交流。跨学科教师有权利和义务参与其中，帮助具有跨学科兴趣或意向的研究生找到实现途径。哈佛大学、华盛顿大学、斯坦福大学、牛津大学、剑桥大学、帝国理工学院等高校的跨学科研讨会多由跨学科教师牵头，负责制订研讨会的主题和计划，参与讨论，为研究生拓展跨学科思路。综上所述，跨学科教师需具备创新能力、整合能力和合作能力，才能在跨学科环境中胜任工作岗位。

---

① Massachusetts Institute of Technology. Some Developments, Advances, and Discussions from the Past Year[EB/OL]. [2022-11-12]. http://facultygovernance.mit.edu/mayjune-2017.

② University of Oxford. Oxford 1＋1MBA [EB/OL]. [2019-05-03]. https://www.ox.ac.uk/admissions/graduate/courses/oxford-1plus1-mba? wssl＝1＃content-tab.

③ Duke Global Health Institute. Master of Science in Global Health[EB/OL]. [2022-11-05]. https://globalhealth.duke.edu/education-and-training/graduate/master-of-science＃faculty.

④ University of Michigan Medical School. Biological Chemistry Research[EB/OL]. [2022-11-05]. https://medicine.umich.edu/dept/biochem/research.

科学合理的考核制度是监督和评价跨学科教师工作强度和质量的标尺，是充分调动教师参与跨学科研究与教学的法宝。英美研究型大学的跨学科委员会成立专门小组对教师开展考核评价，评价小组一般设 1 名主席，2~3 名副主席，以及若干名具有丰富的跨学科研究和教育经验的委员。参加跨学科教育的教师往往需要在一段时期的教学任务结束后向评价小组提交工作总结报告，阐述自己的教育教学工作业绩。评价小组会根据教师提供的总结报告，结合若干其他指标对其工作进行评价。例如，华盛顿大学和威斯康星大学的跨学科评价小组会根据学生满意度、学生成绩、社会服务、课堂调节等多个角度对参与跨学科教学的教师进行评价。[1] 经常采取的跨学科教育评价方法主要有以下两种。第一，问卷调查法。问卷调查法是跨学科教育评价中采用最广泛的方法，学校制定结构化调查问卷，对跨学科教育活动的各方参与者进行调查，得到相关反馈，收集建议，形成评价结果。加州大学洛杉矶分校在每年年底通过问卷调查的方式了解学生对于跨学科教育的评价。其问卷内容包括参加跨学科教育的理由、个人学习体验、在知识学习和沟通合作能力上的提升等，另包含两至三道开放性题目。[2] 第二，跨学科讨论法。这种方法选择特定人士，一般是跨学科教育的利益相关者，针对特定的跨学科教育情境的有关主题进行有组织的交互式、团体式讨论，最终形成评价报告，这是一种实质性的教育评价方法。明尼苏达大学（University of Minnesota Cities）在部分跨学科院系开展跨学科教育评价的访谈实验。该校在开展跨学科教育评价时，把评价人员分成两个团队，各 5 人，记录跨学科教育活动并对其进行交互评价。[3] 在实践中，这两种教育评价方法往往配合使用，问卷调查法主要在跨学科教育活动完全结束后使用，用于跨学科教育的总结性评价；跨学科讨论法主要在跨学科教育活动过程中使用，用于跨学科教育的形成性评价。

---

[1] 耿益群. 美国研究型大学跨学科研究教师绩效评价的原则、途径与特点［J］. 现代教育管理，2017（4）：41-45.

[2] University of California, Los Angeles. Ergonomics［EB/OL］.［2021-03-25］. https://www.ergonomics.ucla.edu/office-ergonomics/computer-operators-work-technique.html.

[3] University of Minnesota Medical School. research-ethic［EB/OL］.［2021-11-25］. https://med.umn.edu/research/research-ethics.

总体而言，英美高校对于跨学科教师的考核遵循采用灵活多样的评价方式原则、充分考虑跨学科教师工作的特殊性原则和协调短期目标和长期成果的原则，教师的考核分为每年进行一次的绩效考核和每五年一次的综合考核。评价主体和内容会根据不同的聘任方式而有所不同，可参见表6.2。

表6.2　三种跨学科教师聘任方式概览

聘任方式	主要特点	考核程序	考核内容	代表学校
联合聘任制	由两个及以上的学术单位通过签署谅解备忘录等方式共同聘任教师	各聘任单位可共同评审或单独评价	教学能力、科研成果、学术造诣、创新贡献和社会服务	密歇根大学、哈佛大学、耶鲁大学、麻省理工学院、帝国理工学院等
集群聘任制	将传统学系教师中有意或有能力研究新型的跨学科知识领域的教师抽离出来组成集群	由教务长任命评审委员会进行评估	根据集群的特点而定，大致包括教学、研究成果和社会服务	华盛顿大学、威斯康星大学麦迪逊分校、佛罗里达州立大学、伦敦大学学院
共同资助聘任制	跨学科研究机构与相关学院或系联合增设跨学科教师岗位，共同资助科研资金及教师工资	由跨学科研究机构评估聘任教师的跨学科研究项目报告	教师工作情况与跨学科研究项目目标的相关度、教师在跨学科研究与教学中的表现	宾夕法尼亚大学、牛津大学

资料来源：根据各高校官网资料整理而成。

联合聘任制通常是根据聘任时学术机构与被聘教师协商所拟定的考核标准进行评估，包括年度评估和晋升评估。可协商各聘任单位共同评审还是单独评价，若是共同评审，应当确定统一的评估体系；若单独评审，两个学术单位之间需在评估过程中保障有效的沟通。评价内容包括教学能力、科研成果、学术造诣、创新贡献和社会服务。除此之外，联合聘任制模式下高度重视激励制度，鼓励被聘教师联合设立更多的跨学科专业，更新跨学科学生的培养模式，只要有重大突破就会对跨学科教师的工作价值表示肯定。集群聘任制的评估方式主要是在遵循大学总体评价原则的基础上，结合各集群的特点而进行。通常由教务长任命评审委员会进行评估，跨学科教师需提供一份包含教学、研究成果和服务工作的总结报告，分别从传统单一学科和跨学科两个方面来阐述自己的工作业绩，评审委员会须对集群聘任的教师的跨学科成果一视同仁。[①] 共同资助方式聘任制要求把各位教师的跨学科研究项目报告交给跨学科研究机构进行评估，主要考核教师工作情况与跨学科研究项目目标的相关度、教师在跨学科研究与教学中的突出表现等，评估结果决定下一年岗位研究资金资助的发放情况。评估的目的主要是监督被聘教师的研究目标的实现情况和履行协议的程度，并非评估教师本身。因此这种模式不会对教师行政归属院系中的聘任、评估和晋升等传统评价造成影响。

综上可见，跨学科教师聘任模式的评估方式秉着充分考虑跨学科的特点，采用公平合理的原则进行绩效评价，不仅保证了跨学科教师的合法权益，也能较大程度地激励卓越教师投入到跨学科教育中，从而保障了跨学科研究生培养的优秀师资力量。

6.2.4 科学的跨学科教师激励机制

跨学科教育工作十分烦琐，需要教师付出更多的精力投入到教育教学中，因而建立一个完善的跨学科教师激励机制就显得尤为重要。英美研究型大学充分考虑了跨学科教育的特殊性，为教师进行跨学科教育和研究设立了各种奖助条目，同时还将教师的跨学科工作成果纳入晋升考评，有效地增强了教师开展跨学科研究生培养工作的积极性和参与度。

首先，物质奖励是英美研究型大学激励跨学科教师采用的最为普遍的手段，几乎每所高校都设立了奖励教师教育教学工作的奖金，主要嘉奖在教育教学领域获得学生认可，在促进学生体验方面取得突出成就，获得高质量教学成果的教师或者教师团体。剑桥大学设立了剑桥国际教育教学奖

---

① 耿益群. 美国研究型大学跨学科研究教师绩效评价的原则、途径与特点 [J]. 现代教育管理，2017（4）：41-45.

(Cambridge International Award in Teaching and Learning)，该奖项设立的初衷是为了帮助学校吸引和留住更多的优秀跨学科师资，发展至今已经成为激励教师发展跨学科教学技能，不断创新教学方式的重要项目。牛津大学的校长教育奖（Vice-Chancellor's Education Awards）是为感谢每年在教育教学领域取得突出贡献的教师而设立的，2020年该奖项最新提名奖励了5个教师团队，他们中多数是从事跨学科教学和研究工作，创新了教学方式，广泛地发展了学生跨学科视野的教师团队。① 此外，牛津大学还设有校长创新奖（Vice-Chancellor's Innovation Awards），该奖项主要为教学和科学研究中取得创新成果的教师而设立，2020年该奖项的获得者主要是在全球卫生健康、政治和国际关系、生物基因等跨学科领域取得创新性的教学成效和研究成果的教师。牛津大学校长认为，教师教学奖金计划将有助于激励才华出众的教师继续在教育教学领域发挥创新作用，他们的创造力是牛津大学保持教学和研究卓越的不竭动力。② 为发现和吸引更多有潜力的教师加入跨学科师资队伍，美国研究型大学通过设置跨学科教学奖、工资补贴、教学或研究助理津贴、差旅费、补贴购买书籍或其他教育材料的资金等形式，为教师开展跨学科教学与研究提供支持，鼓励普通教师朝跨学科方向发展。哥伦比亚大学2019年启动了教务长跨学科教学奖（ITA）项目，向来自不同院系的教师团队提供资助，旨在鼓励和支持教师跨院系开设新课程或重新设计现有课程。③ 英美研究型大学专设的跨学科教育奖励，有助于教师更大胆地突破原有学科壁垒，提升自身的跨学科教育教学能力，以教师跨学科素养的提升促进跨学科人才培养。

其次，精神激励也是激励跨学科教师不断进取的重要方式，主要包括以下三点。(1) 将跨学科教学成果与职称挂钩。伦敦政治经济学院每年会评选出对教育教学有突出贡献的教师，将其职称晋升至副教授或者教授，通过研究2019年教学促进奖的得主发现，他们绝大多数都是在心理学、人类学、

---

① University of Oxford. Celebrating Education across the Collegiate University：2020's Award Winners [EB/OL]. [2021-12-29]. https://ctl.ox.ac.uk/vice-chancellors-education-awards-winners-2020#collapse2055166.

② University of Oxford. Vice-Chancellor's Innovation Awards[EB/OL]. [2021-12-24]. https://www.ox.ac.uk/research/vice-chancellors-innovation-awards.

③ Columbia University in the City of New York. Interdisciplinary Teaching Awards[EB/OL]. [2021-10-30]. https://vptli.columbia.edu/request-for-proposals/interdisciplinary-teaching/.

行为科学等领域开展跨学科合作教学的教师。① （2）为跨学科教师提供特殊福利待遇。牛津大学圣约翰学院（St. John's College）就做得很出色，在《圣约翰学院战略规划 2019—2022》中对如何激励跨学科教师进行了明确的部署，主要包括以下方面：一是学院会创设积极的跨学科文化，响应跨学科教师的需求，给他们提供额外的跨学科教学津贴和休假权利；二是为跨学科教师合作提供丰厚的奖励，为跨学科教育工作设立竞争性资金；三是广泛宣传教职工的跨学科育人成果，庆祝他们在跨学科研究中取得的进展。② （3）公开嘉奖在教学领域取得突出成就的教师。伦敦政治经济学院设有实践价值奖（The Values in Practice Awards）来公开表彰对于促进卓越教学有突出贡献的教师或教学团队，下设有各种奖项类别，其中创新奖、学生体验促进奖、卓越团队奖获得者不乏在跨学科教育教学领域取得突出成果的教师。③ 佐治亚理工学院教务长荣誉委员会为表彰在跨学科教育领域取得显著教学和研究成果的教师设置了"1934 届优秀跨学科活动奖"，同时还推出了促进跨学科合作的 GT 基金。④

综上可见，跨学科教育教学工作在英美研究型大学内部得到了广泛的认可，从物质奖励层面来说，学校普遍设有跨学科教学奖励基金；从精神激励层面来说，将跨学科教学成果与职称晋升、福利待遇和公开嘉奖相联系的方式也能在很大程度上激发跨学科教师的教学热情，为教师开展跨学科研究生教育提供源源不竭的动力。

---

① London School of Economics and Political Science. LSE Teaching Promotion Awards[EB/OL].[2021-12-29]. https://info.lse.ac.uk/staff/education/Education-awards/LSE-Teaching-Promotion-Awards.

② University of Cambridge. St. John's College Strategic Plan 2019—2022[EB/OL].[2021-06-18]. https://s3.eu-west-2.amazonaws.com/sjc.prod/documents/Strategic_Plan_2019-22_web.pdf.

③ The London School of Economics and Political Science. The Values in Practice Awards[EB/OL].[2022-02-24]. https://info.lse.ac.uk/staff/divisions/Human-Resources/Organisational-learning/Value-in-Practice-Awards.

④ Office of the Provost Georgia Institue of Technology. Faculty Awards[EB/OL].[2021-08-19]. http://www.provost.gatech.edu/faculty-awards.

6.3　跨学科研究生培养的平台保障

跨学科平台是跨学科培养研究生的重要保障之一。英美研究型大学在校内积极开展跨学院合作打造跨学科培养平台，寻求与国内外其他高校合作，实现跨校优势互补、资源共享，与校外企事业单位建立广泛的联系，创建产学研一体化的跨学科培养平台，为跨学科研究生的培养与发展提供有力的平台保障。

6.3.1　积极打造校内跨学科平台

英美研究型大学内部的各个院系之间是相互独立的学术实体，但这并不意味着各自毫无关联，相反，各个院系之间有着千丝万缕的联系，在推进跨学科研究生的教育教学方面有许多合作项目，通过跨院合作建立起了丰富的跨学科平台。

首先，在普遍推行跨学科研究生教育的大环境之下，英美研究型大学高度重视校内跨学科平台的建设，因此许多跨学科平台是由学校牵头设立的。帝国理工学院认为只有跨越学科院系，围绕多学科主题建立发展和联系，才能有效解决全球面临的挑战，因此学校积极统筹院系之间的优势教育教学资源，围绕气候变化与环境、能源、全球卫生、数据科学等领域创设了近60个跨学科平台，引入各个院系的教师和实验室等教育教学资源，为跨学科研究生提供跨学科学位、课程、研究项目、实践训练和职业指导。[①] 这些跨学科平台为跨学科研究生提供了一个良好的跨学科学习环境，如化学与生物研究中心（Institute of Chemical Biology）将培育跨学科研究生作为其战略优先事项，致力于培养物理科学和生命科学交叉领域的未来科学家，聘用了来自各个学院的200多名导师，保证每名研究生能够同时得到两名以上不同学科

---

① Imperial College London. Multidisciplinary networks, centres and institutes[EB/OL]. [2022-12-17]. https://www.imperial.ac.uk/multidisciplinary-research/.

专业的导师指导。① 伦敦政治经济学院研究委员会牵头设立的跨学科研究单位有 80 余个，主要是为了管理研究项目，各单位在不同程度上为跨学科研究生提供了知识交流和科研训练的平台，有些还开设了短期的跨学科课程。② 斯坦福大学有 18 个跨越学科界限的科研平台，③ 这些合作平台推动了对世界、健康和知识生活至关重要的领域的创新发现。华盛顿大学有 50 个跨学科研究中心，通过研究核心项目的发展和跨学科平台建立的伙伴关系提升教师和跨学科研究生的研究技能和参与机会。④ 加州大学伯克利分校拥有 80 个跨学科研究单位，⑤ 为校园的研究工作提供有效支持，最大限度地发挥伯克利研究对学术界的贡献，以及提高当地社区和国家的生活质量。加州理工学院成立了 92 个跨学科研究中心及项目组，致力于重新建构知识体系和教学模式，通过合作教学、科研训练、研讨会等多种形式培养学生的跨学科思维和创新能力。⑥

其次，各学院彼此之间也积极拓展既有学科的边界，相互借助优势的学科资源构建丰富的跨学科平台。牛津大学赛德商学院（Said Business School）与人文学系、社会学系、全球和区域研究学院等 18 个院系合作开发了许多跨学科学位，利用"1+1"MBA 的平台将牛津大学多个学科专业与一年制的工商管理硕士学位相结合，使学生在专业领域获得深入的知识和技能的同时，发展他们的管理实践能力和卓越的领导力。⑦ 伦敦大学学院脑科学学院与生命科学学院就心理健康、神经退化和发展神经科学等主题搭建了多个跨

---

① Institute of Chemical Biology. About us Mission Statement[EB/OL]. [2021-12-17]. https://www.imperial.ac.uk/chemical-biology/about-us/mission-statement/.

② The London School of Economics and Political Science. Departmental Research Units, Inter-Departmental Research Units and Recognised Groups[EB/OL]. [2022-02-25]. https://info.lse.ac.uk/Staff/Research-centres-and-groups.

③ Stanford University. Research[EB/OL]. [2021-12-10]. https://www.stanford.edu/.

④ University of Washington. Research Centers Archive[EB/OL]. [2021-12-25]. https://www.washington.edu/research/research-centers/?q=interdisciplinary&center-name-alpha=&key-word=&college-school=.

⑤ University of California, Berkeley. Academics[EB/OL]. [2021-12-25]. https://www.berkeley.edu/academics.

⑥ Caltech. Research Centers & Institutes[EB/OL]. [2021-03-15]. https://www.caltech.edu/research/centers-institutes.

⑦ Oxford 1+1 MBA. Combine a master's degree with our one-year MBA[EB/OL]. [2022-12-17]. https://www.sbs.ox.ac.uk/programmes/mbas/oxford-11-mba.

学科实验室，为跨学科研究生进行开创性的研究提供实验室平台。① 颇具新意的当属伦敦政治经济学院的民族和种族主义研究协会（The Association for the Study of Ethnicity and Nationalism），它由多个学院中对种族和民族跨学科研究感兴趣的学生和教师共同创立，协会定期邀请一些知名的学者开设跨学科公益讲座，每年举办跨学科主题年会，目前还创办了自己的跨学科期刊。② 伊利诺伊大学厄巴纳-香槟分校（University of Illinois at Urbana-Champaign，UIUC）的格兰杰工程学院（The Grainger College of Engineering）开设化学与生物分子工程专业，该专业融合了学院化学、物理学、生物工程专业，重新建构知识模块，致力于跨学科人才的培养③。约翰斯·霍普金斯大学怀廷工程学院（Whiting School of Engineering）重新构建了学院内部土木工程、物理学、机械工程等多个专业的知识系统，为学生开设跨学科设计基础课程，激发学生的跨学科创新思维和能力。④ 院系内部或利用学科优势开设跨学院学位项目，或相互合作建设实验室，或依据跨学科兴趣和需要成立协会，这些都是跨学科研究生进行学习交流的重要平台，有利于形成学科之间的集群效应，在更大程度上实现跨学科人才培养的合作。

跨学科研究生通过跨学科平台研究项目的桥梁作用，与各专业教师和学生建立联系，更加有效地学习相关课程，参与实证研究，共同解决社会复杂难题。加州大学伯克利分校法律、能源和环境中心（The Center for Law, Energy & the Environment，CLEE）为跨学科研究生提供相关课程、证书课程和职业机会的信息，并让学生参与各种研究活动。该研究中心利用教职员工和学生的跨学科的综合专业知识，将伯克利分校的法律专业知识引入应对环境和能源挑战的解决方案策划中，努力将实证研究结果转化为更好的环境

---

① UCL Home Brian Sciences. Research Centres and Domains［EB/OL］.［2022-05-25］. https://www. ucl. ac. uk/brain-sciences/research/research-centres-and-domains.

② University College London. About The Association for the Study of Ethnicity and Nationalism［EB/OL］.［2022-10-15］. https://asen. ac. uk/journals/nations-nationalism/.

③ The Grainger College of Engineering of University of Illinois at Urbana-Champaign. Department of Chemical and Biomolecular Engineering Undergraduate Education Report［R］. Urbana-Champaign：University of Illinois Press，2019：144-146.

④ Johns Hopkins Whiting School of Engineering. Foundations of Multidisciplinary Design ［EB/OL］.［2021-05-21］. https://engineering. jhu. edu/multidisciplinarydesign/about/.

和能源治理系统解决方案。① 华盛顿大学的数字艺术与实验媒体中心（Center for Digital Arts and Experimental Media，DXARTS）通过将数字计算、信息技术、科学和工程方面的先进技术相结合，创造新形式的数字和实验艺术的发明。DXARTS 为跨学科研究生创造机会，通过广泛的艺术实践、理论和跨多个学科的研究，让他们在不断发展的媒体艺术领域发现和记录新知识和专业知识。斯坦福大学材料与能源科学研究所（Stanford Institute for Materials & Energy Sciences，SIMES）主要研究复杂和新型材料的性质，并将其应用于创造价格合理、清洁和可再生的能源和技术。SIMES 的跨学科环境为学生提供了更广泛和深入的教育，通过科研平台近距离解决能源与材料科学的巨大挑战，将学生培养成学术界、国家实验室和能源相关行业的领导者。②

英美研究型大学的校内跨学科科研平台具有多样性、丰富性的特点，为跨学科研究生提供了广泛的合作交流与研究的机会，开阔了学科视野。一方面，英美研究型大学本身就十分注重跨学科研究生教育的发展，学校积极牵头成立了大量的跨学科单元，有效整合了院系教学资源来促进跨学科研究生培养；另一方面，由于整合校内资源较为便利，院系之间合作设置各类跨学科平台的现象十分普遍，因此校内跨学科平台数量丰富、类型多样，为跨学科研究生提供了广阔的沟通交流平台，拓展了跨学科视野，强化了创新意识。

6.3.2 建设校际跨学科平台

英美研究型大学除了积极打造校内跨学科平台外，还多方寻求与其他大学之间的合作，以实现跨校、跨国的学术资源共享，拓展跨学科研究与人才培养的领域和视野。校际跨学科平台的主要构建形式为：由两所及以上的大学通过优势学术领域的合作，围绕跨学科教学、科研、学术交流、职业发展等多个主题，实现对跨学科研究生的联合培养。各种类型的校际合作与联盟，为英美研究型大学实现跨校乃至跨国优质教育资源共享提供了主要的平台。

---

① Research UC Berkeley. Center for Law，Energy & the Environment[EB/OL]. [2021-12-27]. https://vcresearch.berkeley.edu/research-unit/center-law-energy-environment.

② Stanford University. Mission Statement[EB/OL]. [2021-12-26]. http://simes.stanford.edu/about-simes/simes-mission/.

首先,英美研究型大学热衷于在国内开展校校合作或组建大学联盟。早在 1970 年,哈佛大学与麻省理工学院以合作研究的方式开始了健康科学与技术(Harvard-MIT Health Sciences and Technology,HST)计划的探索,这是美国历史最悠久、规模最大的生物医学工程和医师科学家培训项目之一。HST 目前提供医学科学跨学科硕士课程和医学工程与医学物理跨学科博士课程,大约有 300 名研究生与来自麻省理工学院和哈佛大学的知名教师一起工作。其独特的跨学科教育计划将物理和生物科学的工作台带到病人的床边。HST 研究生通过培训研究,对工程学、物理科学和生物科学有了深入的了解,辅以临床或工业实践经验,为跨学科研究打下了坚实的基础。研究型大学与文理学院之间的合作也很受欢迎,安德鲁·W. 梅隆基金会(The Andrew W. Mellon Foundation)的项目官员尤金·M. 托宾(Eugene M. Tobin)曾言:"研究型大学拥有丰富的学术资源和基础设施,可以使文理学院扩大它们的课程设置,为它们的教师提供有趣的学术机会,而文理学院在让学生参与研究方面也有很多可以与大学同行分享的经验。"① 麻省理工学院与文理学院的佼佼者韦尔斯利学院(Wellesley College)建立合作关系,两校学生可以选择对方学院的课程,学分也可以实现无障碍转换。韦尔斯利学院学生如果对科学或工程类课程感兴趣,可以去麻省理工学院学习;麻省理工学院的学生也有机会在韦尔斯利学院接受博雅教育和学术训练。英国知名的罗素集团(Russell Group),高校在其中不仅能够进行相互之间的跨学科交流与合作,更重要的是它们会形成一个强大的整体,与国际社会上其他一流高校建立跨学科平台,在 2014 年它就与美国大学协会(AAU)、东方研究型大学协会(AEARU)、中国 C9 联盟、澳大利亚八校联盟等世界上顶尖的八个研究型大学联盟签署了《莱顿声明》(Leiden Statement),主旨是为了促进人文和社会科学领域的国际跨学科合作,推动跨学科研究生教育的交流,共同提升全球社会福祉。②

---

① Tobin E M. The future of liberal arts colleges begins with collaboration[J]. Remaking College:Innovations and the Liberal Arts,2014:125-134.

② Russell Group. Leiden Statement The Role of the Social Sciences and Humanities in the Global Research Landscape Announced by Aau,Aearu,Leru,Go8,Ru11,Russell Group and the U15 Canada[EB/OL].[2021-12-17]. https://www.russellgroup.ac.uk/media/5283/leiden_statement.pdf.

其次，英美研究型大学还积极参与国际性的校际联盟，如剑桥大学、牛津大学、伦敦大学学院和帝国理工学院参与了欧洲研究型大学联盟（LERU）；伦敦政治经济学院参与了欧洲社会科学大学联盟（CIVICA），给研究生提供独特的学习体验和交流交换机会，集中解决21世纪转型社会面临的挑战。① 值得一提的是，牛津大学和剑桥大学参与的国际研究型大学联盟（IARU）针对成员高校的学生发起了一项全球教育倡议（Global Education Initiatives），从四个方面提高跨学科国际经验：一是主办国际多学科课程，拓展学生全球视野；二是开展全球实习计划，提供宝贵的国际工作经验；三是实施一项国际人才计划，支持成员伙伴间的学生流动；四是每两年组织一次研究生会议，为研究生提供一个展示跨学科研究成果的平台。②

最后，英美研究型大学还依据自身的实际情况，单独与其他大学建立了各种跨学科联系，形成许多小型的跨学科平台。如牛津大学、剑桥大学、帝国理工学院和加州大学伯克利分校共同设立了一个未来智能中心（CFI），致力于建设一个充分发展人工智能的跨学科社区。③ 伦敦政治经济学院设有全球学术交流部门，其使命是为学校的学生和教师提供一个广阔的国际平台，促进教学和研究合作，解决最紧迫的全球问题。为此，伦敦政治经济学院与开普敦大学、北京大学、新加坡国立大学等高校开发跨学科双学位、博士交流计划、暑期学校，为跨学科研究生培养创造各种各样的机会。④ 2013年，普林斯顿大学与东京大学达成战略合作伙伴关系，协议建立在天体物理科学、东亚研究和伍德罗威尔逊公共和国际事务学院的长期跨学科合作基础之上，包括学生交流、教师访问和年度夏季研究研讨会。该合作使近70名本科生和研究生能够在合作院校学习和研究，东京大学教师通过全球学者计划在普林斯顿大学任教，普林斯顿大学和东京大学教授共同开设新课程。历史

---

① The London School of Economics and Political Science. CIVICA The European University of Social Sciences[EB/OL]. [2022-10-21]. https://www.lse.ac.uk/about-lse/civica.

② International Alliance of Research University. Global Education Initiatives[EB/OL]. [2022-05-18]. http://www.iaruni.org/for-students.

③ Centre for the Future of Intelligence. Preparing for the Age of Intelligent Machines[EB/OL]. [2021-12-19]. http://www.lcfi.ac.uk/about/.

④ Global Academic Engagement. About us, what we do and who we are[EB/OL]. [2022-06-19]. https://info.lse.ac.uk/staff/divisions/academic-partnerships/about-us/about-us.

教授杰里米·阿德尔曼回忆道:"从合作伙伴关系开始的那一刻起,给我印象深刻的是整个大学的广泛参与,建筑师、土木工程师、历史学家、天体物理学家等都动员起来交流思想、相互合作、互相学习。"这种合作关系促进了跨越学校、跨越国界的思想流动,并以深刻的方式扩大了普林斯顿教学、研究和服务使命的国际范围。2018年12月,普林斯顿大学与东京大学续签了为期5年的战略合作伙伴关系协议,以进一步支持合作研究和教学,并提供跨学科奖学金。①

英美研究型大学培育跨学科人才,不仅致力于解决本国的社会难题,也鼓励学生放眼世界,培养他们成为世界上各行各业的领军者。而校际跨学科交流平台作为校内跨学科交流平台的延伸,通过更广阔的资源整合与共享,为学校提供更广泛的合作研究平台,为前沿性创新成果的开发提供了契机,更为跨学科研究生培养提供了国际化流动的机会,开阔视野的同时也为培养国际化的领军人才提供了宝贵的机会。

6.3.3 构建校企产学研一体化平台

英美研究型大学的跨学科研究生教育起步较早,培养了大批拔尖创新人才,社会企业对跨学科教育有着深入的认识,对跨学科人才培养工作较为支持。因此,高校利用社会的支持力量与企业合作建立产学研一体化平台,为跨学科研究生提供实训平台的同时也促进了科技成果的转化,主要有如下两种典型的形式。

其一,大学科技园。这是最为典型的产学研一体化平台,英国各所研究型大学十分重视科技园区的建立。牛津大学知名的贝格布鲁克科技园(Begbroke Science Park),该园区将高新科技企业与牛津大学紧密相连,定期会围绕生物纳米、纳米医学、航空航天、能源等跨学科领域的前沿研究成果举办研讨班和讲座,还设有兼职的跨学科学位,为研究生提供短期的课程

---

① Princeton University. Princeton renews strategic partnership with the University of Tokyo [EB/OL]. [2021-12-11]. https://www.princeton.edu/news/2018/12/07/princeton-renews-strategic-partnership-university-tokyo.

和实训平台。^① 牛津大学数学、物理和生命科学学部的主任多纳·贝德利教授高度肯定了科技园区与跨学科教育的相互促进作用,他指出:"贝格布鲁克科技园开创了一种新的大学合作模式,跨学科研究和企业相互结合催生了创新,这种创新力量不断改变着世界。"[②] 帝国理工学院于 2009 年规划建立大型的园区来构建产学研一体化平台,投资 20 亿英镑筹建了白城校区(White City Campus),白城校区汇集了来自世界各地的企业与帝国理工学院共同工作,将前沿研究转化为社会效益。目前白城校区的北部正在筹建一个跨学科研究生空间,计划建造研究生公寓、企业创新空间和系列跨学科研究设施,提供一个全新的跨学科产学研一体化平台。[③] 校长爱丽丝·加斯强调白城校区不是在校园外建立一个"工业园区"与企业合作,而是在校园内嵌入企业和社区合作伙伴,共享实验室平台,合作培养新一代的跨学科人才。[④] 芝加哥大学的波尔斯基中心(Polsky Center)也具有相似的职责功能。波尔斯基中心致力于促进和支持跨学科学生、教师、校友、研究人员和当地企业家建立联系,并实现灵活的合作模式。芝加哥大学为企业合作伙伴提供了空间和资源,使合作者、跨学科人才和创新生态系统建成快速运转的产学研一体化平台,促进内部和外部利益相关者之间的高效和简化的合作。同时,波尔斯基中心为跨学科研究生提供多种实践学习机会,包括基于体验学习的课程、活动、研讨会、挑战等,全方位增强跨学科研究生的科研体验。[⑤] 哈佛大学也将开发企业研究园区,作为创新、创业和经济增长的中心,利用哈佛大学广泛的跨学科研究活动和行业合作伙伴关系来推动实现学术目标,为跨

---

① Begbroke Science Park. Training Courses - Nanomaterials and Nanomedicine[EB/OL]. [2021-12-15]. http://www.begbroke.ox.ac.uk/home/training-and-outreach/training-courses-nanomaterials-and-nanomedicine/.

② Begbroke Science Park. Working with Us [EB/OL]. [2022-03-19]. http://www.begbroke.ox.ac.uk/home/about-us-2/.

③ Imperial College London. White City and Imperial College London: A Vision for Growth, Innovation and Community[EB/OL]. [2021-12-15]. https://www.imperial.ac.uk/media/imperial-college/about/leadership-and-strategy/white-city/public/A-Vision-for-Growth-20200707-Web.pdf.

④ Zmperial College London. White City Campus [EB/OL]. [2022-06-15]. https://www.imperial.ac.uk/white-city-campus/about/campus-development/.

⑤ University of Chicago. Polsky Center for Entrepreneurship and Innovation[EB/OL]. [2021-12-23]. https://polsky.uchicago.edu/programs-events/.

学科研究生提供实训平台。并将与当地大学、医院以及一系列商业企业和私营公司建立更密切的合作关系，创建一个充满活力、可持续发展并面向未来的产学研合作平台。目前，英美研究型大学都愈来愈注重通过扩大产业园区来创建充满创新力的产学研一体化平台。

其二，校企合作设立实验室和产业孵化器也是重要的产学研平台。罗尔斯-罗伊斯（Rolls-Royce）作为顶级的航空发动机公司，与剑桥大学合作超过40年，如今在剑桥大学内部已经设立了一个大型的实验室、两个技术中心，每年支持50多名博士生参与材料科学和冶金方面的跨学科研究，为学生提供了一个与行业领域学者一起研究交流的重要平台。① 剑桥大学还与英华杰集团（AVIVA）、阿斯利康制药（AstraZeneca）等世界知名的企业建立了广泛的联系。伦敦大学学院为促进跨学科研究生的创新创业，与社会合作设立了多个产业孵化器（hatchery），富含创新创业能力的学生可以通过孵化器将自身的跨学科想法在产业孵化器实现，企业会为通过创业提案的学生提供资金支持，帮助他们将跨学科想法转化为社会经济效益，如今已有50多个创业成功的例子。② 麻省理工学院明确表示，各种规模的企业和非营利组织都可以找到令校企双方满意的合作方式。教师企业家和不同学科背景的跨学科研究生可以利用一系列卓越的课程、研究，将他们的想法推向市场。这种产学研合作平台多基于解决人类最需要解决的问题，包括可持续能源、城市防灾、淡水、人人享有的食物、癌症、老年痴呆症和传染病等，通过麻省理工学院将发明家与导师、研究生、合作者网络和资金联系起来，促成新科学转化为变革性创新。一方面，跨学科研究生在产学研过程中体验到创新成果的转化过程，为将来职业发展打好基础；另一方面，通过跨学科产学研平台的科技转化，企业获得巨大的经济收入，据了解，由麻省理工学院校友组成的公司年收入与世界第十大经济体的国内生产总值相当。③

---

① University of Cambridge. Strategic Partner: Rolls-Royce Reaching for the Skies[EB/OL]. [2022-02-26]. https://www.cam.ac.uk/business/Rolls-Royce.
② UCL Innovation & Enerprise. Join the Hatchery Startup Incubator[EB/OL]. [2022-12-26]. https://www.ucl.ac.uk/enterprise/students/join-hatchery-startup-incubator.
③ Massachusetts Institute of Technology. Innovation[EB/OL]. [2021-12-28]. http://www.mit.edu/innovation/.

英美研究型大学与社会联系广泛，庞大的科技园区、各类技术中心和实验室都是与社会建立联系的重要产物，它们为跨学科研究生在实际的场景中锻炼跨学科实践能力提供了平台保障，既是跨学科研究生参与科研项目和跨学科交流的重要场所，也是将高深的科技理论转换到应用领域，以最大限度、最高效率地实现知识经济的成果、解决社会复杂难题的重要途径。

6.4 跨学科研究生培养的资金保障

培养资金是高校跨学科教育系统的血脉，只有血脉畅通无阻，跨学科研究生培养体系才能够良好地运行。英美研究型大学深谙此道，为此通过完善资助政策、多渠道筹措资金、设置丰富资助项目来为跨学科研究生培养保驾护航。

6.4.1 完善的资助制度

科学技术迅猛发展的同时，全球性挑战也在不断涌现，开展跨学科教育培育高层次创新型人才已经成为各国竞相追逐的目标。英美政府及其研究型大学也在加大对跨学科人才培养的资金倾斜力度，不断完善各自的资助制度，确保其跨学科人才的可持续培养和顺利发展。

从国家政府层面来看，对跨学科研究生培养资助力度最大的当属联邦政府及其下设的各类组织机构。美国国家科学基金会于1998年起发起的IGERT项目为美国研究型大学的跨学科教育提供了丰厚的资金，至2014年，该项目共计资助144所大学共278个跨学科研究及教育项目，投入总额为4800万美元[1]。随后美国国家科学基金会发起的NRT项目主要为美国高校STEM领域的跨学科活动提供资金支持，每年大约资助1.1万个项目[2]，至

---

[1] IGERT. Mission, History & Impact[EB/OL]. [2022-01-22]. http://www.igert.org/public/about/history-and-mission.html.

[2] National Science Foundation. About Funding[EB/OL]. [2022-05-25]. https://www.nsf.gov/funding/aboutfunding.jsp.

2018年，NRT项目已累计投入资金2500万美元①。此外，美国宇航局、国家能源部、卫生部等多个政府部门也为美国研究型大学设立了专门的跨学科资助项目。英国教育部从2008年起对自然科学和工程技术等学科的跨学科教育活动开展资助，至2019年共计投入275万欧元，资金用于支持高校在跨学科教育方面的跨学科教育。② 英国的七大研究理事会在研究型高校广泛设立了跨学科博士培训中心，每年都会全额资助一定数量的跨学科研究生，资助名额通过"择优竞争"的形式进行分配，选拔了大批最具跨学科潜质的学生参与跨学科学习。例如，英国自然环境研究理事会明确提出未来资助政策会倾向于环境科学、技术和新理念的跨学科研究生培训；③ 生物技术与生物科学研究理事会每年在英国高校投资约2.6亿英镑资助优秀的跨学科研究生培养项目，据统计超过75%的资助资金都流向了英国顶尖的研究型大学。④ 除了研究理事会之外，其他联邦政府下属的独立科研机构也出台了一系列支持跨学科教育的资助政策，如英国皇家学会（The Royal Society）为英国最高科研机构，针对跨学科研究生出台了5项资助政策，致力于工程与自然科学领域的跨学科教育资助，设立了包括助学金、研究项目基金、创业基金和重大成就表彰的奖项。⑤

从高校层面来看，英美研究型大学基本都从战略高度肯定了跨学科资助的重要意义，强调不断完善跨学科研究生培养资助制度，包括奖学金制度，助研、助教制度及贷款制度等。麻省理工学院跨学科研究生所享有的资助制度与传统研究生大体相差无异，但在奖学金方面有更多的选择。跨学科研究生可从个人捐助者和企业获得奖学金，政府机构和基金会提供的奖学金也可以直接授予优秀学生。研究生教育办公室管理各种奖学金援助资源的数据

---

① National Science Foundation. National Science Foundation Research Traineeship (NRT) Program[EB/OL].[2021-11-25]. https://www.nsf.gov/pubs/2019/nsf19522/nsf19522.htm.

② The University of Oublin. Global Health [EB/OL]. [2021-11-22]. https://www.tcd.ie/medicine/global-healthIRD_Policy_Paper.pdf.

③ UK Research and Innovation. Vision and Purpose[EB/OL].[2021-12-27]. https://nerc.ukri.org/about/whatwedo/vision/.

④ UK Research and Innovation. Strategic Partnerships with Universities[EB/OL].[2022-12-27]. https://bbsrc.ukri.org/about/vision-mission-strategy/strategic-partnerships-universities/.

⑤ Royal Academy of Engineering. UK Grants & Prizes[EB/OL].[2020-12-20]. https://www.raeng.org.uk/grants-prizes.

库,并提供有关如何申请资助的建议,为跨学科研究生的奖学金申请提供指引。麻省理工学院研究生教育办公室为跨学科研究生提供 NSF 研究生奖学金、赫兹基金会奖学金、国防科学与工程研究生奖学金、国际研究生奖学金等。2015 年麻省理工学院研究生教育办公室管理了 696 个内部和外部研究生奖学金,总计 3810 万美元。①

此外,设置研究和教学助理的补助也同样具有吸引力。跨学科研究生通过参与研究和担任教学助理,既可以获得一定的收入,也能增进教学经验和研究能力。研究助理是实验室或项目研究小组的成员,其主要职责是在监督下为部门或部门间研究项目提供帮助。教学助理的主要职责包括协助教职员工对本科测验和家庭作业进行评分、在课堂或实验室进行指导、准备演示装置等,跨学科博士研究生要求必须担任一定时期的助教,其补助标准由每个学院每年根据学术委员会与教务长讨论的指导方针确定。同时,作为美国公民和永久居民的研究生有资格参加所有联邦和私人贷款计划。国际学生可以从私人渠道借款,但不能从美国联邦计划借款。所有希望获得教育贷款的学生都需要在麻省理工学院在线经济援助系统上完成研究生贷款申请。② 助学贷款在一定程度上填补了奖学金和助学金所未涵盖的范围,为跨学科研究生的学习提供了资金保障。美国其他研究型高校对于跨学科研究生的资助制度还有所补充,例如哈佛大学艺术与科学研究生院为所有跨学科博士候选人提供 5 年的资助;③ 密歇根大学工程学院为跨学科博士研究生提供全额资助,包括学杂费、大学健康保险和每月生活津贴;芝加哥大学为研究生定期举办研讨会,帮助他们进行财务规划,探讨贷款策略和时间管理,预算他们的教育成本,以便及时完成学业。④

---

① Massachusetts Institute of Technology. Dean for Graduate Education[EB/OL].[2021-11-16]. http://web.mit.edu/annualreports/pres15/2015.13.00.pdf.
② Massachusetts Institute of Technology. Finding Fellowships[EB/OL].[2021-12-14]. https://sfs.mit.edu/graduate-students/guide/finding-fellowships/.
③ Harvard University. The Graduate School of Arts and Sciences[EB/OL].[2021-12-26]. https://gsas.harvard.edu/.
④ University of Chicago. Response to Graduate Education Committee Reports[EB/OL].[2022-01-18]. https://provost.uchicago.edu/sites/default/files/documents/reports/Response%20to%20graduate%20education%20committee%20reports.pdf.

剑桥大学现行的资助政策承诺每年向研究生提供超过 1 亿英镑的奖助金，该校 2019 年的资助调查数据表明 2019—2020 学年共设置了 2379 个研究生资助项目，其中 81% 的博士生和 30% 的硕士生都获得了包括学费和生活费的全额资助。牛津大学在《牛津大学战略规划 2018—2023》中承诺，未来会加大对跨学科研究环境的资金投入力度，提供最先进的研究设施，并继续拓宽和投资富有创新意义的活动，为教师和学生营造创造性的环境。根据 2019—2020 年的调查数据，牛津大学统计显示超过 50% 的研究生获得牛津大学的全额资助，除此之外，来自美洲、非洲、亚洲等各个区域的外部奖助学金也十分繁多，学生可以根据生源地进行选择。① 这些面向所有研究生设置的奖助政策条目种类繁多，不少参与跨学科学习的研究生从中受益。伦敦大学学院为了更加有效地支持跨学科研究生培养，在其出台的《UCL 学生奖助学金资助战略 2018—2023》专门对跨学科研究生资助做了专项的说明："UCL 是一个拥有 4 万多名学生的跨学科社区，现在研究生人数已经超过了本科生，未来我们将确保有足够完善的奖助学金来保证研究生从中受益，尤其是从事跨学科学习的学生。"② 为了落实战略规划，伦敦大学学院在 2020 年秋季启动了 10 项促进跨学科国际交流和合作的资助政策，面向所有正在开展跨学科工作的在校研究人员及研究生。③

英美两国在国家和高校层面都积极出台了有利于跨学科研究生培养的资助制度，显示出对于跨学科人才培养活动的高度支持，而完善的资助制度既奠定了物质基础，也为跨学科研究生教育指引了发展方向。

6.4.2 多渠道资金筹措

英美跨学科研究生教育的规模增长明显，创新人才培养效果显著，在很

---

① University of Oxford. Oxford Funding [EB/OL]. [2022-05-28]. https://www.ox.ac.uk/admissions/graduate/fees-and-funding/oxford-funding.

② University College London. UCL Scholarships and Student Funding Strategy 2018—2023（UCL SSFS）[EB/OL]. [2022-12-20]. https://www.ucl.ac.uk/staff/sites/staff/files/associated_documents/scholarships_studentfundingstrategy2018_23_1.pdf.

③ UCL Global. UCL Strategic Partner Funds 2020/21[EB/OL]. [2022-12-20]. https://www.ucl.ac.uk/global/news/2020/oct/ucl-strategic-partner-funds-202021.

大程度上得益于多方面的资金支持。其中，政府、社会企业、高校和私人捐赠都是不可或缺的跨学科教育经费来源渠道。

英美研究型大学历来倡导学术自由，拥有较强的自治权利，联邦政府以行政拨款的方式直接参与高等教育的引导和调控。上文提及的美国国家科学基金会设立的IGERT项目、NRT项目，为跨学科研究生教育与研究提供了可观的资金投入，有效地激发了各研究型大学进行跨学科教育的积极性。例如斯坦福大学通过组建跨学科的调查团队并提供试点项目支持来提高联邦和基金会拨款的竞争力。[①] 2018年，英国联邦政府组建了一个全新的国家资助机构——英国研究与创新署（UK Research and Innovation，UKRI），总预算超过60亿英镑，UKRI对跨学科教育赋予了重要的战略地位，[②] 其中最亮眼的莫过于其设立的全球挑战研究基金（Global Challenges Research Fund），该基金投入了15亿英镑资助英国研究型大学和研究机构与发展中国家开展国际跨学科合作，以及战略优先事项基金（Strategic Priorities Fund）投资8.3亿英镑在34个跨学科研究主题上，这两个基金目前资助了牛津大学、剑桥大学、伦敦大学学院等几十所英国研究型大学的跨学科项目，跨学科研究生从这两个资助项目中受益匪浅。[③]

英美研究型大学与社会企业建立了广泛的跨学科联系，企业出资设立跨学科项目来帮助高校培养跨学科研究生，以求引进高层次创新人才助力企业发展。如知名的雀巢公司（Nestle）2016年与帝国理工学院就签订了一份合同，雀巢公司确保5年内投资650万英镑支持该校医学院在代谢健康和营养基础方面的跨学科教育和研究工作，目前已经建立起3个跨学科研究中心，培养了大批健康和营养领域的跨学科人才。[④]伦敦大学学院的生物化学和工程系与超过65家企业建立了合作关系，每年会受到3000万英镑的企业投资，

---

① Stanford Interdisciplinary. Q&A with Ann Arvin[EB/OL].[2019-11-06]. https://interdisciplinary.stanford.edu/qa-ann-arvin.

② Government UK. UK Research and Innovation[EB/OL].[2021-09-22]. https://www.gov.uk/government/organisations/uk-research-and-innovation.

③ UK Research and Innovation. Global Challenges Research Fund[EB/OL].[2021-12-19]. https://www.ukri.org/our-work/collaborating-internationally/global-challenges-research-fund/.

④ Imperial College London Faculty of Medicine. Nestlé Case Study[EB/OL].[2021-05-19]. https://www.imperial.ac.uk/medicine/partnership/corporate-partnerships/nestle-case-study/.

主要用于投入生物化学领域的实验室项目配置，为生物化学领域的跨学科研究生参与实验室研究提供了良好的设备支持。① 加州大学伯克利分校为了得到来自工业界的经费资助，先后成立了多个提升工业竞争力的跨学科研究单位，加强了和产业界的合作。如基于社会利益的信息技术研究中心，该中心研究领域主要集中于能源与环境、医疗保健、新媒体、智能基础设施和发展新兴经济体的技术等。② 斯坦福大学的卡弗里粒子天体物理学与宇宙学研究所致力于粒子技术的跨学科研究，至2017年得到了硅谷10余家企业合计大约200万美元的援助，这些资金被用于研究所跨学科研究及跨学科教育。③ 加州大学洛杉矶分校在其2018—2019年度总结报告中也表示它在跨学科教育方面得到了洛杉矶市当地许多合作企业的资金支持。④ 可见，英美研究型大学积极拓展与外部企业的合作，不仅为跨学科研究生培养提供了丰富的科研训练平台，同时也吸纳了大量的资金助推跨学科研究生培养工作的顺利进行。

英美研究型大学依据跨学科研究生培养需要，学校自身还设立了多项专项跨学科基金。如伦敦大学学院为艺术、人文和社会科学设置了专项跨学科基金，每年为跨学科博士生的项目研究提供约10000英镑的补贴。⑤ 帝国理工学院在设置跨学科专项资金的同时，还兼顾代表性不足的群体的利益，为家庭经济背景欠佳或是少数族裔的研究生群体设置了专项基金——Deep Mind奖学金，资助他们在帝国理工学院参与人工智能和机器学习领域的跨学科学习。⑥ 美国研究型大学在联邦政府强大的财政支持下，拿出一部分收

---

① University College London. Biochemical Engineering and Bioprocess Leadership EngD [EB/OL]. [2022-12-28]. https://www.ucl.ac.uk/prospective-students/graduate/research-degrees/biochemical-engineering-bioprocess-leadership-engd.

② 文少保. 跨学科研究、学术声誉与经费资助获得的"马太效应"——以美国加州大学伯克利分校为例[J]. 现代大学教育，2013（6）：85-91，113.

③ Kavli Institute for Particle Astrophysics and Cosmology of Stanford University. KIPAC Annual Reports 2017[R]. San Francisco：Stanford University Press，2017：12-23.

④ University of California, Los Angeles. Annual Financial Report 2018—2019 [R]. Los Angeles：UCLA Press，2019：77-91.

⑤ University College London. UCL-Université PSL funding call for SLASH projects[EB/OL]. [2021-12-19]. https://www.ucl.ac.uk/global/ucl-universite-psl-funding-call-slash-projects.

⑥ Imperial College London. New DeepMind Scholarships Create AI Study Opportunities for Postgraduates[EB/OL]. [2022-12-28]. https://www.imperial.ac.uk/news/200533/new-deepmind-scholarships-create-ai-study/.

入建立跨学科研究与教育的专用资金,以资助跨学科教育和跨学科研究项目。例如哥伦比亚大学创建"校长全球创新基金"(President's Global Innovation Fund,PGIF),为利用大学全球中心的一个或多个设施和资源进行跨学科教学、研究和服务活动的教师提供支持资助,共计 87 项,提供两种类型的 PGIF 奖励提案:一是跨学科计划拨款,在一年期间奖励高达 20000 美元;二是跨学科项目拨款,每年奖励高达 30000 美元,为期两年,整个项目的上限为 50000 美元。①

此外,研究型大学培养的杰出校友,以及社会上支持跨学科人才培养的爱心人士也都是跨学科资金的重要来源,为跨学科研究生设立了许多小型的奖助学金。帝国理工学院的地球科学与工程系(Department of Earth Science and Engineering)的跨学科研究生就受到来自杰出校友的多项资助。一群跨学科博士毕业生为纪念其导师约翰·阿彻教授,共同出资设立了约翰·阿彻奖(John S. Archer Award),主要表彰在石油地球科学和工程的跨学科领域取得卓越成绩的研究生,2019 年有 3 位学生获奖,每名学生分别获得了 5000 英镑的奖励。珍妮·沃森作为地球科学和工程系的知名校友,资助了地质、地球科学、矿物加工等一系列领域的大批研究生参与跨学科学习,每人可以获得 1000 英镑的资助。②

事实上,跨学科研究生培养工作并非大学自身的事情,它对政府、企业、高校而言都十分有益,因此,各利益相关主体都愿意为跨学科研究生培养工作注入资金,再加上热衷于跨学科教育的校友和社会爱心人士的资助,英美研究型大学的跨学科研究生教育资金来源的渠道十分广阔,这为跨学科研究生人才培养工作的顺利实施创造了必不可少的物质条件。

6.4.3 丰富的资助项目

与单一学科相比,跨学科研究生的学习难度较大,英美研究型大学为了

---

① Office of the Provost. Announcing RFPs for the President's Global Innovation Fund and for the Global Scholars Program[EB/OL].[2022-11-06]. https://provost.columbia.edu/news/announcing-rfps-presidents-global-innovation-fund-and-global-scholars-program.

② Imperial College London. John S. Archer Award[EB/OL].[2022-02-28]. https://www.imperial.ac.uk/earth-science/research/john-archer-award/.

突出对跨学科教育的支持，为跨学科研究生的学习和研究设立了丰富的资助项目，来帮助具备跨学科潜质的学生减少经济阻力，让他们能全身心地投入到跨学科学习中。

其一，英美研究型大学设置了专项的跨学科学位资助，这类项目会资助研究生跨学科学习的全过程，资助金额较高，基本涵盖学费、生活费和各项生活补贴。剑桥大学目前针对跨学科研究生学位的专项资助有41个，主要集中于健康医学、电子科技、能源工程等跨学科领域，为跨学科研究生提供全面的资助。① 如医学人工智能中心（Cambridge Centre for AI in Medicine）是2020年新成立的一个跨学科中心，旨在开发人工智能以改造医疗保健，目前招收的5名博士生均已获得连续4年的全额资助。② 伦敦大学学院受到资助的跨学科学位有50多个，尤其以工程与物理科学研究理事会（Engineering And Physical Sciences Research Council）资助的学位最为丰富，包含计算机金融、分子建模和材料科学、城市可持续和复原力等20多个跨学科博士生学位，每年投入超过5000万英镑，资助他们接受跨学科学位教育的全过程。③ 普林斯顿大学的刘易斯-西格勒研究所（The Lewis-Sigler Institute at Princeton University）所有被录取的跨学科博士在学位学习期间获得全额财务支持，包括学费、竞争性津贴和健康福利，这些资金来源于联邦拨款、教师资助和教学资金。此外，研究所还为跨学科研究生提供了31种奖学金，如能源部科学研究生奖学金、福特基金会奖学金计划、NSF研究生研究奖学金等。④

其二，由于跨学科教育活动的特殊性，需要经常参与跨学科实践、交流活动，许多学校还设立了具有竞争性的资助项目，激励学生积极参与跨学科

---

① Postgraduate Admissions. Funded Research Projects[EB/OL].[2022-06-20]. https://www.postgraduate.study.cam.ac.uk/courses/funded-research-projects.

② Postgraduate Admissions. PhD Studentships (x5),Cambridge Centre for AI in Medicine[EB/OL].[2021-12-09]. https://www.postgraduate.study.cam.ac.uk/courses/studentships/le25061.

③ Centres for Doctoral Training (CDTs). CDTs Funded by the Engineering and Physical Sciences Research Council (EPSRC)[EB/OL].[2021-12-20]. https://www.ucl.ac.uk/prospective-students/graduate/research-degrees/centres-doctoral-training-cdts.

④ Princeton University Lewis-Sigler Intitute. Financial Support[EB/OL].[2021-12-11]. https://lsi.princeton.edu/qcbgraduate/education/financial-support.

实践。伦敦政治经济学院为了鼓励博士研究生参与跨学科活动，设立了跨学科活动资助项目，主要资助学生参与跨学科会议、参加跨学科技能培训、举办非正式的跨学科交流会三项事务，资助按天计算，每天资助的上限是500英镑。① 牛津大学十分重视生物医学领域的跨学科研究生培养工作，因此成立了专项基金——勃林格·格翰基金（The Boehringer Ingelheim Fonds）用于支持该领域的研究生参与跨学科研讨会、学术论坛、短期实践培训和交流学习等，② 这类资助项目为研究生参与各种跨学科活动提供了完善的资金保障。斯坦福大学为跨学科博士设立了专项跨学科研究生奖学金，旨在为从事跨学科研究的优秀博士生颁发三年奖学金。第一年的额度为43360美元；第二年的额度为46000美元；第三年额外提供3000美元的研究基金，以促进跨学科研究的智力和专业发展；三年内通过博士资格考试的还将获得每季度750美元的津贴。③ 该奖学金支持斯坦福大学的博士生开展新颖的前沿研究，并追求跨越传统学科界限的问题，包括生物医学研究和生物科学领域的跨学科倡议、国际研究、能源和可持续性、人文科学、社会科学和自然科学内部和相互之间的多学科探究、其他新兴的跨学科研究领域。麻省理工学院计算工程中心提供三项跨学科专项奖学金：Kambourides计算工程研究生奖学金、新加坡-麻省理工学院联盟计算工程奖学金、计算工程中的横向软件奖学金（Horizontal Software Fellowship in Computational Engineering），以支持将研究重点放在计算工程跨学科领域的博士生的工作。④

根据系统理论中"个体之和大于整体"的思想，丰富的资助项目作为跨学科研究生保障机制中的一个重要因素之一，与其他因素进行优化组合后能够有效地提高跨学科研究生培养的质量与效率。因为充足与丰富的资助项目

---

① ESRC Doctoral Training Partnership. Student Funding Competition[EB/OL]. [2021-12-20]. https://info.lse.ac.uk/current-students/phd-academy/esrc-doctoral-training-partnership/Student-Funding-Competition.

② University of Oxford. Boehringer Ingelheim Fonds (BIF)[EB/OL]. [2022-11-21]. https://www.bifonds.de/fellowships-grants/fellowships-grants.html.

③ Office of the Vice Provost for Graduate Education. SIGF: Stanford Interdisciplinary Graduate Fellowship Details[EB/OL]. [2021-12-24]. https://vpge.stanford.edu/fellowships-funding/sigf/details.

④ Massachusetts Institute of Technology. Fellowships[EB/OL]. [2022-01-16]. https://computationalengineering.mit.edu/education/fellowships.

不仅为跨学科研究生的学习提供保障，有效调动跨学科研究生的科研积极性，保证最具潜力的跨学科研究生能够无经济之忧地投入学习中，为创新人才的成长提供土壤；还能通过项目的指引，吸引更多优秀的跨学科研究生从事对社会发展有益的项目，从而促进科技的进步和改善人类的生活。

6.5 本章小结

任何组织活动的顺利运行都需要一套强大的保障机制作支撑，英美研究型大学跨学科研究生培养不仅起步早，而且其培养质量居于世界高等教育前列，这与其背后强大的保障机制息息相关。梳理英美研究型大学跨学科研究生培养的保障机制，我们可以归纳得出如下结论。

第一，完善的培养制度支撑是高质量人才培养的先决条件。英美两国联邦政府为跨学科研究生教育提供了许多政策支持，社会企业与高校合作建立了完善的校企协同育人机制，高校自身也在不断地谋求变革发展，充分利用学院制和学部制的多学科优势条件，以及组建专门的跨学科研究生管理机构等，为跨学科培养提供了重要的组织机制保障。由此可见，英美研究型大学跨学科研究生培养的制度保障是由多方合力构建的，体现出多个利益相关者之间的相互协作性、系统性。

第二，高质量的跨学科教师队伍是跨学科人才培养的人力保障。在选聘跨学科教师之时，英美研究型大学普遍采用多种方式充实跨学科教师队伍，对已有的教师资源，设置了完善的培养机制和激励机制，确保他们有能力且有意愿开展跨学科教育教学工作。英美研究型大学的师资保障机制由聘任机制、发展机制、考核机制、激励机制四个子系统有机构成，与系统理论强调的子系统之间的相互协作性一致。

第三，丰富的跨学科平台是跨学科研究生培养的重要载体。英美研究型大学的跨学科平台呈现出种类丰富、类型多样的特征，包括校内院系之间合作设立的平台、与其他高校联合构建的平台、与国内外知名企业合作设立的平台、与国际社会或组织设立的平台等，各种平台为跨学科研究生创设了良好的学习交流及科研训练的环境，也为跨学科研究生提升其跨学科学术研究能力提供了丰富的机会。

第四，充足的资金是确保跨学科研究生培养体系顺畅运行的物质保障。只有拥有充足的资金，跨学科人才培养的一切活动才能够顺利进行。从资助政策来看，英美两国的联邦政府通过其下设的行政机构和组织出台了多项资助政策，高校在战略层面也对跨学科研究生培养给予了一定的资助倾斜。从资金筹措渠道来看，联邦政府的拨款、社会企业资金投入、优秀校友和社会爱心人士的捐赠都是重要的来源渠道。从资助项目来看，对跨学科学位和其他辅助性活动都有专项的资助项目，基本完整地覆盖了跨学科研究生培养的全过程。

通过对英美研究型大学跨学科研究生培养的制度、师资、平台和资金保障机制的深入研究，可以发现其培养体系高效运转的背后有来自政府、社会、高校内部各方面的力量支撑。我国在构建跨学科研究生培养体系之时，也应充分意识到保障机制的重要作用，注意协同多个方面的力量健全保障机制，给跨学科研究生提供最佳的学习支持。

第 7 章

英美研究型大学跨学科研究生培养的典型案例

随着知识生产模式的改变,学科间呈现出高度交叉融合的趋势,跨学科教育成为英美研究型大学高层次人才培养的重要举措。英美研究型大学的跨学科研究生培养起步较早,成效显著,分析典型高校跨学科研究生培养的理念基础、实施路径、发展趋势等,对我国跨学科研究生培养具有重要的启示作用。

7.1 牛津大学跨学科研究生培养的理念基础及实施路径

7.1.1 牛津大学跨学科研究生培养的理念基础

(1)"自由教育"的办学理念。

曾就读于牛津大学、毕业后担任该校导师的约翰·亨利·纽曼提出"自由教育"思想,认为教育要培养学生的智力,而智力的培养并不趋向于特定的目标或偶然的目的,也不指向具体的职业、研究或者科学,而是以对智力本身的追求为目标[1]。强调追求智力本身,探索和传授普遍知识的自由教育观奠定了牛津大学跨学科研究生培养的理念基础。纽曼指出,构成知识的各门学科之间有着千丝万缕的联系,它们内部统一协调,并且允许甚至是需要

---

[1] Newman J H. The Idea of A University[M]. London: Routledge Thoemmes Press, 1994:152.

比较和调整。而"学生不可能攻读所有学科,所以需要生活于代表整个知识领域的人中间,耳濡目染,受其熏陶"①,牛津大学为跨学科研究生培养提供了自由探索和学科交叉的土壤,现任校长路易斯·理查森在 2018 年度总结时指出:"学院提供了无与伦比的个性化教育环境,促进跨学科的发展和深刻的社区意识的形成。"② 学校弥漫着学科知识间共存与交流的氛围,学生在此可以尽情开展学科对话、思想碰撞,获得更广阔的知识视野。

文理并重的学科发展策略为牛津大学跨学科研究生培养奠定了基石。早期的牛津大学以人文学科见长,在 19 世纪工业革命和世界高等教育变革的推动下,学校意识到文理学科平衡发展、互相支撑的重要性。据 2019 年泰晤士高等教育全球学科排名,牛津大学的工程和技术学、社会科学均名列第一,生命科学、艺术和人文科学均名列第三,物理科学名列第七。牛津大学已经成为一所文理学科发展都很强劲的世界一流大学,这也为学科交叉融合、开展跨学科研究生培养奠定了重要的学科基础,以圣凯瑟琳学院(St. Catherine's College)为例,其文理学科之间注重融合互通,在此基础上形成计算机科学与哲学、数学与哲学、物理与哲学、历史与经济学等多个文理交叉融合的学科,使跨学科研究生教育成为学院发展的重要方向。事实上,强调打破学科界限开展跨学科研究生培养,既是自由教育办学理念的深刻体现,也是实现自由教育的重要途径。

(2)"平等和多元化"的学术愿景。

大学只有吸纳不同的文化并平等相待,才能促进多样化学术思想之间的相互沟通和融合。牛津大学的学术愿景即为促进平等与多元化,营造包容性的学术氛围,保持师生学习和工作环境的平等、多样性。③ 各学院结合自身发展情况出台了相应的细则,如埃克塞特学院(Exeter College)制定了"平等与多元化"政策,维持一个尊重所有师生权利与尊严的教育环境,帮助他们充分发挥学术潜力。牛津大学形成了包容性极强的软环境,1878 年学校致

---

① 约翰·亨利·纽曼.大学的理想[M].徐辉,顾建新,何曙荣,译.杭州:浙江教育出版社,2001:22.

② University of Oxford. Vice-Chancellor's Oration 2018[EB/OL].[2022-08-27]. http://www.ox.ac.uk/news/2018-10-02-vice-chancellors-oration-2018.

③ Equality and Diversity. University of Oxford Equality Policy[EB/OL].[2022-07-08]. http://www.admin.ox.ac.uk/eop/policy/equality-policy/.

力于促进性别平等,成立了第一所接收女子入学的玛格丽特夫人学堂及促进妇女高等教育协会。1876年牛津大学的第一个黑人毕业生克里斯蒂安·科尔成为在英国法院执业的首位黑人,2017年学校以其名义举行牌匾揭幕活动,副校长丽贝卡·苏雷德强调:"克里斯蒂安的这块牌匾将会提醒我们大学在促进多元化方面已行进很久并取得了许多成就,牛津大学也将推进多元化作为优先事项,继续鼓励和庆祝我们的员工与学生团体的多元化。"①

对平等和多元化的不懈追求有利于牛津大学良好学科生态的形成,也极大地促进了不同学科间的交叉融合,为跨学科研究生培养营造了浓厚的学术文化氛围。"为了成为一个顶尖有领导作用的国际性大学,我们希望能够吸引到多元化的人才,我们要开展跨学科研究,我们要开展高层次研究,要培养好的学生,有好的研究我们就需要来自不同国家、不同背景、不同性别的员工和学生。"② 环境变化研究所作为牛津大学的一个跨学科单位,其跨学科硕士生的国际化比例为80%~90%,正因为多样化的学生和学科背景强化了对话学习过程,使得学生之间更容易进行相互的跨学科学习。

(3) 培养"社会领袖与未来学者精英"的目标追求。

1852年纽曼曾针对牛津大学指出,高等教育的唯一原则应是培养精英。牛津大学前副校长莫里斯·博拉认为,牛津的基本任务有四个:培养领袖人才,科学研究,培养新型的学者和科学家,通过学院传递文明文化。③ 可见,作为最古老的大学之一,培养"社会领袖与未来学者精英"一直是牛津大学的目标追求。随着社会重大难题的复杂化,跨学科教育已成为高等教育发展的必然趋势。20世纪90年代英国接连发表了《高等教育的框架》和《21世纪的教育和训练》两份报告,强调要从重视专业人才培养到积极开展综合教育和跨学科培养,实施宽口径课程教学,加强复合型人才培养。在此环境下,牛津大学所要培养的是具备广博知识、创新思维能力、良好的综合素养与卓越领导才能的人,即其培养的是超越单一学科限制的领袖

---

① University of Oxford. Oxford's First Black Graduate to Be Celebrated with College Plaque[EB/OL]. [2021-04-20]. http://www.ox.ac.uk/news/2017-10-11-oxford%E2%80%99s-first-black-graduate-be-celebrated-college-plaque.

② 第四届中外大学校长论坛之耶鲁大学校长、牛津大学校长演讲篇[N].人民网,2019-05-01.

③ Soares J A. The Decline of the Previlige:The Modernization of Oxford University[M]. Standford:Standford University Press,1999:82.

型、精英型人才。牛津大学凯洛格学院（Kellogg College）院长乔纳森·米基指出："如果一个人想要理解并改变当今社会，关键在于跨学科和跨学科人才工作，重点是要寻求相互合作、相互学习，由此创造出的成果才能大于学科的总和。"[1]

牛津大学环境变化研究所将跨学科研究生培养定位为"培养在环境变化与管理方面的国际领导者和决策人"，遴选最优秀的生源和师资并采用跨学科教育的方式培养复合型人才。跨学科博士培训中心（DTC）的目标追求是"培养能应对未来几十年挑战的科学家，使我们的学生能够在快速发展的实验和理论环境中获得足够广泛的洞察力，以便他们能够提出正确的问题来应对生物学和医学领域未来的挑战"[2]。实施跨学科研究生教育，正是牛津大学为了达到培养"社会领袖与未来学者精英"这一目标而做出的努力。而该目标追求也使牛津大学在人才培养方面取得了非凡的成就，学校先后培养了27位英国首相、30多位国际领袖、50位诺贝尔获奖者和120位奥运奖牌获得者，"在过去的几百年里，牛津大学培养的高层次政治家和公务员比其他所有大学（包括剑桥大学）加在一起还要多"[3]。

7.1.2 牛津大学跨学科研究生培养的实施路径

（1）注重生源和师资的多元化，构建跨文化的育才环境。

牛津大学崇尚平等和多样化，在研究生招生和教师招聘中，强调吸纳多元化人才共同建设牛津社区。2017—2018年牛津大学境外研究生申请比例达76.8%，境外在读人数占研究生总人数的64%，包括来自140多个国家和地区的学生群体[4]。校长理查森高度肯定了多元化生源的作用："外国学生带给

---

[1] Kellogg College. President Post: Why the Social Sciences Matter[EB/OL].[2021-10-26]. http://www.kellogg.ox.ac.uk/blog/president-post-why-the-social-sciences-matter-2/.

[2] University of Oxford. Oxford Interdisciplinary Bioscience Doctoral Training Centre[EB/OL].[2022-03-18]. http://www.biodtp.ox.ac.uk/dtc.html.

[3] Soares J A. The Decline of the Previlige：The Modernization of Oxford University[M]. Standford：Standford University Press, 1999：5.

[4] University of Oxford. Graduate Admission Statistics Entry 2017-18[EB/OL].[2022-07-24]. https://www.ox.ac.uk/sites/files/oxford/Graduate_Stats_1718%20WEB.pdf.

我们最大的贡献不在于财政收入的增长,而是他们所带来的多样化的视角。"① 牛津大学48%的教师来自100多个国家和地区,使牛津成为一个多元化蓬勃发展的国际社区。来自不同文化背景的师生具备多样化的学科知识、思维方式、学术特长和研究技能,有利于形成跨文化的育才环境,为跨学科研究生培养奠定了良好的基础。

为保障生源和师资的多元化,牛津大学专门设立了平等与多元化部门负责相关工作,每年收集相关调查数据形成学校报告,及时出台相关举措促进师生跨文化跨学科的沟通对话。学校还设立了"多元化基金"(Diversity Fund)、"副校长多元化奖"(Vice-Chancellor's Diversity Awards)等,鼓励世界各地的优秀学子加入牛津大学。而以圣安东尼学院(St. Antony's College)为代表的学院,从教师招聘、培训和晋升等方面制定了具体细则,促进教师队伍的多样化。泰晤士高等教育世界大学排名中,牛津大学连续三年夺冠,泰晤士高等教育首席知识官菲尔·巴蒂评论道:"牛津大学的蓬勃发展,不仅仅是因为大量的研究经费和非常亲密的教学环境,而主要是由于校园里的人才——它吸引来自世界各地不同背景的人才。"② 正是不同文化背景的师生汇聚一堂,从多样化的视角开展对话与交流,促使不同学科知识的相互理解与合作,形成了极具自由开放性的跨文化育才环境。而这种跨文化育才环境,有利于教育突破传统封闭的单一学科知识体系,通过整合不同学科的知识技能和研究方法,获得解决复杂问题的更广阔的思维视角,为跨学科研究生培养提供适宜的学术生态环境。

(2)利用学院制提升学生跨学科素养。

根据《牛津大学章程》,牛津大学实行学院制,前校长安德鲁·汉密尔顿曾言:"我们这38所学院是一个很好的工具,在一个学院之中,有一些小的团体很多时候都是跨系生活的,比如说理工科、化学科的学生可能与学哲学的学生共处一室,这对他们来说是一个很好的交流机会。"③ 同一个学院存

---

① University of Oxford. Vice-Chancellor's Admission Address[EB/OL]. [2022-06-30]. http://www.ox.ac.uk/news/2016-01-12-vice-chancellors-admission-address.

② University of Oxford. Oxford Ranked World's Best University for Third Year Running[EB/OL]. [2022-04-21]. http://www.ox.ac.uk/news/2018-09-26-oxford-ranked-world%E2%80%99s-best-university-third-year-running.

③ 第四届中外大学校长论坛之耶鲁大学校长、牛津大学校长演讲篇[N]. 人民网,2019-05-01.

在多个学科，为跨学科教育提供了组织上的便捷。以国际关系、经济学、政治学、历史学和人类学见长的圣安东尼学院，利用优势学科进行非洲、欧洲、拉丁美洲的跨学科区域研究和教育。以管理学、健康和医学、社会科学著称的格林坦普顿学院，其护理计划汇集了来自学院内多个学科和专业背景的师生，围绕老年人护理问题进行跨学科探讨，并研究社会护理和医疗保健之间的相互联系。来自不同学科背景的学生和教师汇聚在学院，构建了一个多学科交流融合的学术环境，帮助学生形成对跨学科学习的理解和兴趣，提升其跨学科素养。

学院之间还会根据教育需求进行跨学科研究生合作培养，其主要做法为：第一，采用联合聘任教师的形式实现跨学科师资整合，即具有多学科背景的教师可以同时承担两个或两个以上学院的教学、科研和学生指导工作。第二，整合资源开设联合课程。以牛津大学赛德商学院为例，通过"1+1"MBA 计划，利用其一流的管理学科资源，将管理学与其他 13 个部门的专业课程进行跨学科整合，针对不同学科背景的学生开展跨学科培养。第三，合作举办学术会议和研讨会，进行跨学科交流。如格林坦普顿学院与纳菲尔德学院联合了两个学院的医学、人口健康、人类学、全球公共卫生等领域的师生，举办全球肥胖问题研讨会。学院合作培养跨学科研究生的同时，各学院以其优势学科向外交叉扩展，使学生有机会接受来自多个学科优秀教师的共同教育和指导，参与跨学科研讨交流，在潜移默化中培养了学生跨学科素养，促进其形成跨学科思维方式。

(3) 设置跨学科专业，构建多样化的跨学科课程体系。

依托跨学科专业开展跨学科人才培养，是大学进行跨学科研究生教育的有效路径。牛津大学设置了一系列的跨学科专业，例如其人文学部共有 41 个研究生专业，其中涉及跨学科的专业包括电影美学、中世纪研究、艺术史与视觉文化、哲学神学等 15 个，占全部专业的 37%。[①] 医学院设有基因组医学与统计学、感染免疫学和转化医学、结构生物学、生物医学等跨学科研究生专业。跨学科专业必然需要跨学科的课程体系作支撑，牛津大学跨学科课程采取主修与选修、课堂授课与科研实践相结合的方式，科研实践课程往往周期较长，重在培养研究生跨学科思维能力和跨学科研究技能（见表 7.1）。

---

① University of Oxford. Humanities[EB/OL]. [2022-08-22]. https://www.ox.ac.uk/admissions/graduate/courses/humanities? wssl=1.

表 7.1　牛津大学跨学科生物科学博士生课程体系

课程类型	课程目的	课程内容	考核方式	课时
主修课程	掌握生物科学的核心专业知识	编程简介、基础数学和统计学、细胞信号和系统、Matlab 编程语言、生物信息学、生物物理学和成像技术、显微镜成像技术、有机化学、数据管理、数据分析与统计、图像分析学等	根据学生背景和经验进行评估	17~20 周
选修课程	发展学生的跨学科思维	高级光学、化学神经科学、研究设计与临床试验、农业化学、基因组工程、表观遗传学、生物力学、机构生物学、随机建模、系统医学、X 射线晶体学等	学生进行课程记录和报告	1~2 周密集课程教学
项目轮岗	在实际项目中发展和练习跨学科技能	参与两个研究小组和研究主题与合作的实验室和工业伙伴的轮岗项目	完成两篇简短的轮换项目期刊论文	24 周
研究项目	加深对特定主题知识的理解，获得广泛的研究认识	确定博士项目主题，进行实质性的研究	完成项目研究计划书及博士论文	3 年
职业发展	培养批判性思维和个人可迁移技能	科学写作、演讲和沟通技巧、科学方法论、项目管理、教学经验和培训、生命伦理学、研究伦理、技术转让和知识交流、知识产权等	在年度活动和会议上报告并展示研究成果	12 周

资料来源：http://www.biodtp.ox.ac.uk/programme/overview.html。

从表 7.1 可以看出，跨学科生物科学博士生除了主修、选修课程外，还包括诸如项目轮岗、研究项目训练以及职业发展实践课，多样化的课程体系使学生在提升跨学科知识能力的同时，也成为具备团队协作、沟通交流、演讲技巧等各种迁移性技能的复合型人才。该课程体系受到学生的广泛好评，2015 届博士生卡特琳娜·约翰逊说："该授课课程十分有价值，因为它能提供一系列对研究十分有用的知识和方法技术……可以在研究过程中建立广泛的联系。"①

（4）开展跨学科研究训练，培养研究生的跨学科思维。

迈克尔·吉本斯指出，知识生产更多地源于应用情景之下，在一个基于应用的复杂环境之中进行工作，对于解决办法来说，其决定性因素是在一个行动框架之中综合不同的技巧，最终解决办法的形成通常会超越任何单一学科。②牛津大学实施跨学科研究训练正是基于实际的科研问题，使学生在学术研究中学会应用多学科知识和方法，培养其跨学科思维能力。为此，牛津大学针对不同专业定制了系统的跨学科研究训练计划。从事区域研究的博士生在跨学科研究训练中，要达到三个目的：培养与区域研究相关的研究技能，建立对不同地区的跨学科理解，进行原创性质的研究。③生物医学、合成生物学、生物科学等跨学科专业都要求研究生参加三年以上的实质性项目研究。跨学科研究训练方式包括四种。第一，实验室轮换。旨在体验不同实验室的学科知识和学科文化，积累跨学科研究的经验。由英国研究理事会资助的合成生物医学要求研究生参加至少两次的实验室轮换。第二，实地考察。许多跨学科项目与其他国家、学校和行业组织都有合作培养，提供学生实地考察研究的机会，锻炼其跨学科知识的应用能力。第三，跨学科团队研究。一般会由多名研究员或教师领导，带领不同学科的学者和研究生通过团队协作的形式共同探究复杂性问题。巴利奥尔学院（Balliol

---

① Doctoral Training Centre. Case Study：Katerina Johnson［EB/OL］.［2022-08-21］. http://www.dtc.ox.ac.uk/case-studies/case-study-katerina-johnson.html.

② ［英］迈克尔·吉本斯，卡米耶·利摩日，黑尔佳·诺沃提尼，等.知识生产的新模式：当代社会科学与研究的动力学［M］.陈洪捷，沈文钦，等译.北京：北京大学出版社，2011：4-5.

③ African Studies Centre. DPhil in Area Studies［EB/OL］.［2022-05-18］. https://www.africanstudies.ox.ac.uk/dphil-in-area-studies#tab-562426.

College)的跨学科研究所是一个典型的例子，该所为研究生设置了许多开创性的研究项目，人文科学、社会科学以及物理和医学科学各领域的研究生都可申请参与，在老师的带领下进行跨学科研究训练，同时增长团队合作与学科沟通能力。第四，学术交流。定期开展国际专家研讨会、跨学科小组讨论会、跨学科讲座等多种学术活动，跨学科研究生可以根据自己的需求和专业发展方向参加。

牛津大学的跨学科研究训练糅合了多种学科视角与研究方法，鼓励学生接触不同学科领域的权威学者，加强团队合作交流，培养其跨学科思维能力。合成生物学的研究生在训练结束后表示："研究项目使我提升了一些化学核心技能，实验室轮换使我有机会尝试完全不同的研究领域"[①]"这些研究训练不仅提高了我的实践和理论技能，还培养了我的可迁移性技能，在布伦南实验室工作期间，研究项目的跨学科性质使我能够拓宽技能和思维，这对我未来的研究有很大的好处"[②]。

（5）设立专门的跨学科奖助学金，激励跨学科研究生学习。

英国罗素集团在研究生课程评审报告中指出，要将有限的资金投入到高质量的研究生课程中，而高质量研究生课程的特点是能够提供跨学科研究和可迁移技能培训。[③] 作为罗素集团成员的牛津大学为研究生设立了多样化的跨学科奖助学金，此类奖助学金资助面广泛，资助力度较大，并且具有较强的资金延续性。以牛津-韦登菲尔德和霍夫曼领导力计划（Weidenfeld Hoffmann Leadership Program）为例，该计划是一项旨在为来自发展中国家和新兴经济体地区培养未来领导者的跨学科计划，为支持该计划，牛津大学于2007年设立了牛津-韦登菲尔德和霍夫曼奖学金，迄今已资助了来自68个国家的249名研究生，涵盖了其在校期间所有课程学习和生活费用。2019年世界经济论坛上，该奖学金计划的信托基金主席简·鲍德温对其给予高度评价："获该项奖学金资助的学生得到了大量领导力课程的训练……培养出的

---

① Synthesis for Biology&Medicine. Lab Rotations & Dphil Project[EB/OL].[2019-07-10].http://www.oxfordsynthesiscdt.ox.ac.uk/programme/projects.html.

② Synthesis for Biology&Medicine. Our Student's Stories[EB/OL].[2019-07-10].http://www.oxfordsynthesiscdt.ox.ac.uk/impact/stories.html#michaeltilby.

③ Russell Group. Government Review of Postgraduate Provision[EB/OL].[2019-08-22].https://www.russellgroup.ac.uk/media/5261/russell-group-submission-to-postgraduate-review-final-2.pdf.

人才对他们的原籍国家产生了积极且可持续的影响。"[①] 牛津大学环境变化研究所（Environmental Change Institute）为其培养的环境变化与管理跨学科研究生提供11项奖助学金，自1994年该跨学科专业成立以来，超过70%的学生获得了奖助学金支持。针对跨学科研究生设立的奖助学金，吸引了一批优秀青年参与跨学科学习，激励着他们刻苦钻研。环境变化研究所2009届学生莱昂韦斯特认为，获得跨学科奖学金的支持使其有机会掌握必要的知识以应对环境管理的变化，自己未来任何学术上的成功都要归功于这份奖学金和跨学科课程的学习。[②]

7.1.3 牛津大学跨学科研究培养的发展趋势

（1）强化跨学科人才培养战略规划，确立其优先发展地位。

《牛津大学战略规划（2013—2018）》提出两项优先发展战略，其中之一是跨学科教育，强调牛津具有最广泛的学科领域和知识深度，同时学院制为希望从事跨学科学习的人提供了优越的组织环境，牛津将利用这些优势，制定相关政策支持跨学科的人才培养。而《牛津大学战略规划（2018—2023）》进一步强调了跨学科人才培养的重要性，其作为未来人才培养的重要发展方向之一，特别指出牛津大学将领导跨越自然科学、社会科学和人文科学的国际研究议程，培养多学科人才和召集国际团队以解决当今世界面临的重大问题，继续发展学院的跨学科性质和教学实力。

未来，牛津大学将继续利用学院制优越的跨学科环境进行跨学科研究生培养。格林坦普顿学院提出学院未来发展的重点是参与应对现实世界挑战，主张学院的多样化和学科研究之间的健康融合，为增进人类福祉带来最好的研究。凯洛格学院将学院使命描述为："欢迎和支持研究生创造一个包容和平等的知识共同体，促进跨学科学习和研究，发展学术卓越、创新和社会相关性。"随着人类社会面临的问题更加复杂化、综合化及跨学科性，牛津大

---

① Weidenfeld-Hoffmann Trust. Oxford Graduates Launch Scholarship Fundraising Campaign at the World Economic Forum in Davos, Switzerland[EB/OL]. [2021-01-25]. http://whtrust.org/wp-content/uploads/2019/01/WHT-Fundraising-Campaign.pdf.

② Environmental Change Institute. Student Reflections on the Programme[EB/OL]. [2022-08-22]. https://www.eci.ox.ac.uk/msc/scholarships.html.

学发展战略和各学院发展愿景都强调培养跨学科人才对于解决全球重大问题的意义。基于此,牛津大学从学校发展战略的高度会继续强化跨学科人才培养的优先地位,为应对未来挑战提供智力支撑。

(2) 加强跨国教育合作交流,增强跨学科研究生培养的国际影响力。

开展跨国教育合作交流既可促进学生对多元文化的理解,培养学生的跨文化视野,又可推进跨国教育资源整合和共享,吸引更多国际学者进入牛津大学学习,增强其跨学科研究生培养的国际影响力。《牛津大学战略规划(2013—2018)》指出,进行国际合作并共享先进的教育资源是跨学科培养的有效方式之一,牛津大学将不断探索与国际机构和组织合作的机会,这种跨国全球合作能够解决大规模的与跨学科相关的重大问题。

牛津大学与全球众多国家建立了联系,其跨国教育合作主要有以下三种形式。第一,开展长期战略性研究生合作培养计划,2001年以来牛津大学会同剑桥大学与美国国立卫生研究院(NIH)启动NIH牛津剑桥学者计划,旨在培养生物医学研究领域领军人物。牛津大学与哈佛大学、约翰霍普金斯大学、耶鲁大学、威斯康星大学、多伦多大学、新加坡国立大学等世界一流大学都有长期合作培养研究生的项目。第二,通过在其他国家或地区设立研究中心或分校的形式进行教育合作,如牛津大学北美分校、牛津大学中国研究所、牛津苏州高级研究中心等。第三,积极加入国际联盟开展联合教育和研究活动,如国际研究型大学联盟、欧洲大学联盟、欧洲研究型大学联盟等,与联盟成员共同开展重大研究项目,为彼此的学生提供暑期交流课程,并为高等教育的可持续发展采取共同行动。未来牛津大学会继续扩大跨国教育合作的范围,丰富跨国跨学科研究生培养的形式,进一步夯实培养社会领袖人才和未来学者精英的国际根基,而其所培养的顶尖人才未来也必将是全世界的人才资源,他们在世界舞台上的作为同时也会强化牛津大学跨学科研究生培养的国际影响力。

(3) 注重研究生可迁移技能和通用性知识的培养。

可迁移技能和通用性知识是指那些能够从一份工作迁移到另一份工作中、可以用来完成多种工作的技能和知识。2002年英国《罗伯茨报告》指出,英国高校毕业生的知识技能与雇主需求之间存在不匹配现象,他们难以在实际环境中运用他们的技术知识,并缺乏强大的可迁移技能。此后,英国研究理事会投入1.2亿英镑支持研究生可迁移技能和通用性知识的培养。为响应英国政府倡议，牛津大学的多个跨学科博士培训中心都开始将可迁移技能和通用性知识纳入培养方案。① 数学物理和生命科学部门针对个人需求和职业规划开发了培训需求分析（TNA）工具，为研究生未来所需要的核心通用技能制定培养框架，该计划得到参与者的一致好评，课程评分高达 8.5 分（满分 10 分）。社会科学部门强调设置不同主题的专项培训计划，如研究诚信、研究方法、写作和沟通技巧、项目管理等，确保每个主题模块都可以找到相应的课程和培训机会之间的链接。

可迁移技能与通用性知识的培养能为跨学科研究生未来的职业发展提供更多选择，奠定其未来在研究中开拓创新，在职业生涯中脱颖而出的根基。《牛津大学战略规划（2018—2023）》提出要将可迁移技能和通用性知识作为未来培养跨学科学生的任务之一，承诺为学生提供更加完善的学习体验，确保毕业生能在他所选择的任何职业上都取得优异的成绩。为此，牛津大学未来将采取四项举措。第一，鼓励多样性的评估，确保牛津大学的教学和评估为所有学生提供平等的机会，以更加多样的评估标准发现学生的各种潜力。第二，继续加强学院、学术部门及各机构之间的教育合作，共同为跨学科学生发展提供所需的各种支持。第三，将在课程内外提供各种机会，同时扩大资助海外实习和研究训练的机会来发展个人可迁移技能。第四，为研究生提供技能提升和职业准备的机会。

（4）增加专门的跨学科研究生教育组织机构。

尽管近年牛津大学相继成立了人口老龄化研究所、跨学科区域研究学院等十余个跨学科研究与研究生教育的组织机构，然而这些机构的数量与当今世界对跨学科研究和高层次跨学科人才的巨大需求相比仍显不足。《牛津大学战略规划（2018—2023）》指出，学校现有的跨学科机构难以满足未来学生培养的要求，为缓解现有研究生院的紧张状况，牛津大学计划在学校层面成立新的跨学科研究生院，并不断完善现有机构跨学科设施环境②。正在筹建的跨学科研究生院被命名为公园学院（Parks College），专注于 21 世纪重

---

① University of Oxford. Career Development and Training [EB/OL]. [2021-12-24]. https://www.mpls.ox.ac.uk/training/career-development-and-training.

② University of Oxford. Why is a new graduate college needed? [EB/OL]. [2022-07-23]. http://www.ox.ac.uk/sites/files/oxford/field/field_document/Further_information-ParksCollege.pdf.

大问题的跨学科研究与教育，公园学院计划于2020年10月招收50名研究生，到2022年每年招收约200名研究生，旨在为跨学科研究生培养提供丰富的学科知识和经验，促进跨学科互动。

与此同时，牛津大学的绝大多数学院，尤其是只招收研究生的学院为了提升跨学科研究生培养的效果，也在考虑新增跨学科组织机构。纳菲尔德学院2014—2017年成立了四个跨学科中心，将来会新增一个计量经济学和气候科学跨学科教育研究中心。增设专门的跨学科研究生教育组织机构，可以为汇聚各类资源促进跨学科研究和人才培养创设便利的环境，提供可靠的组织保障，因此，成立专门的跨学科组织机构将成为跨学科研究生培养的重要趋势之一。

7.1.4　对牛津大学跨学科研究生培养的再思考

牛津大学的跨学科研究生培养取得了骄人的成绩，在2014年英国对高等教育的满意度调查中，其全球和地区研究学院（Oxford School of Global and Area Studies）跨学科研究生培养课程达到了96%～100%的满意度，远高于英国其他大学的平均水平，其培养的跨学科研究生毕业之后在国际机构、全球非政府组织、各国外交部门、国际政府等领域担任高级职务，为英国乃至国际社会培养了大量的跨学科人才。① 牛津大学跨学科生物科学博士项目中60%的学生成为所在研究领域的领导者，20%的学生从事工业研究，创立了11家公司，其中多家公司投资数额达到数百万美元，已授权专利或待批专利达到30多项。② 环境变化研究所培养的60多名跨学科博士在美国、中国、印度、巴西等国家从事环境变化相关的重要工作。③ 目前，我国的跨学科研究生培养还处于起步阶段，可以从牛津大学跨学科研究生培养中得到诸多启示。

---

①　University of Oxford. Oxford School of Global and Area Studies[EB/OL]. [2021-10-27]. https://www.area-studies.ox.ac.uk/about-us.

②　Oxford Interdisciplinary Bioscience Doctoral Training Partnership. Alumni[EB/OL]. [2021-07-25]. http://www.biodtp.ox.ac.uk/people/alumni.html.

③　Environment Change Institute. Completed Doctoral Students（Since 2006）[EB/OL]. [2022-09-11]. https://www.eci.ox.ac.uk/doctoral/completed-students.html.

(1) 实施跨学科研究生培养战略规划,构建良好的跨学科培养环境。

"凡事预则立,不预则废",《牛津大学整体规划(2005—2010)》指出学校要在各学科领域以及跨学科研究领域引领世界潮流,为本科生与研究生提供卓越的教育,《牛津大学战略规划(2013—2018)》《牛津大学战略规划(2018—2023)》均将跨学科研究生教育作为重要的战略内容,强调要进一步优化培养环境。牛津大学跨学科研究生培养的顺利推进与其注重战略规划、构建良好的跨学科培养环境密不可分。

我国已经从国家战略层面认识到跨学科教育的重要性,《统筹推进世界一流大学和一流学科建设方案》《国家教育事业发展"十三五"规划》强调,要培育跨学科跨领域创新团队、鼓励跨学科攻读专业硕士学位、培养宽口径高层次复合型人才。国家政策要得到有效落实,一方面需要国家有关部门细化跨学科人才培养的政策制度,增设跨学科专业及学位,鼓励高校积极开展跨学科研究生培养,加强研究生培养的跨国、跨文化交流,并为跨学科研究生的培养提供专门的资金保障、社会合作保障等,形成跨学科研究生成长的良好大环境。另一方面需要高校结合自身办学特色与定位,像牛津大学一样将跨学科研究生培养作为学校发展的重要战略内容。为此,高校应树立跨学科教育战略意识,根据学科交叉融合的趋势和研究生培养的未来需求,瞄准要突破的跨学科领域实施战略规划。同时要加强跨学科研究生培养战略规划的宣传,形成浓厚的跨学科培养氛围和强烈的跨学科认同感,构建良好的跨学科培养环境,并从资金、人员、管理等方面建立完善的跨学科战略实施保障机制。

(2) 建设跨学科专业与课程,强化跨学科研究训练。

我国 2018 年颁布的《授予博士、硕士学位和培养研究生的学科、专业目录》,明确了 13 个学科门类,并没有设置跨学科门类的专业。部分高校名义上设置了相关的跨学科专业,但如果从知识体系和教学管理组织体系方面深入考查,则其与真正意义的跨学科还存在距离。[①] 在此基础上形成的跨学科课程往往只是对不同学科知识的简单堆砌,缺乏对不同学科知识结构的有机关联,致使跨学科研究生培养成效不显著。反观牛津大学,其学术委员会有权依据社会发展、科技变化对专业进行调整,根据学科交叉趋势与社会发

---

① 刘海涛. 高等学校跨学科专业设置:逻辑、困境与对策[J]. 江苏高教,2018(2):6-11.

展走向及时新设系列跨学科专业，形成了较为完善的跨学科课程体系。对此，我国应根据科学技术和经济社会的变化及时增设跨学科研究生专业，并逐渐下放高校专业调整的自主权，引导高校结合学科发展的客观规律进行跨学科专业设置。鼓励高校围绕跨学科专业开展课程体系建设，加强对跨学科课程类型、目标、功能、内容、方法及评价的研究，使不同领域的知识建立有机联系，充分发挥跨学科课程的育人作用。

牛津大学的成功经验告诉我们，跨学科研究生培养离不开系统的跨学科研究训练，而我国高校人才培养过程中的一个突出问题是教学和科研相背离，这就难以保证跨学科专业的可持续发展。① 因此，我国在培养跨学科研究生的过程中，一定要将研究生教学和科研训练紧密结合，将研究生跨学科研究训练视为一个不可或缺的环节，将其纳入跨学科研究生培养计划大纲中，帮助学生实现从跨学科理论学习到科技成果产出的过渡，培养其跨学科研究思维能力。可借鉴牛津大学的做法，采用实验室轮换、跨学科团队协作等方式，让研究生积极参与跨学科研究项目，通过科研训练课程和研究实践，锻炼培养其跨学科研究技能、综合素养、实践技能和团队协作能力等。

（3）建设跨学科教师队伍，完善跨学科教育考核制度。

跨学科教师队伍水平是决定跨学科研究生培养成败的关键性因素。从学科背景来看，我国拥有跨学科学习和研究经历的教师较少，不同学科领域的教师相互交流沟通不多，进行合作研究和联合培养研究生的教师极少。从隶属关系来看，受我国传统的组织制度的制约，教师的评价制度和聘任晋升制度都是基于院系和学科，教师对学科的忠诚度和归属感十分强烈，使得教师难以形成跨学科身份的认同，从事跨学科活动也会受制于传统的组织制度。②

借鉴牛津大学的联合聘任制度，我国高校可以跨部门组建跨学科研究生培养的师资团队，教师既在原学院任职，又能以联合聘任的形式参与其他学院的跨学科研究生教育，增强优秀师资的共享性和流动性。同时，要完善跨学科教育考核制度，制定合理的跨学科教师考核条例和晋升制度。

---

① 刘海涛. 高等学校跨学科专业设置：逻辑、困境与对策 [J]. 江苏高教，2018（2）：6-11.

② 徐岚，陶涛，周笑南. 跨学科研究生核心能力及其培养途径——基于美国 IGERT 项目的分析 [J]. 学位与研究生教育，2018（5）：61-68.

跨学科的课堂教学、研究生指导等涉及多个学科的整合，工作内容也更加复杂，考核中要考虑跨学科教师的工作性质和难度，增加跨学科业绩的比重。还应完善对学生培养质量的考核制度，加强对跨学科课程的监督与评估，强化对跨学科论文审核、答辩和学位评定的管理，确保跨学科研究生的培养质量。

（4）建立专门的跨学科教育组织机构，健全相关支撑机制。

牛津大学从学校层面到学院内部都十分注重组建专门的跨学科教育组织机构，为跨学科研究生培养提供了有力的组织保障。近些年，我国高校纷纷成立了一些跨学科研究中心，但缺乏专门的跨学科教育组织机构仍是一个普遍性问题。跨学科研究生培养所需的项目和课程资源分散在不同的学院，依据学科划分的院系组织分裂了知识间的联系，难以实现教育资源共享；即使有跨学科团队，也因受到院系隶属关系和既有学科背景的制约无法建立有效的协同培养机制。[①] 对此，我国高校要着力破除院系组织壁垒，围绕相关跨学科培养项目、跨学科教育主题等建立专门的跨学科教育组织机构，也鼓励学院利用自身强势学科，积极与相关学科交叉融合形成学科群，围绕学科群建立跨学科教育组织形式。

正如有关学者所指出的，我国高校现行的人事管理制度、学术评价制度等严重阻碍了跨学科组织的创设和跨学科活动的开展，故建立专门跨学科组织发展的机制支撑尤为重要。[②] 牛津大学的跨学科教育组织机构有充足资金支持、专门的管理队伍，制定了科学的考评机制。鉴于此，我国在建立专门的跨学科教育组织机构的同时，需要完善相关支撑机制。要构建跨学科研究生培养的资金保障机制，国家、学校、社会"预留"给跨学科教育足够的资金；要完善跨学科研究生培养机制，包括课业管理、奖助学金、科研训练等，确保跨学科研究生培养的质量；要建立跨学科人事管理制度，保证充沛的人力资源支撑跨学科组织的运行。

---

① 茹宁，李薪茹．突破院系单位制：大学"外延型"跨学科组织发展策略探究［J］．中国高教研究，2018（11）：71-77．

② 焦磊，谢安邦．美国研究型大学跨学科学术组织的建制基础及样态创新［J］．中国高教研究，2019（1）：60-65．

7.2 密歇根大学跨学科研究生培养的理念基础及实施路径

突破原有的单一学科框架，开展跨学科合作研究与研究生培养，既是西方发达国家解决社会复杂难题、增强国家核心竞争力的战略举措，也是世界著名大学进行研究生教育改革、培养拔尖创新人才的重要途径。密歇根大学较早开始了跨学科研究生培养的探索而且成效显著，全面分析其理念基础及实现途径，对我国研究生教育改革具有重要的借鉴意义。学校前任校长科尔曼在总结密歇根大学能够跻身世界一流研究型大学的宝贵经验时，指出其重要原因之一是学校致力于跨学科的不断融合和推进，将推进跨学科理念作为建设现代大学的发展实践。①

7.2.1 密歇根大学跨学科培养研究生的理念基础

密歇根大学作为一所顶尖的公立研究型大学，其研究生教育颇具盛名。在 2016 年 QS 世界大学排行榜，密歇根大学排名第 23 位，超过了加州大学伯克利分校和加州大学洛杉矶分校，居美国公立大学第一名。② 2016 年《美国新闻与世界报道》(*U. S. News & World Report*) 对研究生教育进行了排名，密歇根大学在商学、教育学、工程学、法律、医学、护理学等六大领域的排名均在前 15 名。③ 而在跨学科研究生培养方面，2013—2014 年，23 名跨学科硕士生、30 名跨学科博士生（同水平大学中最多）顺利拿到学位。④

---

① 邬大光. 世界一流大学解读——以美国密歇根大学为例 [J]. 高等教育研究，2010 (12)：82-93.

② University of Michigan. U-M is Top U.S Public University in QS World University Rankings [EB/OL]. [2022-09-11]. http://record.umich.edu/articles/u-m-top-us-public-university-qs-world-university-rankings.

③ University of Michigan. U.S. News&World Report Releases Its Lastest Graduate Rankings [EB/OL]. [2022-03-14]. http://record.umich.edu/articles/us-news-world-report-releases-its-latest-graduate-rankings.

④ Chapter 5 Graduate Academic & Professional Degree Students[EB/OL].[2022-06-24]. http://202.114.207.36/cache/11/03/umich.edu/a01f390a064f4f2bb7a0bcf9abdd89ad/Almanac_Ch5_Feb2017.pdf.

密歇根大学能从建校初的默默无闻发展成享誉世界的"公立常春藤""公立大学的典范",其先进的教育理念无疑是走向成功的重要基石。其成功原因主要有以下三点。

其一,广泛而丰富的文化教育观。创建于 1817 年的密歇根大学,建校初只有几个教师和学生,没有明确的办学方向,办学质量堪忧。直到 1850 年密歇根州政府决心整顿该学校,由新成立的董事会选举亨利·菲利普·塔潘为第一任校长,密歇根大学迎来了快速发展的重要时机。塔潘校长认为在社会高速发展、急剧变革的年代,大学应该成为开展百科全书式文化知识传播的研究型机构,对学生实施广泛而丰富的文化教育,注重培养学生的综合素养。学生应该学习数学、科学、高级语言、诗歌、艺术等不同的知识,成为具有逻辑思维能力、扎实的语言功底、宗教信仰且富有艺术气息的人。

研究生课程改革是密歇根大学实践"广泛而丰富的文化教育观"的重要内容。1853 年,密歇根大学让学生遵从自己意愿选择感兴趣的专业,为高年级学生开设了选修课程,是 19 世纪美国高校实行课程选修制的开拓者。1858 年,研究生专属的"大学课程"开始实施,"大学课程"向所有获得文理学士学位的学生开放,以探讨超越学科界限的问题专题形式进行,学生在修完课程并通过考试,完成了一篇达到规定质量的学术性研究论文后,可以获得理科或文科的硕士学位。[①]"大学课程"的实施,使密歇根大学的研究生在学习专业知识的同时,也对其他学科抱有好奇和敬畏之心,为推动跨学科科技进步和文化繁荣奠定了基础。

1987—1996 年任密歇根大学校长的詹姆斯·杜德斯达,秉承了塔潘的办学思想。他针对当时美国研究生教育的状况,指出由于研究生教育过于重视专业性而缺乏广泛性,导致研究生尤其是博士生没有精力去发展对其他学科领域的兴趣爱好,知识面太过狭窄,而研究生教育供过于求的现状也导致了约 50% 的硕士生毕业后并不从事学术研究,因此研究生课程必须为学生未来适应广泛的角色做好准备。[②] 在杜德斯达看来,制定对重要研究问题的解决方案需要跨学科的团队合作,研究生教育在人才培养上不可忽视其知识的广

---

① 范建华. 塔潘大学教育思想与密歇根大学改革 [D]. 保定:河北大学,2006:1-62.
② Duderstadt J J. Adventures in Higher Education Policy[EB/OL]. [2022-05-22]. http://milproj. dc. umich. edu/pdfs/2017/2017%20Adventures%20in%20HE%20Policy%20LR. pdf.

博性、交叉性。① 因此，除了专业课程之外，密歇根大学还为研究生设立了实践导向的、综合性的课程，以适应工业化的发展，并鼓励研究生在不同领域实习以增添经验等。

总的来看，"广泛而丰富的文化教育观"体现在三个方面。一是注重传授科学知识与人文知识，塑造全面发展的学生；二是让学生学习主修专业知识与选修课程，增强学生的专业水平及对其他学科的兴趣；三是理论与实践并重，使培养的学生较好地满足社会需求。

其二，"多样性、公平、包容性"的治校纲领。一所学校的治校方略对于其人才培养的格局具有重要的影响，密歇根大学的治校纲领即为追求"多样性、公平、包容性"。这种海纳百川式的宽广胸怀，使密歇根大学始终注重倾听不同的声音、分享多样化的学术思想，为以开放多元为根基的跨学科人才培养创造了良好的条件。在密歇根大学的历史发展中，重视师生群体的多样性无疑是发展的关键一步。美国第一所抵制种族隔离的大学就是密歇根大学，它在1868年招收了第一个非洲裔的美国学生，在19世纪末成为第一批接受亚洲学生的大学。第四任校长詹姆斯·布瑞尔·安吉尔在任期间提出要为普通人提供不平凡的教育，旨在为不同种族、女性以及贫困生提供一份优质的教育，奠定了"多样性、公平、包容性"治校纲领的雏形。安吉尔致力于将密歇根大学的学费保持在最低水平，并着力保护女性受高等教育的权利，为女性争取与男性获得相同毕业证书的标准②。

1987年杜德斯达校长颁布了《密歇根法令》（*The Michigan Mandate*），强调要为少数族群的学生提供入学资助和生活上的帮助，为少数族群的教师提供更多的工作机会和更公平的晋升要求。1987—1994年，少数族群的终身教授提高了55%，拉克哈姆研究生院招收的少数族群的学生提高了118%，校园文化环境更加宽容和多样化，学生、教师和学术质量都达到了历史上最高水平。继1988年任命了第一个女性院长后，杜德斯达校长进而推行了《密歇根女性议程》（*Michigan Agenda for Women*），旨在扩大女学生、女教师的比例及设立女性研究项目（如成立了妇女与性别研究所）。

---

① Duderstadt J J. A Case Study in University Transformation[EB/OL]. [2022-06-19]. http://milproj.dc.umich.edu/pdfs/books/1996%20Positioning%20the%20UM.pdf.

② 王玉凤，张晓光. 安吉尔与密歇根大学的转型 [J]. 高校教育管理，2016（3）：21-26.

2016年马克·施莱赛尔校长指出:"我们伟大的大学的未来将取决于我们拥抱多样性、公平和包容的价值观。"① 并提出了5年战略计划,该计划包含3个核心策略。(1)创造一个包容性和公平的校园环境。(2)招募、保留和发展多元化社区,建立更多样化的学生、教职工社区,为其提供必要的支持和机会。(3)支持创新性和包容性授课方式。包括在经济上支持研究此类学术项目的老师,对老师进行包容性教学方法的培训,在教师评估和任期评估中增加对多样性、公平和包容相关贡献的评价等。② 密歇根大学对"多样性、公平、包容性"治学纲领的不懈追求,促使学校在人才培养方面取得了傲人的成绩。学校先后培养了22位诺贝尔奖得主、4位图灵奖得主、8位美国国家航空航天局宇航员、18位普利策奖得主、25名罗兹学术奖得主、30多位各个大学的校长。

其三,"不合作就死亡"的开放性办学思想。随着时代的发展,社会经济与科技领域涌现出了越来越多仅凭单一学科知识无法解决的复杂性问题,不同学科领域的专家开展深度合作,培养具有多学科知识基础和复杂性思维能力的高层次人才,成为解决社会重大问题的必然之路。密歇根大学第13任校长玛丽·苏·科尔曼上任时,面临着密歇根州经济持续衰落,现实危机在传统的研究框架下无法突破的状况。她认为密歇根大学作为密歇根州知识转化的重要孵化地,必须担负起以合作创新推动区域经济发展的引领者,在危急关头提出了"不合作就死亡"(Partner or Perish)的开放性办学思想,要求不同学科之间建立有机联系、加强合作,同时培养学生的多学科视野。

科尔曼校长在促进密歇根大学的跨学科研究与人才培养方面做了许多努力。2007年学校新设了101个教师职位,专门服务于25个跨学科团队的合作研究和人才培养,重点探索人类健康、环境可持续性和减轻贫困等复杂问题。2008—2011年,这25个跨学科团队共提出了92项跨学科合作提案,其中有25项获得资助——这些项目都是针对多学科群体的,一般由3~5名跨

---

① University of Michigan. Diversity,Eguity and Inclusion[EB/OL]. [2022-04-21]. http://diversity.umich.edu/?features=see-the-video-recap-of-u-ms-historic-diversity-equity-and-inclusion-launch.

② University of Michigan. Diversity,Equity & Inclusion Strategic Plan[EB/OL]. [2022-07-22]. http://diversity.umich.edu/wp-content/uploads/2016/10/strategic-plan.pdf.

两个以上学校或学院的教师牵头。① 例如"贫困儿童"提案,由社会工作学院、教育学院和公共政策学院的3名教师牵头,带领学生进行合作研究。② 社会工作学院将研究重点放在与贫困儿童的社会服务有关的设计、实施或评估方面,如儿童早期干预、儿童保育、家庭支持以及为儿童和青少年提供成长计划;教育学院的师生探讨从幼儿园到大学的创新教育设计、实施或评估,包括创新教育工作者的专业准备,旨在提高公平竞争环境和贫困儿童的受教育水平;公共政策学院着重于减少贫困对儿童的负面影响的公共政策的设计、实施或评估,削弱贫困的代际传递和缩小贫困率。③ 通过跨学科议题,教师能快速提升把多学科思维带入课堂的能力,用开放性教学思想影响跨学科研究生。洛丽·皮尔斯教授(学术副教务长)认为科尔曼是明智的,因为不同教师的融入不仅可以帮助解决当今社会所面临的挑战,并且有利于培养将来可以解决这些挑战的学生。④

密歇根大学除了在校内开展培养跨学科研究生计划与项目外,还积极联合其他学校开展合作,实现教育资源共享。十大学术联盟协议(The Big Ten Academic Alliance)、密歇根州 AGEP 联盟(The Michigan AGEP Alliance)、密歇根大学校际研究生学习计划(The Michigan Intercollegiate Graduate Study)等,这些合作项目是近些年学校为跨学科研究和人才培养做出努力的结果,也正是"不合作就死亡"办学思想的具体体现。这种提倡多学科、多领域合作的开放办学思想,有利于促进不同专业知识背景的教师和学生建立起超越既有学科边界的联系,整合不同的科学知识与研究方法,联合多方面的技术手段,在推动科学研究深化的同时,培养更多具有多学科思维、掌握跨学科知识和方法的创新型人才。

---

① University of Michigan. Top Accomplishments:Interdisciplinary Junior Faculty Initiative[EB/OL].[2022-05-12]. http://record. umich. edu/articles/top-accomplishments-interdisciplinary-junior-faculty-initiative.

② Proposals Approved for Funding[EB/OL].[2022-11-22]. http://www. provost. umich. edu/faculty/faculty_initiative/funded_proposals. html.

③ Children in Poverty[EB/OL].[2022-11-22]. http://www. provost. umich. edu/faculty/faculty_initiative/pdf/children_in_poverty. pdf.

④ University of Michigan. Top Accomplishments:Interdisciplinary Junior Faculty Initiative[EB/OL].[2022-06-20]. http://record. umich. edu/articles/top-accomplishments-interdisciplinary-junior-faculty-initiative.

7.2.2 密歇根大学跨学科培养研究生的实施路径

其一,强调研究生生源多样化,引导学生认识和理解不同的文化背景。

跨学科培养研究生需要教师和研究生通过不同思想的冲击,挑战其固有的思维模式,利用多样化的知识结构寻求新的知识生长点,从而提高学术创新的活力。由于不同种族、不同生活环境以及不同学科背景的人们对问题往往有着非一致性的看法,多样性的优势有助于提高跨学科研究的教育水平和学术质量。正如该校物理和天文学教授麦凯所言:"我们之所以在这里建立跨学科项目,是因为它们(尊重多样性)带来了巨大的优势"。[①]

一方面,密歇根大学非常强调研究生生源的多样性,注重其种族、性别、学科背景的广泛性。密歇根大学研究生来自全世界118个国家,包括白人、亚裔、西班牙裔、非裔等不同种族。2016年的15735名研究生中,白人占43%,国际学生占30%,其他种族(非白人)占27%;其中男士占54%,女士占46%[②]。不少院系在研究生招生中明确表示欢迎不同学科背景的本科生报考,自然资源与环境学院招收了来自100多个不同本科专业的研究生,数学系则直言特别欢迎具有数学、统计学、物理学、工程学和经济学等知识背景的学生申请该系的研究生学位。[③]

另一方面,密歇根大学采取了一系列措施引导研究生去认识和理解不同的文化背景。首先,为了给研究生创造了解不同文化背景、开展跨学科交流的契机,学校在研究生住宿上做了调整,斥资修建了 Munger 研究生公寓,安排来自36个国家的630名研究生住在一起。其次,在校长马克·施莱赛尔的主持下,推出了"多样性、平等及包容"战略计划(Diverse, Equitable & Inclusive, DE&I),旨在通过积极创设包容性的校园环境,精心安排研究生从入学到毕业的学习与教育活动,促进师生之间、学生之间的交流合作,提

[①] The Case for Diversity [EB/OL]. [2022-02-12]. https://lsa.umich.edu/lsa/news-events/all-news/search-news/the-case-for-diversity.html.

[②] Diversity [EB/OL]. [2022-03-23]. http://obp.umich.edu/wp-content/uploads/almanac/Almanac_Ch7_Feb2017.pdf.

[③] Admissions [EB/OL]. [2022-05-9]. http://lsa.umich.edu/math/graduates/quantitative-finance/admissions.html.

高学生在多元化环境中的学习与生活能力。① 再次，学校设立了拉克哈姆奖学金（Rackham Merit Fellowship，RMF），促进学术的多元化和学生的多样性。RMF 旨在支持不同学科背景及不同年级的研究生，为其搭建参加跨学科课程学习和学术研究、职业发展与规划活动的平台。②

其二，跨学院聘任教师，实现跨学科师资共享。

师资质量在一定程度上决定了跨学科研究生培养的成败，明确的联合聘任制度是招募优秀教师加入跨学科人才培养的重要途径。2004 年密歇根大学颁布了跨学院联合聘任教师的相关流程，规定了聘任、任期工作和考核等事项（见图 7.1）。在聘任阶段，联合聘任教师的两个或两个及以上学院的院长或系主任，共同商定好被聘教师的任命、晋升、考核等相关事项，确定其中一个学院为联合聘任教师的行政归属单位，并与被聘教师签订谅解备忘录（包括任职基本情况、工作量、研究收入分配等问题）。任期中明确规定联合聘任教师的主要任务及待遇：一是积极促进各学院或系之间的交流合作；二是可获得指导帮助，学校为其配备一名跨学科教育经验丰富的教师作为导师，对其工作表现和课程进展情况负责；三是承担与普通教师同等的工作量，拥有获得设备、资金和指导研究生的机会；四是遇到问题时，可同时获得多个聘任学院或系的帮助；五是明确教师在不同学院担任不同职位（全

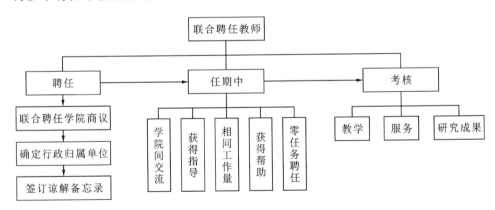

图 7.1　密歇根大学跨学院联合聘任教师流程

---

① University of Michigan. Diversity, Equity & Inclusion[EB/OL].[2022-03-18]. http://diversity.umich.edu/? features=university-details-existing-future-efforts-around-dei%5B.

② Rackham DE&I Programs[EB/OL].[2022-04-19]. https://dei.rackham.umich.edu/overview/selected-examples-of-rackham-dei-programs-initiatives-and-resources/.

职/客座)时的基本权利与责任。对联合聘任教师每年考核一次,由聘任单位组建适当的评审委员会(理想情况下应包括一名或多名具有与该教师从事相似工作的跨学科教师),考核被聘教师的研究成果、教学和服务,同时考虑跨学科教师学术多样性的贡献和工作的特殊性。考核合格的教师可继续任职并拥有晋升的机会;若教师考核不合格,聘任的学院或系有权取消教师的联合聘任资格。①

在跨学科研究生培养的组织形式上,密歇根大学主要采取"跨学院式"教育组织形式,即当一个发起学院设立了跨学科教育项目时,该学院可以寻找有利于其发展的校内其他学院的优质课程和师资。② 以工程学院发起的院际学位项目应用物理学为例,该项目从文学、科学与艺术学院、医学院、自然资源学院和公共健康学院聘任了大量教师——从事跨学科教育与研究工作的教师达78%,开设的应用物理学课程在为学生提供现代物理学基础知识的同时,引导研究生在工程、生物和医学科学、化学、地质学、环境科学、自然资源和公共政策各个领域进行探索应用。③

其三,设置跨学科研究生课程、专业及项目。

密歇根大学的具体做法如下。

(1) 设置跨学科研究生课程。正如布鲁贝克所言,跨学科课程组织的焦点集中在问题上,各门学科通过在解决问题中发挥它们各自的作用而相互联系。④ 密歇根大学较早意识到越来越多的前沿问题无法用单一学科来解决,1935年玛丽·拉科姆出资400万美元用于资助老师和研究生开展跨学科研究、学习和对话交流,为之后的跨学科研究生培养打下了基础。⑤ 而链接课程是当前密歇根大学在研究生培养中的一种常用课程模式,通过在同一学期

---

① University of Michigan. Facnlty Resources [EB/OL]. [2022-06-02]. http://www.provost.umich.edu/faculty/joint_appointments/Joint_Appts.html#AppendixB.

② 焦磊,谢安邦. 美国跨学科研究生教育组织形式与机制探究 [J]. 中国高教研究,2015 (10): 70-75.

③ University of Michigan. About Us [EB/OL]. [2022-03-22]. https://lsa.umich.edu/appliedphysics/about.html.

④ [美] 约翰·S. 布鲁贝克. 高等教育哲学 [M]. 王承绪,郑继伟,张维平,译. 杭州: 浙江教育出版社,2002: 111.

⑤ University of Michigan. History [EB/OL]. [2022-05-24]. http://www.rackham.umich.edu/about/history.

安排不同的老师开设不同却可以互为补充的课程,以帮助学生将所学的知识有机整合起来①。此外对研究生有明确的跨学科课程学习要求,如会计专业的研究生必须完成48个学分的课程,其中有大量的跨学科课程——管理写作基础、知识产权法、谈判和影响力技能、电子表格建模与应用等。② 这些课程不仅可以拓宽学生的视野、提高其认知能力,也能为学生以后取得创新性成果的科学研究打下基础。

(2) 开设一批跨学科专业。密歇根大学所开设的跨学科专业大多以应用知识为出发点,以解决问题为落脚点。应用与跨学科数学、大分子科学工程、生物医学工程、纳米生物学、生物物理学等都是密歇根大学跨学科专业的代表。跨学科专业学生必须具备较好的综合性知识基础,因此一年级学生以学习广泛的大学科知识为主,二年级再根据个人兴趣和所长选择具体的跨学科专业方向。比如生物物理学专业的研究生,除了学习物理科学、生物科学和生物物理学之外,还需要根据具体需要学习三门综合性选修课,通常为生物物理学的动力学过程、大分子的X射线晶体学、显微镜的生物物理原理和多维核磁共振光谱等。除了课程学习,跨学科专业学生需要经常参加研讨会,一般为一周一次,由老师、研究生或访问学者展示最近的研究成果,拓展研究思维。

(3) 设立跨学科学习项目。密歇根大学的研究生跨学科学习项目包括69种双学位和40种研究生证书项目。拉克哈姆研究生院为想学习其他专业的研究生提供了修双学位的机会,学生可自主申请感兴趣的专业,在5年内修满选修专业的学分,就可以拿到此专业的学位证书。研究生证书项目是一种非学位证书项目,旨在鼓励研究生参与感兴趣的学术研究课题,例如纳米科学与技术专业的研究生证书项目,它提供一个交叉学科的证书课程,帮助生物学科的学生进行现代纳米技术研究,或帮助物理科学学科的学生进行现代生物研究,从而更广泛地丰富纳米科学与技术专业。③ 研究生证书项目的学

---

① 刘海燕. 密歇根大学的跨学科协同教学模式 [J]. 中国高等教育, 2008 (17): 60-62.

② Michigan Ross Master of Accounting Curriculum [EB/OL]. [2022-06-21]. https://michiganross. umich. edu/programs/master-of-accounting/curriculum.

③ Rackham Certificate Program in Nanobiology [EB/OL]. [2022-05-28]. http://www. nano. med. umich. edu/Student-Opportunities/Rackham-Certificate. html.

习年限最长为 4 年，要想顺利结业，学生必须完成至少 9 个学分的课程作业和与该证书项目目标相关的经验课程，如实习、研究等；或者选择 3 个学分的选修课，平均成绩不低于 B。[①] 这些项目为学生创造了一个多学科学习的环境，有效地满足了研究生的多样化学习与个性化发展需求。

其四，建立多种交流平台，突出研究生培养过程中合作的重要性。

为给具有不同知识背景的教师和研究生提供更多的交流机会，密歇根大学建立了多种交流平台。

（1）拉克哈姆跨学科工作坊（Rackham Interdisciplinary Workshops，RIW）。成立 RIW 的目的在于鼓励有不同学术背景的老师和研究生分享知识和见识、加强合作，为他们提供一个相互交流的形式；同时帮助优秀的研究生和教师组建进行跨学科项目研究的团队。RIW 主要以经费资助入选项目的形式推进，挑选项目的标准有两条：一是研究项目最有可能促进参加该项目的研究生发展进步，二是有助于开展创造性的跨学科对话交流，二者缺一不可。RIW 要求团队的成员尽量来自两个以上的学科背景，获得支持的研究团队可以一次性申请 5000 美元的经费，用于支付研讨会活动费用和项目协调员（由研究生担任）的酬劳，研讨计划在一年内没有完成的，则在下一年可以重新申请经费。RIW 已经设立了 85 个工作坊，多数主题是关于人权、医疗和生态环境等世界现实难题，例如城市可持续发展与复原能力跨学科研讨会、土耳其研究等。

（2）多元文化领导委员会（The Multicultural Leadership Council，MLC）。MLC 是一个联合密歇根大学各个交叉学科和单学科之间的研究生组织，旨在帮助不同种族、不同学科背景的研究生及成员组织进行协作与交流。其旗下有 23 个学生组织，分布在不同学科、研究主题中，代表以不同背景研究生的视角贯彻实行 DE&I 计划。[②] 例如 SCOR（Students of Color of Rackham）学生组织，其使命为优化校园文化环境，为拉克哈姆研究生院的

---

① Rackham Graduate School. Academic Dispute Resolution Policy and Procedures[EB/OL].［2022-04-20］. http://www.rackham.umich.edu/current-students/policies/academic-policies/section9.

② University of Michigan. Students of Color of Rackham[EB/OL].［2022-04-18］. http://www.scor-umich.com/mlc-umich/.

所有研究生建立联系网,打造获得专业发展机会的环境。① 它致力于为非洲裔、亚裔、拉美裔学生创造有利于融合的社交、文化和学术环境,并欢迎其他文化、种族和国际渊源的学生。SCOR 每年举行一次研讨会,2017 年研讨会主题为"正义构造:行动主义的转变",为密歇根大学建立多样化、公平与包容的环境出谋献策。

(3) 校外联合与校际联合平台。十大学术联盟协议、密歇根州 AGEP 联盟和 MIGS 是密歇根大学为跨学科培养研究生所提供另外三大交流平台。十大学术联盟协议是马里兰大学、普渡大学、威斯康星大学麦迪逊分校和芝加哥大学等大学联合资助的旅行学者计划,给博士生提供到学术联盟内的任何一所大学进修两学期的机会,所获学分能被密歇根大学接受。② AGEP 联盟是密歇根大学、密歇根州立大学、密歇根理工大学、韦恩州立大学、西密歇根大学五所密歇根州内大学的研究生院联合人才培养计划,其成立的目标是建立一个由多样化学生组成的跨学科学习平台,改进对少数种族研究生和博士后的指导,给研究生们提供丰富的教育资源,包括世界著名教授、实验室、图书馆以及十余种学位课程和丰富的跨学科研讨机会等。③ MIGS 主要针对的是密歇根大学各个分校之间的校际资源共享,研究生享有 6 个学分的校际学习机会,可以选修任何感兴趣的、本校无法提供的课程,旨在帮助研究生开拓视野,使学生有机会接触交叉学科的思想与知识。

其五,注重吸纳研究生参与跨学科研究计划。

密歇根大学的跨学科研究组织和跨学科研讨会十分注重吸纳研究生参与研究探讨,使其在跨学科研究实践过程中得到研究能力的锻炼和科学精神的培养。

(1) 跨学科研究组织向研究生开放。密歇根大学的跨学科研究组织非常欢迎跨学科研究生参与研究,一方面,多学科的理论视角有利于跨学科研究项目的推进;另一方面,跨学科研究组织给跨学科研究生提供了研究实践的平台。例如,Graham 可持续发展研究所,将来自不同学院和专业的积极关

---

① University of Michigan. Purpose and History of Scok[EB/OL].[2022-05-16]. http://www.scor-umich.com/aboutscor-1/.
② Traveling Scholar Program[EB/OL].[2022-06-27]. http://www.btaa.org/projects/shared-courses/traveling-scholar-program/introduction.
③ Home[EB/OL].[2022-05-19]. http://michagep.org/#um.

注可持续发展问题的老师和学生聚集起来，共同研究推进社会可持续发展的解决方案。该研究所通过奖学金的形式，为学生提供跨学科知识技能发展的机会，每年支持100多名全日制学生（包括本科生和研究生）在国内外寻找跨学科的、可行的和有意义的可持续发展的解决方案。①

（2）组织研究生开展各种类型的跨学科研讨计划。密歇根大学拉克哈姆研究生院在支持跨学科研究与研讨方面具有悠久的历史，每年会举办一系列的会议，旨在提供一个"可见的和可行的"交流场所进行跨学科、具有全球重要性的主题的研讨。② 拉克哈姆研究生院鼓励研究生通过研究生研讨会来筹备密歇根会议或提出会议议题，并招募包括学生在内的校内外参与者。根据会议规模与形式的不同，拉克哈姆研究生院每场会议的资助金额上限为50000美金。密歇根会议为学校师生提供了与来自国内外的学者聚集一堂、开展具有理论和现实意义的跨学科学术研讨活动的机会。

（3）吸收研究生参与教师的跨学科项目。密歇根大学被认为是最具合作精神的美国大学之一，为学生提供了许多与不同领域的教师、专家互动交流的机会。以国家科学基金会为推进跨学科研究生培养而设立的"研究生教育与科研训练一体化（IGERT）"项目为例，密歇根大学申请到7个项目，其中一项是信息学院马克·阿克曼、卡尔·拉戈和玛格丽特·赫德斯特罗姆教授牵头的"开放数据IGERT（Open data IGERT）"，经费为286万美元，项目吸收了生物信息学、材料科学、化学工程、电气工程与计算机科学以及信息学的博士研究生，通过组织多学科研讨会、以技能为重点的讲习班以及非正式和结构化的互动，学生掌握了生成、获取和管理研究数据的理论与技能。③ 此项目从2009年开始到2016年结束，共产生了27项前沿研究成果。④

---

① University of Michigan. Graham Sustainability Institute uses fellowship application to stress DE&I focus[EB/OL]. [2022-04-26]. http://diversity.umich.edu/? features=graham-sustainability-institute-uses-fellowship-application-to-stress-dei-focus.

② University of Michigan. Michigan Meetings [EB/OL]. [2022-04-12]. http://www.rackham.umich.edu/michigan-meetings.

③ Open Data IGERT: Graduate Training for Data Sharing and Reuse in E-science[EB/OL]. [2022-06-15]. https://www.si.umich.edu/node/12930.

④ Integrative Graduate Education and Research Traineship. Project Profile[EB/OL]. [2021-05-19]. http://www.igert.org/projects/228.

其六，加强跨学科研究生的教育管理。

密歇根大学的跨学科研究生培养由拉克哈姆研究生院与相关学院联合进行分级管理。拉克哈姆研究生院主要发挥统筹作用，负责制定学校一级的相关制度，相关学院负责具体的招生与培养工作。以金融与风险管理、应用与跨学科数学两个跨学科硕士学位为例，其管理与考核详情见表7.2。

表7.2 密歇根大学研究生院跨学科硕士学位分级管理与考核表

项目	拉克哈姆研究生院	金融与风险管理跨学科科学硕士学位	应用与跨学科数学（AIM）硕士学位
招生时间	—	秋季学期招生	秋季学期招生
招生要求	① 获得大学学士学位；② 母语非英语的申请者的托福成绩最低为95分，雅思7分。申请提供材料：① 学习目的声明书；② 个人简介陈述；③ 简历；④ 三封推荐信；⑤ 官方GRE考试成绩	欢迎不同学科背景的申请人；申请人有数学、统计学、物理学、工程学和经济学背景，留学生有积分、线性代数、概率和编程学科背景将更具有优势	欢迎不同学科背景的申请人；数学专业或物理、科学工程等专业相关背景更具有优势；特殊要求：需要有GRE数学科成绩
课程及考核	24～72学分；符合学术规定，遵守学术诚信	4个层次的专业核心课程（24分）+学生自主选择特定领域的选修课（12学分）+每周一次的金融数学研讨会；须在3个学期内修满36学分	9门常规课程（27学分）+学生研讨会（2学分）+其他研究生课程，共计31学分；常规课程中应包括5门AIM核心课程，2门指定的合作伙伴领域或数学领域之外的课程；除研讨会外，其余课程成绩须B以上，平均成绩B+
学位授予	学分修满；毕业论文合格；教师批准；符合毕业条件方可授予学位	提供授予学位资格的相关资料	提供授予学位资格的相关资料

密歇根大学的跨学科研究生培养由拉克哈姆研究生院统筹管理，同时由跨学科组织学院联合分级管理。拉克哈姆研究生院规定招生时间、入学基本要求以及毕业需拿到的学分等；各跨学科组织学院根据本学科的需求具体规划招收不同学科的学生，以及考核的具体方式（包括课程作业、实习、研究论文和最终的口头或书面考试）等。[①] 这种分级管理既满足了学校对跨学科人才培养的总体规定，也体现了学院的具体要求，有效保障了人才培养质量。

7.2.3 对密歇根大学跨学科研究生培养的再思考

开展跨学科人才培养已成为世界高等教育改革与发展的主要趋势。密歇根大学的跨学科研究生培养已形成一套成熟的培养机制，对中国开展跨学科研究生培养具有诸多启示。

其一，注重招收不同学科背景的学生，培养其开放、多学科的思维方式。

密歇根大学跨学科培养研究生取得成功的秘诀之一在于能够利用多样性生源的优势，招收不同文化、学科背景的学生，促进彼此的学习、对话和交流，培养其开放的视野、多学科的思维方式。我国政府在《国家中长期教育改革和发展规划纲要（2010—2020年）》中强调，要优化学科专业、类型、层次结构，培育跨学科、跨领域的科研与教学相结合的团队。[②] 对于开展跨学科研究生培养而言，政府仅有方向性指引是不够的，还需要出台招生及培养相关的配套政策，才能增强社会对跨学科人才培养的认可度，激发高校和学生勇于挑战的决心。

我国高校可以学习密歇根大学的做法，招收研究生时尽量先按照大的学科门类招生，避免过于强调专业细化，通过一段时间的学习之后再分流；扩大招收国际学生、不同民族学生的比例，营造多元文化交流与合作的良好氛

---

① Rackham Graduate School. Dual Degree Programs[EB/OL]. [2022-05-19]. http://www.rackham.umich.edu/current-students/policies/academic-policies/section6.

② 中华人民共和国教育部. 国家中长期教育改革和发展规划纲要（2010—2020年）[EB/OL]. [2022-05-11]. http://www.moe.gov.cn/srcsite/A01/s7048/201007/t20100729_171904.html.

围；将多学科思维体现在研究生入学考试中，增设开放性试题，鼓励学生用不同的专业视角去解答相关问题，面试中采取无领导小组讨论等方式综合考查学生的思维能力、应变能力和创新能力，将适合跨学科培养的学生纳入研究生队伍之中。同时，学校要为跨学科研究生提供必要的学习支持，包括跨学科学习研究的场地、设备、平台，以及交流、培训、研讨的机会，为其配备具有多学科背景的导师指导团队，由不同学科领域的优秀教师进行联合培养，帮助学生扩大知识面和增强不同学科的思维能力，并缩短跨学科研究生成才时间，节约教育成本。

其二，建立专门的跨学科教育组织机构，重视对跨学科研究生培养的规划及监管。

近年来，我国部分大学虽然设立了跨学科研究中心，但其职能更多是科学研究而非研究生培养，这与我国的跨学科组织机构和管理体制不健全有关。目前我国各大学大多按一级学科设置学院，学院内部专业划分过细，研究生的入学考试、课程设置、培养方案、管理考核等由各个学院具体操作，学院之间在研究生培养上极少有合作与交流，缺少具体的教育组织机构负责跨学科研究生培养工作，管理机制建设也无从谈起。

我国大学可以借鉴密歇根大学拉克哈姆研究生院的做法，研究生院（处）不仅具备日常研究生行政服务与管理的职能，还要担负起跨学科研究生教育规划与监管的重要角色。首先，在研究生院（处）设立专门的跨学科教育组织办公室，统筹规划整个学校的研究生教育资源，进行教育资源的合理分配与共享。[①] 该办公室要深入分析各学院开展跨学科研究生培养的师资团队、课程体系、资源条件等，协调跨学科研究生培养的各项事务，合理调配优质教育资源。其次，研究生院（处）要联合学院加强对跨学科研究生培养的规划，跨学科研究生培养的目标、标准、招生、学制、培养方式等都需要有长期、短期规划。最后，重视对跨学科研究生培养的监管。高校应完善以创新和质量为导向的跨学科研究生培养评价机制，加强对跨学科研究生培养的日常管理，完善对跨学科研究生培养的考核、评价、退出机制等。

其三，积极研制跨学科研究生课程体系，设立跨学科研究生专业与项目。

---

① 焦磊，谢安邦. 美国跨学科研究生教育组织形式与机制探究 [J]. 中国高教研究，2015（10）：70-75.

科学完备的跨学科课程体系是开展跨学科研究生培养的重要保障，密歇根大学用统筹学科知识的方式，将相关学科的课程整合起来，设置了科学合理、结构完备的新型跨学科研究生课程体系。为此，我们可以积极研制跨学科研究生课程体系，设立跨学科研究生专业与项目。

首先，研制一套适合中国国情的跨学科课程体系。充分利用研究生院（处）作为统筹机构，结合各学院的专业优势，促进不同学科的有机融合，构建起不同于以往单一学科课程的新课程体系：在育人目标上将跨学科研究生培养确定为注重知识前沿性和综合性的复合型创新人才；在教学内容上按照交叉学科的研究内容予以制定，由跨学科必修课、选修课以及跨学科研讨与研究实践共同组成，按照学制合理规划分流机制；在教学活动方式上改变传统的课堂教学模式，提倡跨学院聘任教师协同开展教学，增加实践教学的比例，鼓励教师和学生积极参与地方、全国乃至全世界的跨学科研讨会，分享与学习最新研究成果。其次，为学生提供更多进行双学位（跨专业）学习、开展跨学科研讨的机会，营造训练学生多学科思维的环境。密歇根大学的成功经验告诉我们，双学位（跨专业）学习机会对于培养跨学科研究生来说必不可少，扩大双学位专业范畴的可选择性，校内校外强强联合建立多种跨学科交流平台，主动为跨学科研究生创造资源，是提高跨学科研究生培养质量的重要途径。再次，在专业学习中，提供更多的通识课程，扩大跨专业选修课的范围，在潜移默化中锻炼学生综合学习的能力，扩大学生的多学科视野。

其四，完善教师评聘机制，促进不同院系师资共享。

密歇根大学通过设立教师联合聘任岗位，为跨学科研究生教育提供了师资保障，促进了"跨学院式"教育组织形式的发展。而当前我国高校在跨学科研究生培养的师资共享方面存在体制机制障碍，长期以来各学院之间缺乏合作交流的机制，学校一级的跨学院联合聘任教师制度尚未建立，教师在单位归属上为具体的某个学院。即使有部分教师跨学院授课、培养研究生，也只属于"兼职"，考核、评价、聘任工作仍由归属学院负责，导致其产生"边缘人""旁观者"的挫败感，教师跨学科开展研究生教育的积极性不高。

我国高校要想在跨学科研究生培养上取得突破，必须解决不同院系的师资共享问题，打破不同学科的边界，充分调动不同学科的老师参与跨学科研究生培养的积极性。为此,必须进一步完善教师评聘制度,促进不同院系师资共享。首先,在教师聘任机制上,学校应该打破学科壁垒,出台相应的政策鼓励不同院系之间联合聘任教师,可采取跨学科项目招标的方式,让有能力胜任的教师自主报名,由研究生院(处)跨学科教育组织办公室进行筛选,最终促成跨院系合作,组建高水平教学和科研创新团队,开展研究生跨学科教学与指导。其次,在考核机制上,必须明确规定跨学科教师具有的职责权利,被两个及以上的学院同时聘任的教师,虽然在组织关系上有其隶属学院,但在其所跨其他学院也应担负起相应的职责,杜绝挂名现象。被联合聘任的教师应由各聘任单位联合评价考核,包括研究生教育教学任务、教学质量、研究成果、研究生指导与培养等,考核结果作为下一阶段是否续聘的基础。最后,在职称职务晋升方面,跨学科教师的评价应该由具有多学科视野的教授组成的委员会担任,因为来自多学科教授委员会的评价能最大限度地尊重学术贡献的多样性,站在客观和长远发展的角度,打破单学科学术壁垒,营造一个激励跨学科教学的环境。

7.3 美国五所研究型大学跨学科培养科技创新人才的背景及策略

2017年我国出台《关于开展新工科研究与实践的通知》,明确提出"推动现有工科的交叉复合、工科与其他学科的交叉融合",跨学科培养科技创新人才成为我国新工科改革的重要内容之一。美国研究型大学在此方面具有丰富的经验,美国国家教育数据统计中心(National Center for Education Statistics,NCES)发布的数据显示,2010—2017年授予自然科学与工程学领域跨学科学位65万个[①]。下文将以麻省理工学院、斯坦福大学、加州理工学院、普林斯顿大学、加州大学伯克利分校五所美国研究型大学为例,总结其跨学科培养科技创新人才的举措及经验,供我国高校借鉴。

---

① NCES. List of 2018 Digest Tables [EB/OL]. [2022-08-30]. https://nces.ed.gov/programs/digest/2018menu_tables.asp.

7.3.1　美国高校跨学科培养科技创新人才的背景分析

（1）理论奠基：知识再生产方式变革理论。

随着科学技术的飞速发展，以问题为基础的跨学科知识生产模式逐步取代了传统的以单一学科为基础的知识生产模式。早在20世纪50年代，埃德加·莫兰提出复杂性思想理论，指出世界本身是一个复杂体，只从某一学科的角度去认识事物难以反映其全貌，不同学科之间应该融合统一，应从多学科视角审视事物[1]。莫兰将该理论应用于教育领域，提出教育的目标应当是"构造得宜的头脑"（well constructed mind），大学应致力于促进不同学科知识之间的融合，培养学生的综合性认识范式和跨学科解决问题的思维方式[2]。1994年迈克尔·吉本斯进一步提出了"知识生产模式Ⅰ"（mode of knowledge productionⅠ）和"知识生产模式Ⅱ"（mode of knowledge productionⅡ）的概念。前者指以某个单一学科来概括在其知识领域内所必须遵循的认知规范和知识生产方式，后者是以问题解决为中心的跨学科的动态性知识生产方式，具有明显的学科融合的特点[3]。吉本斯认为大学应该教给学生的核心技能是解决问题的能力，为此就必须放弃以单一学科知识为导向的教育办法，转而采取跨学科的培养办法。

知识再生产方式变革理论，为美国高校跨学科培养科技创新人才奠定了理论基础。美国研究型大学充分认识到科技人才培养的跨学科趋势，积极开展了相关探索。斯坦福大学鼓励学生开展跨越传统学科界限的学习和研究，通过成立跨学科研究中心及实验室[4]，致力于跨学科人才的培养。麻省理工学院启动了综合学习计划（MIT integrated learning initiative）。加

---

[1] Alhadeff-Jones M. Challenging the Limits of Critique in Education through Morin's Paradigm of Complexity[J]. Studies in Philosophy and Education, 2010, 29(5): 477-490.

[2] ［法］埃德加·莫兰. 复杂性理论与教育问题［M］. 陈一壮，译. 北京：北京大学出版社，2004：109-173.

[3] ［英］迈克尔·吉本斯，卡米耶·利摩日，黑尔佳·诺沃提尼，等. 知识生产的新模式：当代社会科学与研究的动力学［M］. 陈洪捷，沈文钦，等译. 北京：北京大学出版社，2011：1-39.

[4] Stanford University. Q&A with Ann Arvin［EB/OL］.［2022-11-14］. https://interdisciplinary.stanford.edu/qa-ann-arvin.

州理工学院在生物工程、材料工程、机械工程等专业广泛开设跨学科课程，对跨学科培养学生的相关机制进行了广泛实践。普林斯顿大学在2016年出台的战略规划中提出，要"促进不同学科之间的协作研究，营造跨学科人才培养的校园氛围……环境工程、地球科学、土木工程等学科协作开展跨学科人才培养"①。加州大学伯克利分校在2017年制定的战略规划中提出"鼓励各个学术部门制订跨学科教学计划……为跨学科教育提供更加灵活的空间"②。

(2) 现实需求：日益复杂的社会及职业需要。

日益复杂的社会及职业需要是美国研究型大学跨学科培养科技创新人才的现实动因。当前人类社会面临的环境、资源、生态等问题日益增多，这些问题涉及多个学科知识领域，难以通过单一学科知识来解决，迫切需要具有跨学科知识和技能的复合型人才。1998年美国卡内基教学促进会（The Carnegie Foundation for the Advancement of Teaching）发布报告《重建本科教育：美国研究型大学发展蓝图》，明确指出"美国研究型大学应该致力于打破学科壁垒，消除跨学科教育的障碍，建立跨学科的人才培养机制"③。2015年麦肯锡顾问公司对美国企业开展了关于员工多样性知识背景的调查，结果表明具有跨学科背景的复合型人才在未来将受到更多的青睐④。2018年美国工程教育协会（American Society for Engineering Education，ASEE）的研究指出，美国社会对复合型科技人才的职业需求数量预计达60万个，社会工业生产日益体现出跨学科协作的需求，这一点尤其体现在信息技术和工业自动化领域。据此，ASEE的研究人员认为，美国高校应着力开发机械工

---

① Princeton University. Princeton University Strategic Framework [R]. Princeton: Princeton University Press, 2016: 2-18.

② UC Berkeley. Strategic Plan [EB/OL]. [2022-06-30]. https://chancellor.berkeley.edu/strategic-plan.

③ Boyer Commission on Educating Undergraduates in the Research University. Reinventing Undergraduate Education: A Blueprint for America's Research Universities [R]. New York: State University of New York at Stony Brook for the Carnegie Foundation for the Advancement of Teaching, 1998.

④ McKinsey & Company. Diversity Matters [R]. Chicago: US Design Center Press, 2015: 3-14.

程、计算机工程等领域的跨学科教育,帮助学生适应未来跨学科生产的趋势[1]。

强烈的现实需求推动了美国研究型大学跨学科培养科技创新人才的进程。2019年NCES的统计数据显示,各级跨学科学位数量增长迅速(见图7.2)。2006—2018年,在自然科学与工程学领域,美国跨学科副学士学位从15838个增长至30482个[2],跨学科学士学位从32118个增长至49658个[3],跨学科硕士学位从4613增长至9234个[4]。此外,跨学科博士学位从2278个增长至2836个[5]。

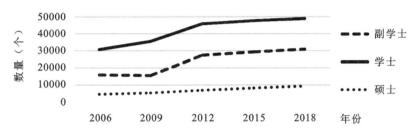

图7.2 2006—2018年美国高校自然科学与工程领域跨学科学位授予数变化图

资料来源:https://nces.ed.gov/programs/digest/2018menu_tables.asp。

(3)政策驱动:联邦政府的跨学科教育引导。

进入21世纪,跨学科培养科技创新人才引起了美国联邦政府的高度重视。2005年,美国国家科学院(National Academy of Science)在报告《推

---

[1] Ghariban N, Ansari A, Leigh-Mack P. Design and Development of a Multidisciplinary Industry Supported Course in Mechatronics[Z]. Petersburg: Trojan Center for Applied Research Virginia State University, 2018.

[2] NCES. Associate's degrees conferred by postsecondary institutions, by sex of student and discipline division: 2006-07 through 2016-17[EB/OL]. [2022-09-12]. https://nces.ed.gov/programs/digest/d18/tables/dt18_321.10.asp.

[3] NCES. Bachelor's degrees conferred by postsecondary institutions, by field of study: Selected years, 1970-71 through 2016-17 [EB/OL]. [2022-09-12]. https://nces.ed.gov/programs/digest/d18/tables/dt18_322.10.asp.

[4] NCES. Master's degrees conferred by postsecondary institutions, by field of study: Selected years, 1970-71 through 2016-17 [EB/OL]. [2022-09-12]. https://nces.ed.gov/programs/digest/d18/tables/dt18_323.10.asp.

[5] NCES. Doctor's degrees conferred by postsecondary institutions, by field of study: Selected years, 1970-71 through 2016-17 [EB/OL]. [2022-09-12]. https://nces.ed.gov/programs/digest/d18/tables/dt18_324.10.asp.

进跨学科研究》(*Facilitating Interdisciplinary Research*)中指出,"跨学科教育是未来教育重要的趋势之一"①。为更好地指导高校调整专业和学位,美国国家教育统计中心在2002年颁布的学科目录(Classification of Instructional Programs 2000,CIP—2000)中,特新设了一个"跨学科"学科群(interdisciplinary),共包含22个新型的跨学科学位②,而跨学科学位在2010年颁布的CIP—2010中增至29个③。设置跨学科项目是联邦政府推动大学跨学科培养科技创新人才的常用策略。1998—2013年联邦政府设立"研究生教育与科研训练一体化"项目(Integrative Graduate Education and Research Traineeship,IGERT),对高校跨学科研究生培养提供经费资助,旨在"超越传统学科界限,开创跨学科研究生培养的新模式"④。2014年设立"国家科学基金会研究培训"项目(NSF Research Traineeship,NRT),重点培养STEM跨学科科技人才的研究能力。普林斯顿大学、麻省理工学院、斯坦福大学、加州大学伯克利分校、加州理工学院五所高校均参加了这两个项目(见表7.3)。

表7.3 五所高校参与IGERT与NRT项目的基本情况

大学名称	IGERT项目（1998—2013年）		NRT项目（2014年至今）	
	研究和人才培养领域	项目资金（美元）	研究和人才培养领域	项目资金（美元）
普林斯顿大学	计算机科学与工程	2712000	计算机科学与工程	2913472

---

① Committee on Facilitating Interdisciplinary,Committee on Science,Engineering,and Public Policy. Facilitating Interdisciplinary Research[R]. Washington,D.C.：The Nation Academic Press,2005:2-15.

② NCES. CIP 2000-Full-text Search of CIP 2000[EB/OL]. [2022-06-14]. https://nces. ed. gov/pubs2002/cip2000/cipsearch. ASP? Search1=&AND1=0&Search2=&AND2=0&Search3=&STEP=1&SUBMIT1=％26％2336208％3B.

③ NCES. IPEDS Classification of Instructional Programs 2010[EB/OL]. [2022-10-17]. https://nces. ed. gov/ipeds/cipcode/cipdetail. aspx? y=55&cipid=88441.

④ National Science Foundation. Bridging Disciplinary Divides：Developing an Interdisciplinary STEM Workforce[R]. New York：Abt Associates Inc. ,2010:12.

续表

大学名称	IGERT 项目（1998—2013 年）		NRT 项目（2014 年至今）	
	研究和人才培养领域	项目资金（美元）	研究和人才培养领域	项目资金（美元）
麻省理工学院	计算机科学与工程	2883385	生物学与生物工程	78237
	量子信息科学与工程	3000000	计算机科学与工程	300000
			机械工程与科学理论	1721592
斯坦福大学	计算机科学与神经科学	3192894	STEM 综合培养项目	99999
加州大学伯克利分校	纳米技术与工程	3918073	计算机工程与通信技术	1871814
	计算机科学与工程	2700000	材料工程与通信技术	300000
	计算机工程与材料工程	2700000	生物工程与遗传科学	370048
	物理学与生物工程	3195091	计算机科学与工程	1151234
	能源工程与纳米技术	2999501		
加州理工学院	神经科学与生物工程	2757669	计算机技术与神经科学	499998

资料来源：http://www.igert.org/projects.html；https://www.nsf.gov/awardsearch/advancedSearchResult? ProgEleCode=005Y，089Y，1053，1075，1080，1082，1089，1091&BooleanElement=Any&BooleanRef=Any&ActiveAwards=true&#results.

美国联邦机构在高校跨学科培养科技创新人才方面提供了大力支持。2003 年国家科学院提供 1.58 亿美元的资金用于支持研究生在工程和医学等领域的跨学科研究[1]，2005 年国家卫生研究院（National Institutes of Health，NIH）发起了"共同基金跨学科研究项目"（Common Fund's Interdisciplinary Research Program，IR），资助了包括麻省理工学院、斯坦福大学、加州大学伯克利分校在内的九个跨学科研究机构，为参与跨学科研究的不同学科背景的研究生提供跨学科研究技术和方法的培训[2]。联邦政府通过各种跨学科教育引导政策，驱动美国高校在跨学科培养科技创新人才的内容、方式、策略上进行不断探索，以保持其科技人才培养的世界领先地位。

---

[1] The National Academies of Sciences，Engineering，and Medicine. Welcome to the National Academies Keck Futures Initiative［EB/OL］.［2021-12-31］. https://www.keckfutures.org/index.html.

[2] National Institutes of Health-Office of Strategic Coordination. The Common Fund[EB/OL].［2021-12-29］. https://commonfund.nih.gov/Interdisciplinary.

7.3.2 美国高校跨学科培养科技创新人才的主要策略

(1) 强调科技创新人才培养的跨学科性,打造多元化、包容性的校园文化。

2013年麻省理工学院提出要增强学校的跨学科教育能力,为学生开设跨学科课程,提高学生的跨学科素养①。2016年普林斯顿大学在战略报告中特别强调,要培养学生跨学科能力,以适应未来的研究与就业趋势②。跨学科性是美国高校科技创新人才培养的重要方面,为此美国高校纷纷成立了跨学科研究中心、设立跨学科学位、开设跨学科课程等。普林斯顿大学拥有14个跨学科研究中心,斯坦福大学和加州理工学院分别设有18个、21个跨学科研究所及实验室,这些跨学科研究机构对完成通识教育的本科生和所有研究生开放,学生们既可以在主修本专业之余选修跨学科课程或参加跨学科研究修满学分,也可以直接申请这些研究中心设立的跨学科学位。

多元化、包容性的校园有利于打破学科界限,增强科技创新人才培养的跨学科性。加州大学伯克利分校的校长卡洛·克里斯特强调,"多元化的学生背景能够促成更具包容力和创造力的学校,这是学校在未来跨学科教育中的关键"③。在普林斯顿大学看来,师生的多元化背景及其知识多样性的背景扩展了其跨学科研究的能力④,它在学校公告中明确指出,普林斯顿大学必须发展成一个能容纳不同学科、文化的学生的校园,其课程、研讨会等必须拥有更广泛的内容以适应学生的跨学科需求⑤。麻省理工学院在其招生声明中指出,"学校致力于为学生提供多元化校园的支持,学生的不同背景对

---

① MIT. Institute-wide Task Force on the Future of MIT Education Preliminary Report [R]. Boston:MIT Press,2013:59-80.

② Princeton University.Princeton University Strategic Framework [R]. Princeton: Princeton University Press,2016:2-31.

③ UC Berkeley News. How Chancellor Christ plans to expand staff diversity[EB/OL]. [2022-07-24]. https://news. berkeley. edu/2019/04/02/staff-diversity-message/.

④ The Graduate School of Princeton. Access,Diversity and Inclusion[EB/OL]. [2022-03-21]. https://gradschool. princeton. edu/diversity.

⑤ The Graduate School of Princeton. Access,Diversity and Inclusion[EB/OL]. [2022-03-21]. https://gradschool. princeton. edu/diversity.

MIT跨学科教育的成功至关重要"①。2005—2018年，MIT在校生中国际生的占比从24%上升到30%②。MIT还成立了多元文化计划办公室（Office of Multicultural Programs，OMP），设立多元文化奖（Multicultural Awards），激励全体师生维护校园的多元文化氛围。斯坦福大学提出"多样化倡议"（Diversity Initiatives），认为来自不同文化、学科、民族、宗教和个人阅历的师生群体会对同一问题有着不同见解，有助于推动跨学科研究与教育③；并为学生开展跨学科研究提供资金，为不同背景的优秀学生提供奖学金④。加州理工学院出台"WAVE研究员"计划（WAVE fellows program），旨在促进学生更加具备学科多元化和文化多元化背景⑤。

（2）突出"跨学科素养"的培养，设置多样化的跨学科课程体系。

科技创新人才是科技知识生产过程中的重要力量，大学作为知识生产的重要组织，其人才培养模式也必然随知识生产模式的变革而改变。2016年麻省理工学院校长拉斐尔·雷夫在美国国家工程院（The National Academy of Engineering，NAE）会议上提出，未来科技人才必须具备以问题为中心的跨学科思维⑥，跨学科素养必将成为其重要特征，跨学科教育是美国高等教育变革的重要内容⑦。可见，跨学科素养是未来科技人才取得创新成果必不可少的要素，是知识再生产背景下美国研究型大学人才培养的题中之义。

为突出"跨学科素养"的培养，美国高校设置了多样化的跨学科课程体系。以计算机科学跨学科课程为例（见表7.4），一方面课程内容知识广泛，

---

① MIT. Diversity Statement［EB/OL］.［2022-01-30］. https://mitadmissions.org/policies/diversity-statement/.

② MIT Institutional Research Office of the Provost. Diversity Dashboard［EB/OL］.［2021-12-30］. http://ir.mit.edu/diversity-dashboard/.

③ Stanford Office of the Vice Provost for Graduate Education. Stanford's Commitment to Diversity［EB/OL］.［2022-11-12］. https://vpge.stanford.edu/diversity-initiatives/commitment.

④ Stanford Office of the Vice Provost for Graduate Education. Programs & Funding［EB/OL］.［2022-03-03］. https://vpge.stanford.edu/diversity-initiatives/programs-funding.

⑤ Caltech Student-Faculty Programs. WAVE Fellows Program［EB/OL］.［2021-05-11］. http://sfp.caltech.edu/programs.

⑥ MIT Office of President. Speeches on NAE regional meeting［EB/OL］.［2021-07-10］. http://president.mit.edu/speeches-writing/nae-regional-meeting.

⑦ MIT Office of President. http://Presidential Charge to the Committee to form an MIT Innovation Initiative［EB/OL］.［2021-10-17］. http://president.mit.edu/speeches-writing/presidential-charge-committee-form-mit-innovation-initiative.

可分为入门课程、基础课程、主题课程和高级课程,除基础理论知识外,非常注重培养学生将计算机科学与其他领域交叉融合的能力。比如普林斯顿大学开设自然科学综合课,将物理、生物学、数学等和计算机科学结合起来讲解①;斯坦福大学和加州大学伯克利分校开设跨学科研讨会,邀请不同学科的师生共同讨论计算机与其他学科融合形成的新技术;加州理工学院直接开设计算机应用课程,培养学生在不同学科领域的计算机运用技术②。另一方面从纵向上看,课程体系设计注重由浅入深,一年级集中学习基础理论知识,二三年级开设多门主题课程,系统地学习计算机与其他学科融合的知识和技术,四年级高级课程提供在跨学科研究中心学习的机会,学生通过参与相关跨学科研究项目,为以后的深造或职业选择奠定基础。

表7.4 美国研究型大学计算机科学跨学科课程体系

课程分类	项目	普林斯顿大学	麻省理工学院	加州大学伯克利分校	斯坦福大学	加州理工学院
入门课程（一年级）	目的	掌握计算机科学的基本知识和原理,培养学生计算机科学的基本理论知识素养				
	内容	计算机概论、数学基础、算法基础、编程简介等基本计算机科学的理论知识				
	考核	考试				
基础课程（一年级至二年级）	目的	① 掌握计算机专业技术以及与其他学科融合的跨学科知识及研究技术,培养学生发现跨学科问题的能力以及对某一跨学科领域的兴趣; ② 发展计算机思维,获得计算机科学的初级独立研究的能力; ③ 通过小组合作研究、研讨会等方式培养学生与其他学科人员的交流能力				
	内容	自然科学综合;计算机合成编译技术	计算机科学理论;计算机技术与应用	计算机理论与技术;计算机跨学科研讨会	计算机理论与技术;计算机跨学科研讨会	计算机跨学科研究技术;计算机应用技术

① Princeton University. Computer Science [EB/OL]. [2022-09-13]. https://www.princeton.edu/academics/area-of-study/computer-science.

② Caltech Department of Computing ＋ Mathematical Sciences. Course Descriptions[EB/OL]. [2022-01-25]. http://www.cms.caltech.edu/academics/course_desc.

续表

课程分类	项目	普林斯顿大学	麻省理工学院	加州大学伯克利分校	斯坦福大学	加州理工学院
基础课程（一年级至二年级）	考核	成果设计	考试及成果设计	考试及成果设计	考试及成果设计	成果设计
主题课程（二年级至三年级）	目的	掌握计算机跨学科领域的理论知识和研究技能，培养跨学科思维和研究能力以及与不同学科学生合作开展研究的能力				
	内容	将计算机科学与工程、化学、生物、材料、环境等学科相结合，形成不同的研究主题，学生选择至少一门主题课程学习				
	考核	成果设计与主题汇报演讲	成果设计与主题汇报演讲	成果设计与主题汇报演讲	成果设计	成果设计
高级课程（四年级）	目的	了解世界最前沿的计算机问题和理论，掌握更多的跨学科研究技术，培养学生继续探索跨学科问题的意识及参与科学研究的素质				
	内容	由部分研究生导师开设计算机科学高级主题课程，并介绍目前该学校的计算机跨学科研究中心的科研项目				
	考核	进入跨学科研究中心参与研究生项目	为学生的毕业论文、成果设计提供指导	为学生的毕业论文、成果设计提供指导	进入跨学科研究中心参与研究生项目	进入跨学科研究中心参与研究生项目
		毕业论文、成果设计及答辩				

资料来源：根据五所高校相关官网整理而成。

（3）注重跨学科研究与跨学科教学相结合，跨界联合构建实践培养体系。

教学和科研相结合素来是美国高校科技类人才培养的基本特征之一，在跨学科教育时代尤为突出。加州大学伯克利分校认为跨学科研究是其培养跨学科人才最为直接的途径，学校应该将跨学科研究融入学生的学习日常，使学生具备基本的自主开展跨学科研究的能力[①]，学校开设"跨学科学习计划"

---

① Berkeley Offiq of the Chancellor. Strategic Plan［EB/OL］.［2022-05-11］. http://chancellor.berkeley.edu/strategic-plan.

(Interdisciplinary Studies Field，ISF)，学生在完成通识教育课程后，可根据自己的兴趣、特长在专业课程之外申请参与跨学科研究，每年有两次申请机会①。斯坦福大学的数学与计算科学中心的学生可根据自身的兴趣联系一位导师，在导师的指导下完成3~15个单元的跨学科研究性学习，此外该中心还为学生提供暑期跨学科研究计划。② 跨学科研究和教学的有机结合，有助于学生夯实跨学科知识，形成跨学科思维方式和研究能力。

同时，美国高校高度重视实践教育对跨学科培养科技创新人才的重要性，注重跨界联合对学生开展实践培养。从跨界形式上看，美国高校构建了跨校合作、社会合作、政府合作、跨国合作几种类型（见表7.5），为学生开展跨学科实践提供机会。

表7.5　5所研究型大学的部分跨学科实践培养合作项目

学校	跨校合作	社会合作	政府合作	跨国合作
普林斯顿大学	与莱斯大学、约翰霍普金斯大学等合作光子传感中心；与新泽西州立大学、新泽西理工学院合作智能城市建设跨学科研究项目	与埃克森美孚公司合作环境与能源跨学科研究项目；与百时美施贵宝公司合作分子材料研究中心	与国家科学基金会合作材料研究科学与工程中心；与美国陆军合作网络、科学与应用中心	肯尼亚Mpala研究中心（MRC）；与德国西门子医疗公司合作神经科学研究所
麻省理工学院	与哈佛大学、波士顿大学合作马萨诸塞州绿色高性能计算中心；与哈佛大学合作拉贡研究所	创业工程；与宝马公司、杜克能源公司合作能源与环境跨学科研究中心	与美国国家公路交通安全管理局合作"零事故"智能数据项目；与美国环境保护署合作"无塑料"海洋跨学科研究项目	MIT-中国香港创新项目；与墨西哥国家基因医学研究所合作博德研究所健康研究中心；与以色列合作克拉曼细胞天文台

---

① UCB. Interdisciplinary Studies Field [EB/OL]. [2022-03-21]. https://isf.ugis.berkeley.edu/about-major.

② Stanford Mathematical and Computer Sciences. Reaserh [EB/OL]. [2022-10-16]. https://mcs.stanford.edu/academics/research.

续表

学校	跨校合作	社会合作	政府合作	跨国合作
斯坦福大学	与杜克大学合作赛前能源研究所；与明尼苏达州大学合作环境研究所	与卡弗里基金会合作 Kavli 综合研究所；与社区医院合作儿童身体健康综合研究项目	与美国能源部、国家科学基金会合作开设脉冲研究所；与美国卫生部合作分子生物学与遗传学研究项目	与瑞典合作 EPFL-Stanford 项目
加州大学伯克利分校	与伊利诺伊大学合作能源生物科学研究所；与加州大学圣地亚哥分校合作加州气候变化研究中心	与美国高盛银行、微软公司合作数学科学研究所；与加州电力协会合作混合动力研究中心	与美国能源部合作国家能源研究科学计算中心；与劳伦斯·伯克利国家实验室合作能源跨学科研究中心	与以色列 Weizmann 研究所合作地区能源跨学科研究项目；与德国西门子公司合作智能电子项目
加州理工学院	与哈佛大学合作生物技术研究所；与康奈尔大学合作纳米科学研究中心	与卡弗里基金会开设 Kavli 能源纳米科学研究院	与能源部合作喷气推进实验室；与美国能源部合作海洋能源开发综合项目	与瑞典隆德大学、哥德堡大学合作生物工程与可持续发展研究项目

美国高校的跨界实践培养体系具有两大特点。第一，打破组织界限。以跨学科研究中心（所、实验室）为载体，与学校、企业、政府等部门开展合作，其实践培养体系突破了多个部门的组织边界，由不同单位合作为学生打造资源丰富的跨学科实践平台。第二，打破学科壁垒。跨界合作对象往往在某些跨学科领域具有研究与教育优势，围绕跨学科问题的合作探究，不再囿于单一学科，而是注重优势教育资源直接的融会贯通，具有高度开放性的特点。

（4）突破传统组织制度的制约，灵活多样地组建跨学科师资队伍。

师资力量是影响跨学科人才培养质量的关键要素。传统以学科为基础形成的院系组织制度，严重制约了跨学科师资队伍建设，难以满足跨学科人才培养的要求。为此，美国高校突破了传统组织制度的制约，采取集中聘任制、联合聘任制、独立聘任制、外来访问制等方式灵活地组建跨学科师资队伍。

集中聘任制指学校统一选任教师专门组建跨学科中心，教师隶属于该独立行政单位，专门负责跨学科研究与人才培养工作。联合聘任制是指跨学科研究机构与相关院系共同聘请教师，受聘教师同时属于两个或多个院系。普林斯顿大学、加州大学伯克利分校主要采取联合聘任制的师资组建模式。如普林斯顿大学信息技术政策研究中心，其培养学生以计算机技术为主，因此大多数教师为普林斯顿大学计算机系的教师，但其政策类相关课程的教师来源于社会学系、伍德罗威尔逊公共管理学院等。加州大学伯克利分校的跨学科科研教育一体化项目 ISF 在学校多个学院共同配合下完成，在师资队伍上也采取了联合聘任制；该校还从麻省理工学院、纽约市立大学等聘请教师[①]。独立聘任制是指跨学科研究机构作为单独的行政单位自主聘请教师，由该机构负责受聘教师的工作分配、管理、考核及酬劳等事务。外来访问制是指在某些跨学科研究项目实施过程中，可以聘请该领域的专家学者参与联合研究，这类教师无明确的聘任期限，一般以其所参与的研究项目的结束时间为限，行动相对自由。

在实践中，高校往往同时采用多种聘任方式，广泛多样地构建跨学科师资队伍。例如斯坦福大学的材料与能源科学研究所（Stanford Institute for Materials and Energy Sciences），其教师既有与本校物理学系、化学系联合聘任的，也有独立聘任的长期从事材料能源跨学科研究的教授[②]；加州理工学院的喷气推进实验室（Jet Propulsion Laboratory）是与美国能源部合作的跨学科研究实验室，其部分教师从万豪国际公司、国家税务局、美国能源部聘请[③]，大大增强了教师队伍的多元化。

---

① ISF. Teaching Faculty[EB/OL]. [2022-04-22]. http://isf.ugis.berkeley.edu/people/teaching-faculty.

② Stanford University. Stanford Institute for Materials and Energy Sciences（SIMES）[EB/OL]. [2022-12-11]. http://simes.stanford.edu/investigator/.

③ Caltech Jet Propulsion Laboratory. JPL Executive Council[EB/OL]. [2022-10-26]. https://www.jpl.nasa.gov/about/exec.php.

(5) 注重跨学科人才培养质量，建立完备的管理考核机制。

跨学科人才质量是跨学科教育活动成效的最终体现，关乎跨学科教育活动的成败，具有重要意义。普林斯顿大学认为质量管理是跨学科教育的重中之重，需要有明确的级别划分①。跨学科人才培养往往涉及诸多部门和利益群体，其质量的好坏决定着跨学科教育能否获得广泛的支持。加州大学伯克利分校教务长保罗·阿利维萨托斯认为跨学科人才的考核管理很大程度上为学校的跨学科教育提供了支持和有力保障②。

为此，美国研究型大学在跨学科培养科技创新人才方面，建立了完备的管理考核机制。一方面，学校成立或指定专门管理部门负责跨学科人才培养的日常管理事务，如跨学科教育委员、跨学科教育办公室等。普林斯顿大学的跨学科中心（Interdisciplinary Centers）、加州大学伯克利分校的学生学术顾问委员会（Student Academic Advisor）、斯坦福大学的学术咨询会（Academic Advising），这些部门都具体负责跨学科教育日常管理。

另一方面，出台评价考核办法。美国高校跨学科人才培养考核主要包括两部分内容：课程学分和高级论文（或其他的高级学术成果，见表7.6）。学校依据每位同学的表现情况评出 A^+ 到 F 共计 11 个等级③，最后两个等级 D、F 意味着学分未修满或考核未达标，需要按照培养方案重修。高级论文是对高年级学生的要求，需要学生在三年级后联系学生学术顾问会的教师或研究生导师，递交自己的学术报告书阐明研究计划，由指导教师分析确定该研究计划的可行性，然后指导学生开展学术论文写作或研究设计，最后进行答辩。加州大学伯克利分校要求其申请跨学科学士学位的学生至少完成 30 个单元的主题课程学习，课程成绩等级必须在 B^- 及 B^- 以上④，同时学生必须

---

① Princeton University. Princeton University Grading Policies［EB/OL］.［2022-09-28］. https://odoc.princeton.edu/sites/odoc/files/Grading%20Policy%202014.pdf.

② UCB. Executive Vice Chancellor and Provost［EB/OL］.［2022-09-28］. https://evcp.berkeley.edu.

③ Princeton University. Grading Policies［EB/OL］.［2022-09-28］. https://odoc.princeton.edu/sites/odoc/files/Grading%20Policy%202014.pdf.

④ UCB ISF. Prerequisites［EB/OL］.［2022-08-10］. https://isf.ugis.berkeley.edu/prerequisites.

参加跨学科高级论文研讨班，提交高级论文并由教师分等级评判①。麻省理工学院申请计算与认知科学跨学科学士学位的学生需要修满180学分，参加专业必修课考试、跨学科主题课程考试以及研讨会交流考试②，学生毕业后基本具备计算机从业人员的基本工作技能和研究素养③。

表7.6 美国研究型大学本科跨学科专业考核内容一览表

学校	考核内容	
	课程学分要求	高级论文 （或其他的高级学术成果）
普林斯顿大学	至少获得124学分	学生需要结合自身所学课程，选择某一跨学科研究领域，进行较深入的学术性探索，最终完成毕业答辩
麻省理工学院	至少获得180学分	
斯坦福大学		
加州理工学院		
加州大学伯克利分校	至少修满本专业学位课总学分数的2/3	

资料来源：https://ua. princeton. edu/contents/academic-regulations/academic-year；http://catalog. mit. edu/degree-charts/computation-cognition-6-9/；https://studentservices. stanford. edu/more-resources/student-policies/university-degree-requirements/undergraduate-degrees-programs#credittext。

7.3.3 对美国五所研究型大学跨学科培养科技创新人才的再思考

（1）高度重视科技创新人才的跨学科培养问题。

当今世界科技竞争日益加剧，科技创新人才培养水平的高低不断拉开国家间的综合实力差距。同时，学科内部知识不断融合，人工智能、生物工程、量子计算等新兴学科领域不断涌现，利用跨学科培养科技创新人才是高

---

① UCB ISF. Honors Program［EB/OL］.［2022-04-22］. https://isf. ugis. berkeley. edu/honors-program.

② MIT Course Catalog Bulletin 2022—2023. Computation and Cognition（Course 6-9）［EB/OL］.［2022-10-17］. http://catalog. mit. edu/degree-charts/computation-cognition-6-9/.

③ MIT Registrar's Office. Course 6：Electrical Engineering and Computer Science ZAP/Spring 2023［EB/OL］.［2022-11-12］. http://student. mit. edu/catalog/m6a. html.

校教育改革的必然趋势。《国家教育事业发展"十三五"规划》提出要着力培养创新型、复合型人才，2018年《新工科研究与实践项目指南》明确指出要打破固有学科领域界限，形成体现多学科交叉融合特征的工程人才培养模式。在科学技术领域，跨学科科技创新人才的培养已经成为必然趋势，其成功开展无疑需要政府、高校和社会各界的高度重视和合力推动。

首先，国家应该意识到跨学科对于科技创新人才培养的重要意义，自上而下地推行跨学科人才培养理念，并在政策制度层面予以引导和支持，出台专项政策文件、制度规范强调科技创新人才的跨学科培养问题，借鉴美国国家科学基金会的做法，成立跨学科专项基金资助体系，搭建适合跨学科培养的研究平台等助力高校人才培养。其次，高校要结合自身特点做好跨学科培养科技创新人才的战略规划，使师生明确跨学科教育对科技创新人才培养的价值，通过邀请专家学者开设跨学科相关论坛、研讨会及系列相关讲座，在校内形成浓厚的跨学科教育氛围，为培养人才打造良好的文化环境。最后，社会的人才需求导向直接影响着高校人才培养的定位，社会团体和组织也应积极参与跨学科培养人才的活动。通过与高校合作设立跨学科教育实践平台，为高校跨学科教育提供资金支持，在人才招聘中摒弃传统用人理念、大胆吸纳和启用跨学科人才等措施，助力高校跨学科培养科技创新人才。

（2）构建多样化的跨学科课程体系。

科学的跨学科课程设置是跨学科培养科技创新人才的重要基础。美国高校构建了多样化的跨学科课程体系，课程内容丰富、组织形式多样，重视学生对跨学科知识和能力的培养，为其跨学科培养科技创新人才提供了有力保障。相形之下，我国高校的不同学科之间没有在课程中实现真正的交叉融合，跨学科程度并不深入[1]。课程实施囿于学科界限，教学设计刻板，教学方式方法单一，缺乏有效的跨学科教学评价方法[2]。

对此，我国要着力构建多样化的跨学科课程体系。首先，需要进一步打破学科边界，围绕核心科技问题组织跨学科课程。麻省理工学院的跨学科课

---

[1] 张晓报. 美国研究型大学跨学科专业教育的实践及启示[J]. 高校教育管理，2019 (5): 92-103.

[2] 徐岚，陶涛，周笑南. 跨学科研究生核心能力及其培养途径——基于美国IGERT项目的分析[J]. 学位与研究生教育，2018 (5): 61-68.

程就是围绕某一跨学科主题，将各个学科的知识有机组合成模块进行讲授①。我国高校可以借鉴这一经验，基于问题组建多样化跨学科课程模块，基于科技发展的最新理论与技术，加强不同学科之间的深度交融。其次，课程体系设计上要注重由浅入深，一年级强调夯实基础理论知识；二三年级结合关键问题、核心技术开始各类主题课程，培养学生的跨学科思维；四年级则可以为学生提供更多机会参与跨学科研究课题，到跨学科研究中心实践等，鼓励本科生参与科学研究，获得体验式学习。学生的发展轨迹是多样的，高校要致力于为学生提供更多的发展路径，适应学生的多方面需求②。最后，在课程实施过程中要着力培养学生的跨学科素养，增强学生多学科角度思考问题的能力，激发学生对跨学科学习和研究的兴趣。同时要强化跨学科人才培养的质量意识，尊重跨学科人才培养的规律，基于跨学科领域的特性形成多维度、多层次的教学评价方法，建立科学完备的管理考核机制。

（3）加强跨学科师资队伍建设。

跨学科师资队伍是跨学科培养科技创新人才培养的基础和保障。我国高校教师的工作关系往往严格隶属于某一学院、学科，不同学院、学科因为其知识特点和学生培养模式的不同导致对教师的评价标准、考核原则难以统一，甚至存在互相冲突的情况③，教师对所在院系以外的跨学科研究和教育缺乏内在动力，这无疑增加了我国跨学科师资队伍建设的难度。

为此，我国高校可以从以下两方面采取措施。一方面，学习美国高校的做法，采用多种形式组建跨学科教师队伍。可以采用集中聘任的形式，由学校将与跨学科教育相关的教师从原有院系中抽离出来，成立专门的跨学科中心、实验室或研究所，在学校层面突破学科障碍、组织壁垒。也可以采用联合聘任、独立聘任的形式，支持学院之间开展跨学科合作，实现师资共享。还可以根据跨学科教育和研究的需要，采用外来访问制的形式在更大范围内吸纳优秀人才。同时，针对不同的聘任形式，根据跨学科人才培养过程的特

---

① MIT. Institute-wide Task Force on the Future of MIT Education Preliminary Report [R]. Boston：MIT Press，2013：59-80.

② 张晓报．美国研究型大学跨学科专业教育的实践及启示［J］．高校教育管理，2019（5）：92-103.

③ 王凯，孙芳，董向宇．跨专业研究生培养定位与高校教师招聘标准间的冲突研究［J］．黑龙江高教研究，2019（9）：66-70.

点，结合跨学科部门的工作性质与职能要求，为跨学科教育教师制定相应的管理制度、考核标准，形成科学合理的教师评价机制。另一方面，开展跨学科教师培训，激励更多教师加入跨学科教育行列。跨学科教育作为一种新的教育模式，需要教师转变原有的学科专业教育观念和方法，掌握跨学科教育教学的新理念、新模式，通过相关教师培训可以吸引更多的教师成为跨学科教育的支持者。斯坦福大学为教师开设了跨领域专业化培训课程（cross-area specialization），帮助教师掌握跨学科培养学生的方法[1]。我国也应该开展跨学科教师教育，加深教师对跨学科合作教育的认识，提高不同学科教师间的合作水平，增强教师的跨学科教育素养。

（4）完善跨学科培养科技创新人才的相关机制。

我国高校对科技创新人才培养的跨学科性重视不够，缺乏专门的跨学科人才培养的招生机制、评价机制、淘汰机制，缺乏涉及本硕博三个层次的完备跨学科人才培养机制[2]，更缺少跨学科人才培养的跨界合作机制，高校与政府、企业、社会及国际组织的合作较少。因此需要完善跨学科培养科技创新人才的相关机制。首先，国家应该完善相关的顶层制度设计。完备的学科学位制度将为跨学科人才培养提供重要的制度保障，美国联邦教育部在其学科专业目录CIP—2000中专门设置了跨学科学位，这对其跨学科科技创新人才培养起到了重要的政策支持作用。我国应尽快完善学科专业目录，增设相关跨学科门类，设置跨学科学位或联合学位，以政策制度引导高校跨学科人才培养。其次，完善跨学科人才的教育机制。在课程设置、培养方案、学生管理等方面应积极向美国高校学习，对跨学科人才开展多元化、针对性培养，制定专门针对跨学科人才培养的考核制度，保障跨学科培养科技创新人才的质量。最后，高校要积极构建跨界合作机制。美国高校与政府、社会合作培养跨学科人才，有利于整合跨学科教育资源，培养学生的跨学科素养。我国高校要学会主动与政府、企事业部门、技术研发机构及国际组织建立合作机制，为学生提供更多进行跨学科学习、研究和实践的机会。

---

[1] Stanford Graduate School of Education. Cross-Area Specialization - Learning Sciences and Technology Design[EB/OL]. [2022-04-14]. https://ed.stanford.edu/academics/doctoral/lstd.

[2] 张炜，颜盼盼. 美国华盛顿大学跨学科教研融合模式及经验启示[J]. 科技管理研究，2016（23）：121-125.

7.4 本章小结

本章选取英美研究型大学中跨学科研究生教育的代表牛津大学、密歇根大学、麻省理工学院、斯坦福大学、加州理工学院、普林斯顿大学、加州大学伯克利分校等几所高校,深入分析了其跨学科人才培养的理念基础、背景动因、实现途径等,并对其进行了反思。

首先,牛津大学基于"自由教育"的办学理念、"平等与多元化"的学术愿景以及培养"社会领袖与未来学者精英"的目标追求,大力开展跨学科研究生培养。其实施路径为:注重生源和师资的多元化,构建跨文化育才环境;利用学院制提升学生跨学科素养;设置跨学科专业,建设多样化的跨学科课程体系;开展跨学科研究训练,培养研究生的跨学科思维;设立专门的跨学科奖助学金,激励跨学科研究生学习。未来,牛津大学将继续强化跨学科人才培养战略规划,加强跨国教育合作交流,注重研究生可迁移技能和通用性知识的培养,增加专门的跨学科研究生教育组织机构。

其次,密歇根大学基于"广泛而丰富"的文化教育观、"多样性、公平、包容性"的治校纲领以及"不合作就死亡"的开放性办学思想,较早开始了跨学科研究生培养的探索。其实现途径包括:强调研究生生源多样化,引导学生认识和理解不同的文化背景;跨学院聘任教师,实现跨学科师资共享;设置跨学科研究生课程、专业及项目;建立多种交流平台;吸纳研究生参与跨学科研究计划。密歇根大学有较为深厚的跨学科研究生培养的理念基础,通过多种途径进行了卓有成效的探索实践,已形成一套较为成熟的跨学科研究生培养机制。通过再思考,可以发现在开展跨学科研究生培养改革中,要注重招收不同学科背景的学生,培养其开放、多学科的思维方式;完善跨学科教师评聘机制,促进不同院系师资共享;积极研制跨学科研究生课程体系,设立跨学科研究生专业与项目;畅通沟通交流渠道,鼓励研究生参与跨学科项目计划;加强跨学科研究生的管理等。

最后,随着跨学科教育时代的到来,探寻我国跨学科培养科技人才的有效模式,助力我国科技强国、人才兴国战略的稳步推进,无疑是摆在我们面前的一个亟待解决的时代命题。美国研究型大学在跨学科培养科技人才方面开展得较早,近年发展十分迅速,选取其典型学校开展深入分析,对我国培养适应时代发展需求的跨学科科技人才,抢占核心科技领域的制高点具有重要的借鉴意义。美国研究型大学跨学科培养科技创新人才的背景体现在三个方面:知识再生产方式变革理论、日益复杂的社会及职业需要、联邦政府的跨学科教育引导。其主要策略如下:强调科技创新人才培养的跨学科性,打造多元化、包容性的校园文化;突出跨学科素养培养,设置多样化的跨学科课程体系;注重跨学科研究与跨学科教学相结合,跨界联合构建实践培养体系;突破传统组织制度制约,灵活多样地组建跨学科师资队伍;注重跨学科人才培养质量,建立完备的跨学科人才培养管理考核机制。

第 8 章

对我国"双一流"建设高校完善跨学科研究生培养体系的启示

从系统理论和知识生产模式变革理论看,群落化、交叉化是未来学科发展的必然趋势,不同学科之间不断破壁、融合,这种学科的交叉融合趋势势必会从根本上变革高等教育。英美研究型大学遵循自由教育传统,较早开始顺应这种学科发展的新变化,逐步构建了较为完善的跨学科研究生培养体系。虽然这些大学也存在资源成本投入高、项目训练难度大、不同学科领域交流和利益分配存在障碍等问题,但总体上看,其培养目标、内容、方式和保障机制都较为成熟,能为我国高校进一步完善跨学科研究生培养机制提供重要的借鉴。

2020 年 7 月 29 日,我国首届研究生教育会议召开,其后国务院学位委员会决定新增交叉学科作为新的学科门类,自此交叉学科成为我国的第 14 个学科门类,分析探讨跨学科研究生培养体系构建问题迫在眉睫。因此,本章进一步通过对"双一流"建设高校开展实地调研,以精准把握我国目前跨学科研究生培养体系存在的不足,结合实际情况对标英美研究型大学的做法,为我国"双一流"建设高校优化跨学科研究生培养体系提供启示。

8.1 明确的培养定位是跨学科研究生培养成功的先决条件

培养定位是对跨学科研究生培养的时代背景、目标追求、方案设计等方面综合的理性认识,鲜明而精准的培养定位是跨学科研究生培养体系建立的基石。只有明确要培养"什么样的人",跨学科人才培养工作才有正确的发展方向,才能更有针对性地开展培养教育活动,也更能保证跨学科研究生培养的质量和社会适用性。

8.1.1 明确跨学科研究生的培养理念

明确的培养理念是进行跨学科教育改革的前提,是高校制定人才培养方案的指路标。英美研究型大学基于知识生产模式发生变革的社会背景开展跨学科研究生培养时,其培养理念十分明确:基于现实社会面临的重大问题,培养能解决世界复杂性难题的、具有良好综合性素养的拔尖创新人才。虽然我国各级政府在一些政策文本中体现了对跨学科人才培养的重视,但是在实际推行过程中仍然有不小的阻碍,很大一部分原因在于我国不少高校在建校之初仿照苏联的办学模式,严格按照不同学科划分专业,在培养理念上一直强调培养专业型的人才,给跨学科培养理念的确立带来了较大的阻力。[1] 尽管有些高校已经意识到跨学科研究生培养的重要性,并开始了相应的实践探索,但在实施过程中教师和学生对跨学科培养目标等缺乏足够明确的认识,高校也缺乏科学、清晰的战略规划,使得跨学科研究生培养过程出现混乱,培养质量无法保证。以北京大学前沿交叉学科研究院为例,其下属的生物医学跨学科研究中心所提出的培养目标为"培养具有交叉学科背景的新型人才"[2],但并没有将其进一步细化、具体化,致使其培养理念难以落实到实际培养环节中。

对英美研究型大学的研究发现,其跨学科理念植根于大学的办学思想之中,大学的校长、教务长不失时机地在公开场合宣传跨学科人才培养理念,学校在战略规划中也对跨学科人才培养的重要性给予肯定。如帝国理工学院《战略规划 2020—2025》的优先事项之一就是推进跨学科教育和研究,明确了学科合作的培养理念,指出在教学和学习中融入跨学科,培养出能应对全

---

[1] 马培培. 麻省理工学院本科工程教育跨学科培养模式借鉴[J]. 中国高校科技, 2020(4): 49-53.
[2] 北京大学前沿交叉学科研究院. 生物医学跨学科研究中心[EB/OL]. [2021-12-20]. http://www.aais.pku.edu.cn/yjzx/show.php?id=157.

球挑战的跨学科人才。① 结合英美两国的成功经验，我国高校可以考虑从以下三个方面入手明确跨学科研究生的培养理念。

第一，加强跨学科教育的宣传，将跨学科理念深植到师生的心中，使跨学科研究生及教师对于培养目标和学习目标有清晰的认识和投入实践的意愿。高校应转变固有的专业教育理念，树立跨学科研究生培养理念。剑桥大学生物科学学院（School of the Biological Sciences）十分明确提出要培养一批具有综合技能和人文关怀能力的学生，使其成为新一代的医疗保健领域的科学家和商业领袖，② 可见其培养理念十分明确而具体。我国"双一流"建设高校在思考跨学科理念时，也应摒弃模糊的培养理念，深入分析自身的办学优势和发展规划，科学塑造跨学科研究生培养理念，将培养理念与自身的办学宗旨、各个学院具体的学科特色进行有效的结合。

第二，我国"双一流"建设高校应十分清楚地认识到跨学科研究生培养的重要性，将以问题为导向的培养理念融入日常教学中，重视研究生综合性实践能力培养，并制定清晰的战略规划，将跨学科研究生培养理念贯穿于培养体系的方方面面。英国各所研究型高校在战略规划中始终将跨学科教育作为优先事项进行宣传，帝国理工学院的校长爱丽丝·加斯自2014年上任之后，一直极力倡导跨学科人才培养理念，在公开演讲时经常强调加强跨学科合作、迎接跨学科挑战的重要意义。我国高校也应将该理念融入学校的发展规划之中，学校校长、党委书记等领导应对跨学科培养理念达成共识，在公开的场合向师生传达跨学科教育的意义和价值，使跨学科理念深入地渗透于研究生教育的全过程。

第三，以社会实际需求为导向确定培养理念。纵观英美研究型大学的跨学科人才培养理念，都是以社会各行各业的复杂性问题为出发点，坚持以解决社会实际问题为导向，如伦敦政治经济学院的数据、网络和社会专业（data，networks and society）的培养理念是基于全球化和信息数字化背景下

---

① Imperial College London. Strategy 2020—2025 [EB/OL]. [2021-12-14]. https://www.imperial.ac.uk/media/imperial-college/about/leadership-and-strategy/strategy-2020-2025/public/CollegeStrategy2020-2025.pdf.

② University of Cambridge, School of the Biological Sciences. Postgraduate Admissions [EB/OL]. [2022-03-15]. https://www.postgraduate.study.cam.ac.uk/courses/departments/blbs.

媒体生产、传播和消费环境的变化这一背景；国际关系（international relations）的培养理念是以全球化和复杂的国际关系为出发点。因此，我国在确定培养理念时，也应充分考虑学科所处的大环境和国际背景，以现实世界的复杂问题为依托，与时俱进确定跨学科研究生的培养理念。美国 IGERT 项目注重以跨学科项目的理念引导跨学科教育的发展，IGERT 跨学科项目多以研究当前社会科技、经济等领域出现的复杂综合的问题为出发点，紧扣社会现实难题，坚持以问题为导向，以服务社会为宗旨。为促进我国"双一流"建设高校跨学科研究生培养，我国政府也可以设立一批跨学科研究生培养项目，项目可结合我国的国情以及当前社会所面临的重大问题，并给予必要的资助和政策支持。

8.1.2 明晰跨学科研究生培养的目标定位

目标定位是人才培养工作的指路牌，一切跨学科教育活动都是围绕一定的目标进行的，因此只有制定明确的跨学科研究生培养的目标，人才培养工作才有清晰的发展方向。英美研究型大学跨学科研究生培养工作的目标定位十分明确：在人才方面致力于培养能够解决社会复杂难题、引领社会变革的创新型人才；在学科方面力求打破学科壁垒，促进不同学科之间的相互融合。而我国跨学科人才培养工作存在培养目标过于宽泛的问题，有学者对国内12所培养生物医学跨学科专业的知名高校进行研究发现，这些学校人才培养的目标可以总结为复合型、运用型、管理型、创新型、卓越型、研究型和领军型7大类，它们对于培养目标的文本表述也存在高度的趋同性。[①] 从武汉大学国家文化发展研究院的跨学科研究生培养目标可以窥见这一问题，其目标是"培育文化产业复合型人才"，但没有对培养目标进一步地解释说明，没有进一步细化产业复合型人才应该具备的素养和能力，也没有指出复合型人才培养对于学科融合的促进作用。故此，我国可以尝试从以下两个方面明晰跨学科研究生培养目标。

第一，培养能够创造性解决社会难题的创新型人才。英美研究型大学跨学科专业的人才培养目标多与本领域的复杂问题相关，如剑桥大学将建筑环

---

① 张海生，张瑜. 多学科交叉融合新工科人才培养的现实问题与发展策略 [J]. 重庆高教研究，2019（6）：81-93.

境跨学科专业（interdisciplinary design for the built environment）的培养目标定位为：掌握不同学科背景下应对建筑环境挑战的各种措施，能够在实践案例中应对建筑环境的持续性挑战并能创造性解决问题的创新人才。其培养目标紧紧围绕建筑环境这个核心学科领域，强调培养能够应对挑战和解决问题的人才。卡内基梅隆大学主张，要让学生、教师和员工运用有意义的跨学科方法来解决世界性问题，为学生提供跨界整合观点的工具，强调深入学科知识内核，驱动传统领域边缘和交叉点的新思维。① 我国高校在设定培养目标时也应突破理论层面的枷锁，重点突出学生综合运用跨学科知识和研究方法解决实际问题的能力，坚持以问题为中心，以服务社会为导向。

第二，培养综合素质高，能推动国内乃至国际社会变革的领军型人才。领军型人才的培养目标始终贯穿于英美研究型大学的人才培养过程，伦敦大学学院相信推动社会发展是大学的重要使命，在其培养目标中融入"世界公民"（global citizenship）的理念，在跨学科教育中对学生的综合能力制定了培养要求，全力塑造未来社会的变革者和领军者。2016 年，普林斯顿大学在其战略报告中提到，学校需要帮助学生具备跨学科素质，以适应未来的研究与就业趋势。② 我国"双一流"建设高校在设定跨学科培养目标时不妨学习英美研究型大学，在培养目标中融入对于研究生沟通交流能力、组织协调能力、领导能力等非学术性综合素质的要求，明晰跨学科研究生不仅要专业知识过硬，还要具备各项综合素养，以有效应对国际社会面临的各项挑战，能够在时代的大潮中成为领头羊，带领社会变革朝着正确的方向发展。

8.1.3　制定个性化跨学科研究生培养方案

英美研究型大学跨学科研究生培养的一大特色为制定个性化的培养方案。其培养方案多以学生的兴趣与学科背景为出发点，围绕培养复合型创新

---

① Carnegie Mellon University. Goals for the University Community[EB/OL]. [2022-04-29]. https://www.cmu.edu/strategic-plan/university-community/index.html#interdisciplinary-problem-solving.

② Princeton University. Princeton University Strategic Framework[R]. Princeton：Princeton University Press，2016：2-31.

性人才这一核心要求,以多样化、宽口径的课程选择与科研项目实践为实现方式,为跨学科研究生定制独特的个性化培养方案。反观我国,跨学科研究生教育的培养方案与传统学科学生的培养方案没有明显的区别,课程与科研的培养口径也未完全打开,对复合型创新性人才的培养成果也不显著。例如,2017年建立的武汉大学工业科学研究院,目前还仅仅停留在跨学科研究的阶段,跨学科人才培养体系尚未建立,还沿袭着传统学科的培养模式,导致对于创新复合型人才的输出能力有限。[①]

为此,我国"双一流"建设高校要想提升跨学科研究生的教育质量,培养跨学科研究生的创新能力,需从培养方案上进行大幅度的改革。首先,扩大跨学科领域的口径,可以借鉴加州大学伯克利分校的做法,让学生根据自身的研究兴趣选择适合自己的跨学科研究领域,通过兴趣、已具备的知识背景和即将学习到的跨专业知识共生激发其创造性思维,而不是只能在预先设定好的跨学科专业中选择。其次,拓宽学生选修课的范围,设置丰富的跨学科或跨专业选修课程,巧妙地将理论课程与实践课程相结合,满足学生的需要;采用弹性学分制,明确课程考核的最低要求,给予学生相对的选择与学习自由。再次,在学习内容上与实际问题相结合,不论是课程还是跨学科研究项目,抑或是毕业论文,都需跨过纯学术性的思维障碍,以问题为导向,让研究成为能改善现有科技或经济的创造性成果,让学生与社会所需人才无缝对接。最后,注重从多角度对学生进行考核评价,不仅限于课程成绩与论文水平,还应通过一系列的研究项目与实践来深度考查跨学科研究生的研究能力和创新性贡献,并对培养方式的各个环节进行及时的反馈和调整,以保证培养目标的实现。

8.2 开放综合的培养内容是跨学科研究生培养的关键

跨学科研究生培育工作依托培养内容的改革,与内容的跨学科性息息相关。跨学科课程内容、跨学科研究项目以及各类跨学科实践活动是培养内容的重要组成,跨学科培养内容的深度很大程度上影响着跨学科人才培养的最

---

① 武汉大学工业科学研究院. 研究院介绍 [EB/OL]. [2021-12-20]. http://technology.whu.edu.cn/list/2.html.

终质量。结合英美研究型大学的成功经验，我国"双一流"建设高校可以从以下四方面促进开放综合的培养内容建设。

8.2.1 促进学科融合以增强培养内容的跨学科性

传统的单一学科占据主导地位是我国研究生培养内容缺乏跨学科性的深层次原因，我国"双一流"建设高校基本严格按照学科划分学院并细分专业，各个学科之间呈现"隔行如隔山"的状态，不同学科话语体系之间构筑起了一道道学科壁垒，各个学科之间很难真正进行平等的对话与交流。对此，我们可以借鉴英美研究型大学的做法。英国帝国理工学院是当今世界上久负盛名的理工类高校，其优势学科主要是工程、医学、自然科学领域，在这些学科基础上，帝国理工学院广泛地开展学科交叉融合，比如工程学科联合生物、化学、机械等学科形成新的学科体系，集中学科资源促进多学科合作，为学生提供具有国际优越性的工程教育。① 加州大学伯克利分校也尤其注重不同学科间的有机融合，采用跨学科教育的办法激发学生的学习兴趣，探索尖端科技问题。该校的"大创意课程"（big ideas courses）即是为了应对一些单一学科视角或方法不能解决的社会问题而提出的跨学科项目，将不同学科的学生聚在一起，用更多富有创造性和创新性的想法、学科知识来学习和探索计算机科学、环境科学等科技前沿问题。② 英美研究型大学通过有力的学科融合，有效地增强了培养内容的跨学科性，为我国高校学科融合提供了很好的借鉴。

因此，我国高校要吸取英美研究型大学在促进学科融合方面的成功经验，积极打破学科藩篱，促进学科生态群的建设，提升培养内容的跨学科性。具体来说可以从以下三个方面着手。

一是找准优势学科定位，利用最强势的学科辐射带动其他学科的集聚。英美研究型大学的学部是建设学科生态群最生动的例子，牛津大学以数学和物理学为依托，吸引计算机科学、材料学、植物科学、统计学等多个学科共

---

① Imperial College London. Faculty of Engineering About Us[EB/OL]. [2022-08-27]. https://www.imperial.ac.uk/engineering/about-us/.

② UCB. Big Ideas Courses[EB/OL]. [2021-11-12]. https://bigideascourses.berkeley.edu/course-archive.php.

同组建了数学、物理和生命科学部（Mathematical, Physical and Life Sciences Division），在整个大学部之中，跨学科变得十分便利和普遍。[①] 我国高校亦可以突破传统的学院建制，利用各自的优势学科寻求学科集聚，建立学科生态群，值得注意的是在集聚其他学科时候，要注意遵循学科之间的内在联系性，切忌将毫无关系的学科机械相加，保证学科界限的消弭合理可行。

二是基于社会现实的重大需求促进不同学科的融合发展，增强培养内容的跨学科属性。英美研究型大学的多学科融合可以说都是基于现实问题导向，帝国理工学院的数据科学研究所（Data Science Institute）、能源期货实验室（Energy Futures Lab）、全球卫生研究所（Institute of Global Health Innovation）都是以现实世界为导向设置的学科群。卡梅隆大学（Cameron University）校长约翰·麦克阿瑟认为，作为一个大学，社会服务是其使命，卡梅隆大学应该是一个由师生广泛合作，尤其是通过跨学科协作解决重大科学挑战的地方。未来的大学生们应能成为熟练和热情的学者，他们必须学会跨学科合作，以寻找复杂问题的创造性解决方案，推动科学的进步。[②] 为此卡梅隆大学积极通过跨学科教育的方法，引导学生，探索科技前沿，其化学、物理与工程系联合声明，要共同致力于学科间的互相融合，并鼓励不同学科的学生合作学习及研讨目前所存在的科技瓶颈。[③] 因此，建议我国高校在促进多学科交叉融合时，要深入研究现实社会的需求点，在联合学科之前适当地进行社会市场调查，确保新出现的交叉学科群培养的跨学科人才能与市场需求接轨。

三是基于重大的跨学科项目和课题促进培养内容的广泛交叉融合。英国八大研究理事会设置的跨学科研究中心、投资的跨学科项目为英国研究型大学的学科集聚提供了重要的方向。杜克大学在2011年启动的"能源倡议"（Energy Initiative），是为了解决重大的全球性问题而开始的一项新计划，以

[①] University of Oxford. Mathematical, Physical and Life Sciences[EB/OL]. [2022-05-25]. https://www.ox.ac.uk/admissions/graduate/courses/mpls.

[②] Cameron University. Path to Plan 2023: Ambitious Goals for Growth, Innovation and Engagement[R]. Lawton, Oklahoma: Cameron University Press, 2018.

[③] Cameron University. Mission Statement [EB/OL]. [2021-11-12]. http://www.cameron.edu/cpe.

支持融合教师和学生的跨学科研究团队,通过课程和暑期项目来应对未来日益复杂的科学技术问题。① 在校方的此项倡议下,杜克大学内部各学科之间密切合作并取得了许多成就,如 2018 年其机械工程学院的学生制造的氢燃料电池汽车创造了新的氢燃料电池车燃料经济性的世界纪录,被视为世界能源研究的一大进步,印证了杜克大学"能源倡议"的前瞻性。我国高校也可以因势利导,重点关注国家重大项目和课题的倾向,尤其是国家重点扶植的新兴学科,为跨学科教育教学减少阻力。

8.2.2 完善跨学科研究生课程体系

科学完备的跨学科课程体系是开展跨学科研究生培养的重要保障,英美研究型大学用统筹学科知识的方式,将相关学科的课程整合起来,设置了科学合理、结构完备的新型跨学科研究生课程体系。2015 年 5 月,我国国务院办公厅在颁布的《关于深化高等学校创新创业教育改革的实施意见》中指出,高校要开设跨学科专业的交叉课程,探索建立跨院系、跨学科、跨专业交叉培养创新创业人才的新机制。课程学习是研究生掌握丰富的理论基础知识和研究方法的主渠道,因此构建科学完备的跨学科课程体系是培养跨学科研究生的关键环节。我国"双一流"建设高校在跨学科课程建设上还存在着三个突出问题。其一,跨学科课程缺乏多学科知识的内在有机融合,部分高校将两三门课程简单机械地相加,认为这是跨学科课程,实际上割裂了不同课程之间的学术话语、思维方式、研究范式之间的内在联系性。② 同时不同阶段的跨学科课程的知识衔接性不强,有学者调查博士生跨学科课程设置时发现,约 20% 的博士生认为课程内容与硕士阶段课程在很大程度上重复了,课程缺乏连续性和系统性。③ 其二,跨学科选修课的口径过窄。整体来看,培养计划更重视口径较窄的专业课程讲授,而选修课程往往处于附属地位。

---

① Duke Uiversity. Crossing Boudaries to Meet the Needs of Our Energy Future[EB/OL]. [2021-05-14]. https://energy.duke.edu/about.

② 蔡英辉,高媛. 碎片化的整合与总体性的回归:论我国研究生教育的跨学科协同[J]. 理论导刊,2015 (1):93-96.

③ 包志梅. 我国高校博士生课程设置的现状及问题分析——基于 48 所研究生院高校的调查[J]. 研究生教育研究,2021 (2):53-60.

许多学院虽开设了通识课程和选修课程，但大多是本院系甚至是本专业范围内课程，学科跨度大的学院所开设的专业必修课和选修课少之又少，至于单个的带有跨学科性质的课程更是凤毛麟角，不利于复合型高层次人才的培养。① 如浙江大学"医药＋X"多学科交叉人才培养中心，通过研究其博士生培养实施细则发现，直博攻读博士学位的研究生需要选修3门交叉学科课程，硕博连读研究生仅需选修2门，② 这远少于英美研究型大学对跨学科研究生选修课程的数量要求。其三，跨学科课程的数量远远不能满足跨学科发展的要求，跨学科课程体系尚未建立。例如，武汉大学跨学科拔尖创新人才培养试验区的培养内容仅为由学科带头人开展跨学科性质的专题讲座，并辅之以相关课程，其课程体系尚未明确建成。③

为此，我国高校应学习英美研究型大学的成功经验，积极研制跨学科研究生课程体系。

首先，我国各高校要统筹各方力量，从根源上保障开设的跨学科课程质量。要最大限度地整合学校资源，协调学科建设经费，加大对于跨学科教育的经费投入，建立多个以问题为导向的跨学科研究中心，设置本校擅长领域的跨学科研究生教育专业和项目，支持新学科的成长，克服专业间学术壁垒的阻力，营造出跨学科研究生的培养环境。而且，在开展跨学科课程建设之前，应该明确什么样的课程才是真正的跨学科课程，对课程内容和层次进行选择和区分，可以邀请相关学科领域的专家学者召开商讨会，研讨相关跨学科课程内容设置的意义、课程目标、课程预期效果等，也可鼓励研究生参与跨学科课程设计工作，考虑学生的切身需求。

其次，要充分利用研究生院（处）作为统筹机构，结合各学院的专业优势，促进不同学科的有机融合，通过改进课程内容促进多学科知识共享。美国知名学者艾伦·雷普克在其著作中指出："假如课程体系中每个相续课程

---

① 魏玉梅. 美国教育学博士研究生培养的"跨学科"特色及其启示——以哈佛大学教育哲学博士（PhD.）培养项目为例 [J]. 外国教育研究, 2016（3）: 43-57.

② 浙江大学医学院. "医药＋X"多学科交叉人才培养中心博士研究生培养实施细则 [EB/OL]. ［2022-06-02］. http://www.cmm.zju.edu.cn/2020/0904/c38723a2191547/page.htm.

③ 张治湘. 我国研究型大学交叉学科研究生培养模式研究 [D]. 大连: 大连理工大学, 2014: 1-43.

都必须重新开始的话,跨学科研究课程就无法令交叉学科更深刻、更完备。"① 这意味着跨学科课程不是作为独立新兴的事物需要完全重新发展的,而是可以对高校现有的课程内容进行改进,使跨学科课程嵌入其中成为有机组成部分,这既可以有效地利用现有的学科资源,也能为跨学科课程的融合发展减小阻力。在改进课程内容时,要注意在育人目标上,将跨学科研究生培养确定为注重知识前沿性和综合性的复合型创新人才;在教学内容上,应按照跨学科的研究内容予以制定,由跨学科必修课、选修课、通识课以及跨学科研讨与研究实践共同组成,按照学制合理规划分流机制。

最后,根据社会发展和学科自身发展的新要求,适时开发体现跨学科属性的新课程。杜克大学全球卫生理学(science in global health)跨学科硕士专业设计了"全球健康挑战""全球健康研究:设计与实践"等课程,实时更新当前全球健康所面临的困境,为减少世界健康差异出谋划策。除此之外,还为跨学科研究生们量身定制了灵活的选修课程,从各种学科视角向教师和其他学生学习,帮助学生更广泛地了解全球健康背景。② 建议我国高校参照英美研究型大学的做法,在制定跨学科课程时能做到既符合社会和科技发展的需要,又能体现出其新颖性和创新性,适应学生多方面兴趣发展的需要,从而激发学生学习的积极性。

此外,还需要以问题为中心,实践为导向,增设跨学科实践课程。实践课程是英国研究型大学课程内容的重要组成部分,如剑桥大学纳米科学与纳米技术跨学科研究中心2020—2021年的课程计划中为学生安排了30多项实践课程,这些实践课程联合了不同院系的资源,学生以3人小组的形式参与纳米技术前沿领域的实践训练或者模拟培训,每次实践课程通常长达3小时。③ 建议我国"双一流"建设高校深入学习其做法,以实际问题为导向,设计一些真实具体的跨学科课程内容和学习任务,促进研究生在真实的情景中主动探索多学科知识的融合点。

---

① [美] 艾伦·雷普克. 如何进行跨学科研究 [M]. 傅存良, 译. 北京:北京大学出版社, 2016:13.

② Duke Global Health Institute. Master of Science in Global Health[EB/OL]. [2021-12-27]. https://globalhealth. duke. edu/education-and-training/graduate/master-of-science#specialprograms.

③ EPSRC CDT in Nanoscience and Nanotechnology (Nano DTC). The Practicals Planned for 2020-23 Include[EB/OL]. [2021-12-28]. https://www. nanodtc. cam. ac. uk/practicals/.

8.2.3 围绕跨学科实践能力推进产学研一体化建设

在培养高层次创新型人才的过程中，英美研究型大学积极推进产学研一体化建设，促进校企协同育人机制的建立，充分利用各类跨学科研究项目和实践活动，提升了跨学科研究生创新思维和解决问题的能力，为所在国家乃至全世界培养了大批具备实践素养的实用人才。相较而言，我国"双一流"建设高校跨学科项目数量少，研究生参与跨学科研究和实践交流活动的情况不尽理想。从跨学科研究项目的设置来看，由于高校在项目的开发和设计上缺乏自主权，目前大多数项目还是按照传统的学科门类开发，跨学科专项项目极少。① 从学术交流层面来看，调查显示，博士生在校期间参与学术会议的平均次数仅为3次，且多数学术交流会议都划定了学科主题，与会学生学科背景呈现同质化倾向，难以进行真正意义的跨学科交流。②

推动产学研一体化实践平台的建设是培养跨学科研究生的有效途径，教育部在2011年推进"高等学校创新能力提升计划"时，强调了校企协同的重要意义，指出要通过机制体制的创新和政策项目引导，鼓励高校同科研机构和企业开展深度合作，优化以学科交叉为导向的资源共享方式。结合英美研究型大学的成功经验，我国"双一流"建设高校要鼓励跨学科研究生多参与产学研一体化实践活动，例如实验室轮换、田野调查，走出自身的常态适应区，以问题为中心，在实践中将跨学科理论知识与实际问题相结合，从而提升自身的实践应用能力和整合研究能力。同时，我国"双一流"建设高校还可以从以下两个方面来推进校企协同育人机制的建立。

一方面，高校可以联合企业创设一体化基地、科技园区，以跨学科研究中心（所、实验室）为载体，与学校、企业、政府等组织广泛开展合作，将不同组织的优势资源汇集在一起，使跨学科实践培养体系实质上打破组织边界，将不同类型的跨学科教育资源进行组织与融合，形成培养内容高度开放性的特点，为学生打造资源丰富的跨学科培养平台。牛津大学的贝格布鲁克

---

① 包水梅，谢心怡. 美国研究型大学博士生跨学科培养的基本路径与支撑机制研究——以普林斯顿大学为例 [J]. 江苏高教，2018（3）：95-100.

② 李爱彬，梅静. 博士生跨学科课程实施：内在逻辑、现实困境与突破路径 [J]. 研究生教育研究，2020（3）：29-34.

科技园和帝国理工学院的白城校区都是研究型大学校企协同合作的成功案例，它们在科技园区中设置相应的跨学科实践课程和培训项目，邀请知名企业家担任校外导师，推动跨学科成果向社会效益转化等，都是值得我国高校进一步学习的做法。

另一方面，高校要与时俱进，不断创新产学研合作形式。高校尤其要积极主动地与社会企业建立合作关系，尤其是行业领域内具备先进社会生产力的企业。我国"双一流"建设高校在建立与企业的联系时应不断创新合作方式，创设各种形式的跨学科实训场所，让学生在真实的社会场景中运用多学科知识，提升跨学科实践能力，为未来的职业生涯发展奠定良好的实践技能基础。针对学术交流活动不足和同质化的现象，高校可以从构建学术交流平台入手，营造良好的跨学科交流氛围。如高校可以积极邀请国内外的著名学者、行业领域的从业人员来校开展学术讲座；也可以组建多学科的学术交流团体，让不同学科的研究生与教师在团体内部自由交流。产学研合作可以不局限于资金的引入，可以学习英美研究型大学与企业合作建立跨学科研究项目、行业实验室，鼓励学生参与企业实习和实际生产，邀请企业人员来校授课等形式，如剑桥大学与英国知名的处理器生产公司——Arm，合作建立了一个促进计算机安全的项目，跨学科研究生可以与企业人员在这个项目中共同研究和探讨。①

8.2.4 通过"寓研于教"开展跨学科科研训练

科研训练是完善跨学科研究生的多学科知识结构、提升研究生科研思维能力和创新能力最重要和最直接的途径。通过以上研究发现，英美研究型大学在跨学科研究生培养过程中，通过开展各类科研实践活动、安排"寓研于教"的教学及科研训练方式等，将科研训练摆在举足轻重的地位。而现阶段我国高校在跨学科研究生培养中，对其科研训练缺乏合理高效的安排与方案，科研实践活动也是凤毛麟角。我国高校若想大幅度提升跨学科人才的素质，需加大对跨学科研究生培养的科研训练力度，在培养的各个环节与科研训练紧密协同，帮助跨学科研究生在实践过程中坚定科研信念、萌发研究动

---

① University of Cambridge. Partner：Arm Architecting the Future[EB/OL]. [2022-11-12]. https://www.cam.ac.uk/business/arm.

力，确保培养取得预期目标。

第一，日常学术交流和跨学科专业项目中以跨学科科研为中心，为研究生提供科研实践机会。可借鉴牛津大学、斯坦福大学、密歇根大学等研究型大学的做法，利用开设研讨会、提供丰富的研究项目等方式，为研究生们提供多样化的科研训练机会。加州大学伯克利分校 ISF 项目是加州大学伯克利分校所开设的跨学科科研教育一体化项目，这一项目所开设的课程大胆尝试将人文社会学科的诸多价值维度引入自然科学中。例如，它将认知科学中的自我认知理论引入 C 语言的课程中，对 C 语言进行重新定义和编程，在计算机课程中取得了新的理论突破，促进了人工智能技术的发展。①

第二，鼓励跨学科研究生参加助教工作，在指导与培养本科生或低年级研究生的过程中理顺其知识结构，培养其跨学科核心能力。根据美国 IGERT 项目的报告所提出的，跨学科研究生需具备学科基础能力、团队合作能力、实践应用能力、整合研究能力和跨学科交流能力。② 英美众多研究型大学已经明确表示出"能力比知识重要"的观点，培养核心能力的重要途径便是将它寓于课程与科研之中。跨学科课程和科研项目虽然围绕某一现实问题或课题展开，但在培养过程中更重视对研究生跨学科思维的训练，以及需具备的核心能力的培养。"授人以鱼不如授人以渔"，通过跨学科课程的学习和科研训练的熏陶，帮助学生养成跨学科思考的习惯、团队合作解决问题的能力、将不同类型的资源整合的能力等，今后面对复杂的问题也能准确把握事物之间的关联性，切中问题的要害。③

第三，在制度上拓宽跨学科科研项目的准入口径。高校可出台相关政策，将跨学科项目实行全校公开及征集，鼓励跨学科研究生参加其他学科或教师的科研项目研究，开阔学科思维。以加州理工学院天桥神经科学研究所为例，该研究所为从事神经科学跨学科研究的博士研究生提供了四种训练模式，分别是神经生物学、计算机与神经学、生物学、社会与决策神经科学、

---

① Berkeley. Spring GSI Position for ISF 100A. [EB/OL]. [2020-03-17]. http://isf.ugis.berkeley.edu/courses/spring#.
② 徐岚，陶涛，周笑南. 跨学科研究生核心能力及其培养途径——基于美国 IGERT 项目的分析 [J]. 学位与研究生教育，2018（5）：61-68.
③ 邓嘉瑜. 美国研究型大学跨学科人才培养的模式研究 [D]. 广州：华南理工大学，2016.

四种模式各有侧重,往往与相应的科研实践结合在一起,在每一种训练模式下博士研究生都会接受高度的跨学科科研训练,探索最前沿的神经科学研究领域。①

第四,构建跨学科实验室轮换的培养体系,帮助跨学科研究生寻找适合的研究方向,并在实践的过程中提升综合能力。我国研究型大学已开始进行了类似的尝试,例如北京大学前沿交叉学科研究院下设的定量生物学中心,非常重视跨学科研究生的实验室轮换,在培养方案中要求研究生在第一学年必须在三个实验室(或课题组)进行轮换,每处的轮换时间为三个月,以保证跨学科研究生能体验一个较为完整的研究过程,奠定扎实的理论基础,掌握必要的研究方法。② 其做法值得我国其他"双一流"建设高校学习。而且,跨学科研究生的学位论文的选题可在参与的科研项目、实验室轮换中确定,通过导师的实验指导及自身的研究实践,在跨学科科研训练的启发中更顺利地完成学位论文写作。

此外,还可以为跨学科研究生拓展在企业或其他实验室课题组实习的机会,比如以校企合作项目为依托,以市场为导向,有重点、有针对性地安排解决现实问题或提升经济的项目实践,帮助研究生较早地应对社会需求,通过把自身的科研信念与动力转化为实际成果,获得实践锻炼和能力提升。

8.3 多元化的培养方式是提升跨学科研究生综合素养的有效途径

跨学科研究生培养与传统单一学科的人才培养的诉求有着显著的差异,因此在培养过程中也应不断革新传统单一的培养方式,以多种方式、从多个层面帮助学生形成广博的知识和综合能力。结合英美研究型大学的做法,我国"双一流"建设高校可以从招生方式、教学方式和评价方式三个方面进行改进,创新多元化的培养方式。

---

① Caltech Tianqiao and Chrissy Chen Institute for Neuroscience. Neuroscience PhD Options[EB/OL]. [2021-04-11]. http://neuroscience.caltech.edu/education/phd_options.

② 北京大学定量生物学中心. 研究生实验室轮转(Lab Rotation)[EB/OL]. [2021-06-24]. http://cqb.pku.edu.cn/info/1017/1087.htm.

8.3.1　拓宽招生路径以全面选拔跨学科研究生

招生是跨学科研究生培养的第一步,能否在申请者中选拔出具备跨学科学习潜质的学生,对后续的人才培养和人才输出有着至关重要的影响。英美研究型大学秉承严格的选拔标准,采用多样化的选拔方式,招收不同文化背景、学科背景的学生,促进彼此的互相学习、对话交流,培养其开放的视野、多学科的思维方式。然而,我国跨学科研究生招生选拔面临着两大难题,一是跨学科生源不足,可挑选的余地不大。长期以来受单一学科文化的影响,高校、家长和社会基本形成了"专业对口"的思维方式,加上跨学科专业往往是新兴学科、考生了解不深入、信息不对称等原因都严重限制了学生报考跨学科专业。[①] 二是招生选拔形式单一,未能全面考查学生的跨学科兴趣、知识和能力。我国现行研究生笔试招考过度强调考生应试能力,主要考查学生对某一学科专业基础知识的掌握程度,却忽略了对其宽广的知识背景、创新思维方式的考查,面试往往由临时组成的评委小组随机提问,没有明确的考核内容与标准,难以有效评估学生是否有强烈的跨学科学习意愿和研究能力。[②] 因此,我们可以借鉴英美研究型大学的招生选拔方式,拓宽招生路径,全面考查学生综合素质。

对于报考生源不足的问题,"双一流"建设高校应积极开展广泛的跨学科招生宣传,向学生和家长普及跨学科专业的发展前景,同时不断拓宽招生的路径,招收来自其他国家地区或者民族的学生,从而丰富跨学科生源,提供一个有利于创新思维产生和发展的环境。高校可采取以下做法:第一,在政策上对于跨学科招生予以倾斜。比如设立专门的跨学科报考平台,建立相关的跨学科领域的学术委员会,制定跨学科研究生的入学和毕业的学术考核标准,[③] 并保留部分名额优先录取优秀的跨学科申报者。各学院可根据研究领域拓宽招生对象的范围,例如将相关专业纳入招考范围内,密歇根大学金

[①] 刘海涛. 高等学校跨学科专业设置:逻辑、困境与对策 [J]. 江苏高教,2018(2):6-11.

[②] 张斌. 教育学跨学科背景硕士研究生学习状况调查研究——以H大学教育学院为例 [D]. 武汉:华中师范大学,2019:56-60.

[③] 刘凡丰. 跨学科研究的组织与管理 [M]. 上海:复旦大学出版社,2014:133.

融与风险管理跨学科科学硕士学位在招考目录中明确表示欢迎有数学、统计学、物理学、工程学和经济学背景的学生报考。考核科目及形式可由学院自主设计，除了公共课程（政治、英语）之外，专业课考试可根据报考学生的本科专业进行考查，以保证不同学科报考生考试的公平性。同时，鼓励导师招收跨学科学生，同时适当放宽对导师招收跨学科学生数量的限制。第二，招收研究生时尽量按照大的学科门类进行招生，扩大招生口径，避免过于强调专业细化。在通过一段时间的学习之后，根据中期考查成绩，结合学生自身的研究兴趣进行研究领域的分流。第三，扩大招收国际学生、不同民族学生的比例，并给予一定的宽限政策，由此鼓励跨学科学生的多样化，营造多元文化交流与合作的良好氛围更有助于创新思维的产生。第四，将多学科思维体现在研究生入学考试中，增设开放性试题，鼓励学生用不同的专业视角去解答相关问题，面试中采取无领导小组讨论等方式综合考查学生的思维能力、应变能力和创新能力，将适合跨学科培养的学生纳入研究生队伍之中。第五，学校要为跨学科研究生提供必要的学习支持，包括学习的场地、设备、平台，以及交流、培训、研讨的机会，为学生配备具有多学科背景的导师指导团队，让学生接受来自不同学科领域优秀教师的联合培养，帮助学生扩大知识面和增强运用不同学科思维的能力。

值得一提的是，跨学科教育需要学生具备广博的和有深度的知识以及多方面的核心能力，因此在招生环节要全面选拔跨学科研究生，依据知识、能力和态度这三个维度来全面考查学生的综合素养。其一，考查学生以往的学科基础。帝国理工学院的生物和物理化学（biological and physical chemistry）专业要求学生提供以往学习化学、物理、数学相关课程的证明，了解相关学科领域的基本学术术语。① 我国高校可以借鉴这一做法，在发布招生公告或资格审核时要求学生提供以往的学科学习经历和成绩证明，确保学生之前接触过相关的学科学习并且表现优异，还可以通过入学考试来考查学生对多学科知识的掌握程度。其二，透过学习成果和结构化面试考查综合能力。综合素养的考查同样可以借鉴英国研究型大学在招生选拔环节的做法，要求学生提供以往的毕业论文、科研证明，或者撰写并提交相关学科领域的文献综述，在面试环节利用结构化的问题窥见学生是否具备跨学科思维

---

① Imperial College London. MRes in Biological and Physical Chemistry[EB/OL]. [2022-03-03]. https://www.imperial.ac.uk/study/pg/chemistry/biological-physical-chemistry/.

能力和解决问题的能力。其三，对态度的考查，即考查学生的跨学科学习兴趣、合作能力和吃苦耐劳的品质，由于很难在简短的面试过程中有效判断学生的态度，因此设立考核不合格之后的分流或者淘汰机制十分必要，在录取后一定时间内对学生进行考查，将不适合从事跨学科学习的学生转移到其他单一学科。

8.3.2 创新教学方式培养学生跨学科思维能力

英美研究型大学采用以问题为中心，合作式的课程教学与科研训练并重等教学方式，形式看起来较为松散，实际上这种追求自主探究和思考的教学方式更能有效地激发学生的学习兴趣，在问题的解决过程中拓展跨学科思维能力。我国高校尚处于跨学科研究生教学的起步阶段，跨学科研究生培养还局限于单一学科的授课形式，以课堂教学为主，忽视了跨学科科研和其他各类实践训练活动。① 教学方式传统单一，学生难以获得跨学科的系统训练，学术思维易受限制。为此，我国高校教师要转变传统的教学理念，创新跨学科教学形式。

第一，开展教师资源共享式的合作化课堂教学方式。英美研究型大学鼓励不同学科的教师跨界合作，利用多种类型的教学方法进行合作化课堂教学，这对实现跨学科课程的培养目标有重要价值。合作化的课堂教学方式能够给跨学科研究生提供一个高效的知识环境，开阔学生全面的知识视野，培养综合解决问题的能力，掌握跨学科的思维方法，从而激发创造潜能。在课堂教学中可以引导学生围绕某一核心问题形成合作小组，不同学科背景的学生在小组中对问题各抒己见，在相互批判和交融中形成有效的问题解决策略。伦敦大学学院的教师十分善用小组的教学方式拓展学生的跨学科思维，并总结出了小组教学的要点：① 教师是倾听者的角色；② 给学生足够的时间思考问题的本质；③ 引导学生利用多学科知识，必要时提供提示，保持讨论持续进行；④ 帮助学生总结讨论结果，回顾所学知识。② 我国"双一流"

---

① 包水梅，谢心怡. 美国研究型大学博士生跨学科培养的基本路径与支撑机制研究——以普林斯顿大学为例[J]. 江苏高教，2018（3）：95-100.

② UCL Teaching and Learning. Small Group Teaching[EB/OL]. [2021-12-27]. https://www.ucl.ac.uk/teaching-learning/publications/2019/aug/small-group-teaching.

建设高校可根据跨学科的具体要求，聘任不同学科的教师协同开展教学，即以"多人一课"模式取代"一人多课"模式，各学科教师通过利用丰富的教学经验和教学方法，共同开展一门跨学科课程的教学，将不同领域的知识有机融合，帮助跨学科研究生在较短的时间内高效地吸收各学科知识的精华，减小学生的学业压力。

第二，将教学与科研有机结合起来，实施以提升学生综合实践能力为主旨的体验化实践教学方式。英美研究型大学跨学科教学和科研工作结合十分密切，牛津大学自主式智能机器和系统（autonomous intelligent machines and systems）专业的跨学科培养过程贯穿了实验室轮换、个人项目研究、工业实验室三个主要的科研训练环节，[①] 在其中不断磨炼学生的实践研究能力。这一做法可以为我国高校提供借鉴，在推进跨学科课堂学习之外强化"寓研于教"的教学方式，将科研训练贯穿于培养的全过程，利用实验室轮换、项目研究、课题参与、田野调查等多种方式，以科学研究训练为牵引，提升跨学科研究生的实践研究能力。在教学过程中，教师应适当增加实践教学的比例，给学生提供一个沉浸式体验的学习氛围，例如通过角色扮演、情景再现等方式，调动学生充分参与到解决问题的探究式学习中来，边学边实践，实现互动教学和同伴间的整合学习。此外，在实验课程和实训课程的教学中，建议以学生为主体，以身边的现实问题为出发点，培养学生的动手能力、应变能力和解决问题的实践能力。

第三，丰富跨学科学术实践活动形式。英美研究型大学为跨学科研究生提供了各式各样的跨学科交流活动，不断拓宽其跨学科视野，这一做法对我国具有重要的借鉴意义。我国高校应大力鼓励教师和学生积极参与地方、全国乃至全世界的跨学科研讨会，为教师提供访学机会，为学生提供到其他知名高校交流交换的机会，提供充足的经费支持，激励学生共同分享学习最新研究成果，并将新的想法和思路应用到科研学习之中，始终保持学科的前沿思维。

---

① University of Oxford. Autonomous Intelligent Machines and Systems（EPSRC Centre for Doctoral Training）[EB/OL].[2022-03-24]. https://www.ox.ac.uk/admissions/graduate/courses/autonomous-intelligent-machines-and-systems.

8.3.3 完善跨学科研究生评价考核机制

跨学科研究生教育与社会整体的经济发展状况紧密相连，培养高质量的创新人才已经成为研究生教育改革的重要趋势，探索与跨学科教育相匹配的评价方式也逐渐成为提升培养质量所重点关注的问题。由于我国受传统单一学科范式影响较大，高校作为评价的主体，建立了一套自上而下的考核机制，学生往往是作为被动的考核者。[①] 同时，评价内容强调以学科为中心，主要以试卷、专业学术论文发表和专业领域的学位论文作为主要考核内容，对学生的实践能力、创新思维、交流与合作的考核较为缺乏。[②] 因此突破单一学科考评方式，学习英美研究型大学建立起面向跨学科教育的专门化的评价考核机制显得尤为重要。

从评价主体上来说，我国目前的高等教育质量评价的权威主体是政府，而跨学科人才培养成效是事关多方利益主体的长效性工程，因此，我国可以借鉴英国研究型大学的做法，适当引入企业雇主参与实践教学的评价，同时重视学生的自我评价，逐渐让学生树立主体意识参与到考核评价中来。从评价方式上来说，我国高校沿用单一学科的考核方式，用书面的考试分数判别学生学习成效；而英美研究型大学则采用课堂汇报、小组作业、项目研究报告、课程论文、学术海报制作等多种形式全面考核，形成了过程性评价和总结性评价相辅相成的评价机制。因此我们应该创新跨学科人才的评价方式，在评价过程中重点考核学生是否能够运用多学科知识创造性地解决实际问题。从评价标准上来说，我国高校可以学习英美研究型大学设置细致的课程考核标准，标准具体到某一学科知识或能力的习得状况、等级划分，使考核结果一目了然；同时明晰跨学科学位的授予标准，要区别于传统的研究生学位授予标准，体现对学生创新思维、实践能力的系统考核。

[①] 胡德鑫，张晶. 加拿大研究型大学跨学科人才培养改革路径与借鉴 [J]. 中国高校科技，2020（9）：44-48.

[②] 田贤鹏，李翠翠，袁晶. 从学科立场到问题导向：跨学科研究生培养的机制变革 [J]. 高教探索，2021（3）：52-59.

跨学科研究与教育有别于传统的学科模式，传统单一学科的评估机制已不能正确合理地考核研究型大学跨学科教育活动。为了保障跨学科研究生培养的健康开展，根据跨学科的特性，建立公平合理的考核机制刻不容缓。因此，借鉴英美高校的成功经验，制定严格的跨学科研究生管理考核制度，加强培养过程管理，明确对中期考核、跨学科论文委员会指导、学位论文答辩等的要求，形成一套对跨学科核心能力进行检验的标准和程序机制，这将成为保障我国高校跨学科研究生培养顺利进行的一剂良药。具体而言，当务之急为制定严格的跨学科研究生管理考核制度，并在考核方式上采取多元化的方式，公正地对跨学科学生各个方面进行考核。首先，考核的基本内容应涵盖培养计划中的所有要求，包括修满课程学分、中期检查、完成毕业论文等，以及对跨学科培养计划的完成度方面进行考核，同时注重对学生创新能力的考核，实现由论文数量的评价向前沿性与创新性等高质量研究成果的评价转变，采取目标评价与发展性评价并重的方式。① 其次，在跨学科的学习成果评价上注重指标的多元性，包括课程考试、导师评价、实验考核、实习报告、研究成果等，为每一项指标设定较为具体的成绩所占比重，提供其在跨学科技能发展上的轨迹。再次，在跨学科评价的成员方面也应重视多样性，由于跨学科成果具有特殊性、广泛性和长效性，需要对其成果进行多方面的考量，因此可安排1~2名不同学科领域的教师作为考核委员会的成员，利用不同的学科思维对研究生的跨学科成果进行全面的、合理的评价，尊重跨学科研究生的研究成果。最后，制定规整的淘汰机制，在培养过程中时刻提醒学生明确每一项考核中的最低达标限度，加强对培养过程的管理，定期对跨学科研究生进行综合评价。对于考核不通过者一部分分流到其他跨学科领域或单一学科中，对另一部分不合格者直接淘汰。由此一来，不仅能够警醒各位跨学科研究生时刻不能松懈，还能通过层层把关控制有效保证跨学科研究生的培养质量，从而提升高校的学术声誉。

---

① 张治湘. 我国研究型大学交叉学科研究生培养模式研究［D］. 大连：大连理工大学，2014：1-43.

8.4 健全的保障机制是跨学科研究生培养的发展支柱

从英美研究型大学的跨学科研究生培养保障机制中不难发现，为推进跨学科教育的顺利进行，英美两国从制度、师资、平台和资金四个方面建立起了一套完善的保障机制。健全的保障机制是跨学科研究生培养体系得以发展的支柱和重要载体。为此，我国高校在推进跨学科研究生教育的过程中也可以从这四个方面着手，进一步建设完善相应的保障机制，确保跨学科研究生培养工作的顺利进行。

8.4.1 出台支持跨学科研究生培养的相关政策制度

美国知名学者凯瑞·霍利在其著作《理解高等教育中的跨学科挑战和机遇》中，阐明了外部的政策制度保障对于跨学科教育的重要性，他指出："跨学科计划可以因为有了政治和财政承诺而获得成功，也可以因为失去了这种承诺而失败。"可见，跨学科人才培养工作必然离不开强有力的国家政府支撑，英美两国政府较早意识到这一点，不断出台政策制度支持研究型大学开展跨学科教育活动，并通过各大研究委员会具体落实跨学科研究生教育支持工作。

我国在《国家中长期教育改革和发展规划纲要（2010—2020年）》中提出，要优化学科专业、类型和层次结构，培育跨学科、跨领域的科研与教学相结合的团队；2011年在《高等学校创新能力提升计划》中强调以人才、学科、科研三位一体创新能力提升为核心任务；2017年1月，经国务院批准同意，教育部、财政部、国家发展和改革委员会印发《统筹推进世界一流大学和一流学科建设实施办法（暂行）》，"双一流"建设明确鼓励学科群建设，为跨学科研究生培养提供了良好的环境；2018年《关于高等学校加快"双一流"建设的指导意见》指出要制定跨学科人才培养方案，探索建立政治过硬、行业急需、能力突出的高层次复合型人才培养新机制；2020年《关于"双一流"建设高校促进学科融合，加快人工智能领域研究生培养的若干意见》指出，以多学科交叉解决重大问题的专项任务作为研究生课题的主要来源和培养载体。2020 年 12 月 30 日,《国务院学位委员会 教育部关于设置"交叉学科"门类、"集成电路科学与工程"和"国家安全学"一级学科的通知》正式发布,首次将交叉学科纳入学科门类之中。从政策文本上来看,我国政府已经开始重视学科交叉和跨学科人才培养工作,但是在交叉学科设置条件、设置程序、学位授权与授予、质量保障等方面尚未形成明确的制度;在进行学位评估时也不断强调分类引导,按照细化的学科门类进行分类设置。这些都在很大程度上弱化了跨学科研究生培养的地位,国家政策制度保障仍然有待完善。

为此,我国还应不断加强跨学科研究生教育的顶层设计工作,让政策和制度贯穿于跨学科教育的全过程。具体而言,可以从以下三个方面学习英美研究型大学的先进做法。

一是加强政府的政策引导。《高等教育框架》《21 世纪的教育和训练》是英国政府为促进跨学科办学而出台的教育白皮书,为英国高校实施宽口径的跨学科教育指引了方向。而美国国家科学院发布的《推进跨学科研究》等系列报告,阐明了跨学科教育的必然性,强调要支持高校开展跨学科教育。我国教育主管部门也可学习这一做法,牵头出台支持跨学科研究生教育的专项文件,为高校的跨学科办学工作树立风向标。

二是提供有效的制度供给。对于开展跨学科研究生培养而言,政府仅有方向性指引是不够的,还需要出台招生及培养相关的配套政策和制度,才能增强社会对跨学科人才培养的认可度,激发高校和学生勇于挑战的决心。为此,教育部门可以采取一定的鼓励措施,要求高校将跨学科研究生培养作为正式的人才规格列入学校的战略规划之中,为高校跨学科培养方案制定、师资配备和组织制度等方面的建设提供相应的指导计划。

三是高校可以设立专门的跨学科研究生教育管理机构。这是将政府政策落实到高校跨学科研究生培养实践中的重要一步。目前我国高校大多按一级学科设置学院,学院内部专业划分过细,研究生的入学考试、课程设置、培养方案、管理考核等由各个学院具体操作,学院之间在研究生培养上极少有合作与交流,缺少具体的教育组织机构负责跨学科研究生培养工作,管理机制建设也无从谈起。我国高校可以借鉴密歇根大学拉克哈姆研究生院、普林斯顿大学研究生院、华盛顿大学研究生院等的做法,让研究生院(处)担负起跨学科研究生教育规划与监管的重要角色。在研究生院(处)设立专门的跨学科教育组织办公室，统筹规划整个学校的研究生教育资源，进行教育资源的合理分配与共享；联合学院加强对跨学科研究生培养的规划，在培养目标、标准、招生、学制、培养方式等方面制定长期和短期的规划；重视对跨学科研究生培养的监管，完善以创新和质量为导向的跨学科研究生培养评价机制，加强对跨学科研究生培养的日常管理，完善对跨学科研究生培养的考核、评价、退出机制等。牛津大学设置的人文学部（Humanities Division）集合了历史、艺术、哲学、音乐、神学和宗教等十个学科专业，在学部组织制度之下，聘任了具备多学科素养的专任跨学科教师开展教育教学工作。我国高校也可以设置利于跨学科发展的学部，促进多个学科的交叉融合，聘任专门的跨学科教师开展跨学科教学工作，提升教师和学生对于跨学科组织的认同感。

8.4.2 建设高水平的跨学科教师队伍

英美研究型大学跨学科教师队伍的组建方式多种多样，实行与跨学科教育相适配的教师培养、晋升及考核制度是其组建高水平教师队伍的重要秘诀。我国高校跨学科教师队伍的情况却不容乐观，首先，真正具备跨学科素养的师资力量不足，教师专业知识结构虽然精深但是不够广博。其次，国内高校教师基本受聘于某一个具体的学院，考核和晋升也归属于该学院，因此教师之间存在院系屏障，难以形成知识共享和协作。最后，多数教师面临教学和科研的双重压力，用于跨学科教学活动的精力十分有限。[①] 我国高校要想在跨学科研究生培养上取得突破，必须进一步完善教师评聘制度，建设一支高水平的跨学科教师队伍。

首先，学校应该打破学科壁垒，出台相应的政策，鼓励不同院系之间联合聘任教师或组成跨学科教师集群，教师的聘任范围可根据跨学科领域的具体要求扩大口径，比如聘任企业高管、机关单位领导、国家科学院的科学家等，避免局限于本学科、本专业的教师。聘任方式可采用导师组的方式，促成不同背景的教师跨单位合作，形成高水平教学和科研创新团队，开展研究生跨学科教学与指导。英美研究型大学独具特色的联合聘任制度实现了优秀

---

① 薛李，李云鹏. 美国哈佛大学教育学PhD项目的跨学科特点及启示［J］. 黑龙江高教研究，2021（4）：67-73.

师资的内部共享，伦敦大学学院的凯尔曼教授高度肯定了联合聘任对于其自身跨学科思维的促进作用，他说："跨越院系的联合聘任使我非常兴奋，我能够打破学科界限，接触到多个学科领域的人，也能更加大胆地将学科联系在一起来解决健康领域的问题。"① 我国"双一流"建设高校也可尝试在学院之间加强教师聘任的交流，共同出资聘用具有跨学科素养的教师，允许教师在不同学院组织授课，承担跨学科学生指导工作，实现优质师资共享。

其次，明确跨学科教师的考核与晋升制度。在考核机制上应明确规定跨学科教师具有的责权利，跨学科教师可由各聘任单位联合评价考核，考核内容包括教学任务、研究成果、研究生指导与培养等多个方面，重点考核在跨学科人才培养方面的独特贡献，并将考核结果作为下一阶段是否续聘的基础。在职称职务晋升方面，对于跨学科教师的评价应该由具有多学科视野的教授组成的委员会担任，因为来自多学科教授委员会的评价能最大限度地尊重学术贡献的多样性，站在客观和长远发展的角度，打破单学科学术壁垒，对教师的跨学科成果进行合理的评价，通过晋升机制对跨学科教师予以肯定，营造一个鼓励跨学科教学的环境。

最后，制定相应的跨学科教师培养与激励制度。一方面，要制订跨学科教师培养计划，通过课程、讲座和实践培训项目提升跨学科教师的教学能力，搭建不同学科教师之间的交流平台，帮助他们在沟通中拓展学科思维，互促互进。另一方面，要为跨学科教师提供出国进修的机会，比如参加国际会议和学术研讨会，将跨学科教师始终置于学术的最前沿，让他们把握最新的学术动态。这样才能保证跨学科教师在学术上不断吸取最先进的科研成果和教学方法，利用国际前沿思想引导跨学科研究生，提升培养质量。同时，对于跨学科研究生培养表现突出的教师，应该给予物质激励和精神激励，这也是提升跨学科教师队伍水平的重要方面。

8.4.3 搭建多样化的跨学科研究生培养平台

跨学科平台可以将各个学科的资源聚集在一起，为研究生提供实际的跨学科科研训练基地，以及各种学术沟通交流的机会。多样化的跨学科研究生

---

① UCL News.Spotlight on Dr Ilan Kelman[EB/OL].[2022-03-16]. https://www.ucl.ac.uk/news/2014/may/spotlight-dr-ilan-kelman.

培养平台作为知识再生产的根据地,依托大学跨学科师资团队的资源优势,可以将来自国家、社会、行业等多种创新资源要素,如资金、设备、人力等,通过基础研究和产业研发活动等规模性地集中在一起,实现创新要素和资源的有效聚集、有机融合,增加了协同创新成功的可能性,同时减少了协同创新失败的风险,最重要的是隐性资源也得到了有效集成。在产学研协同创新的过程中,不同协同主体的创新要素之间以大学跨学科研究生培养平台为中心实现有效聚集,研发活动、人才培养均可以实现规模优势,节约了研发成本和培养成本。英美研究型大学已形成了系统化、规模化的跨学科培养平台,通过整合校内外的资源,将科研院所、企业、院系等分散的资源协同起来,与各个院校和社会企业合作建立了多个类型的跨学科平台,有效实现了跨学科教育资源共享,保证了跨学科研究生的研究和学习需要。与英美研究型大学相比,我国跨学科研究生接触的平台相对较少,跨学科平台大都依赖于国家相关部门的支撑而设立的,高校建立跨学科研究平台的自主性较差,院校平台资源之间并未形成有效的合作共享,据第四次全国博士调研数据显示,44.4%的博士生接触不到跨学科平台项目和知识。[①] 这意味着当前许多跨学科研究生难以通过跨学科平台开展跨学科实践学习活动,缺乏常态化的科研训练。

故此,我国要积极吸取英国研究型大学开设跨学科平台的经验,结合多方力量搭建多样化的跨学科平台,为跨学科研究生提供便利的培养条件。

第一,搭建跨学科研究生培养的实践平台。研究型大学可整合国家、地方、高校的跨学科实践资源以组成实践平台,并拨给平台建设、组织的专项基金,用于整合各学科资源,购置先进的设备仪器。建议该平台的搭建以重大现实问题为导向,设立不同的研究项目以吸引跨学科教师与学生进入平台中,相互交流,相互探讨,让科研和技术资源为不同学科所共享,从而消除组织与学科壁垒,激发出新的观点和成果,产生新的研究方向。目前,我国设立的"985工程"科技创新平台、各类实验室、哲学社会科学创新基地等平台为跨学科人才培养开辟了新的道路。建议通过制度化建设和组织机制的健全逐步完善、扩大培养平台,利用规范化的跨学科培养实践平台迎接我国研究型大学新一轮研究生改革热潮。

---

① 马永红.中国博士研究生研究教育改革研究[M].北京:科学出版社,2019:33.

第二，搭建丰富多元的科研训练平台。英美研究型大学借助各个院系的优势学科力量，依托校际联盟丰富的国际教育资源，搭建了跨院、跨校乃至跨国的科研平台，提升了跨学科研究生的科研训练水平。因此，我国高校在搭建跨学科平台之时，应充分挖掘院系的潜在优势资源，以社会实际问题为导向组建跨学科平台。此外，我国已有的"985 工程"科技创新平台、国家重点实验室、实训基地、哲学社会科学创新基地都是宝贵的科研资源，建议高校与之建立广泛的联系搭建跨学科平台。

第三，加强跨界学术交流，创建各种类型的学术交流平台。跨学科教育非常重视拥有不同学科背景的教师与学生之间充分的沟通与交流，因此构建跨学科研究生的交流平台必不可少。建议我国研究型大学可学习美国研究型大学经验，建立多种类型的校际联合平台、研讨会、暑期项目等。例如密歇根大学为了促进同层次高校之间的交流所建立的十大学术联盟协议、密歇根州 AGEP 联盟和 MIGS 交流平台，完善了资源共享机制，为跨学科研究生提供了丰富的教育资源，包括本校未设的课程、世界著名的教授、实验室等，帮助研究生开拓视野。我国教育部国务院学位委员会 2017 年印发了《学位与研究生教育发展"十三五"规划》，其中要求各个培养机构要跨学科、跨机构进行研究生协同培养，鼓励高校与行业、学（协）会、企业合作，通过举办博士生学术论坛、开设研究生暑期学校、开设短期工作坊等，搭建多层次、跨学科研究生学术交流平台。这为我国高校打造跨学科学术交流平台带来了重要的启示，各种类型的跨学科研讨会、国际论坛和讲座、暑期学习项目等都是我国高校可以重点推进建设的跨学科学术交流平台。

第四，重点利用企业的力量，创设校企产学研协同育人平台。帝国理工学院与 500 多家企业建立了合作伙伴关系，主管校企合作的副校长尼克·詹宁斯指出，与企业的广泛合作为帝国理工学院搭建了世界级基础研究设备、丰富的研究项目和充足的研究资金，大大提升了帝国理工学院跨学科研究和人才培养的质量。① 可见，校企合作对于推动跨学科教育功不可没，我国高校应畅通校企之间的联系渠道，积极寻求与行业领域内优秀的企业合作建设产学研一体化平台，吸引企业资金流入高校，为研究生提供企业实习机会，提升跨学科实践研究能力。具体而言，一方面，高校应积极建立校内、校外

---

① Imperial College London. Vice-Provost(Research and Enterprise)[EB/OL]. [2022-03-26]. https://www.imperial.ac.uk/about/leadership-and-strategy/provost/vice-provost-research/.

各高校、校企之间的联系,拓展交流渠道以及加快人员流动,为研究生提供在企业实习的机会,提升跨学科研究生的实践能力;另一方面,高校要利用产学研合作平台,寻找合适的企业、领域教师、跨学科研究生进行合作,突破学院、学科壁垒,促成跨学科研究成果的快速转化。①

8.4.4 加大对跨学科研究生培养的资金投入

任何教育教学活动的顺利进行都需要充足的资金支持,跨学科研究生教育工作也不例外,需要高校联合来自政府、社会、私人捐赠等多方面的资助力量,保障充足的跨学科教育基金。英美研究型大学形成了完善的跨学科研究生资助网络,英国国家研究委员会、皇家学会等对跨学科研究生教育设置了专项对口资助的项目,高校也积极主动吸引社会企业资金内流,联络优秀的跨学科毕业生为母校做贡献。美国国家卫生研究院、国家科学基金会等对跨学科研究生研究与教育的资助是激励大学开展跨学科的重要外部推动力。英美研究型大学拥有多渠道的资金支持来资助跨学科研究与跨学科教育,为其培养质量提供了基本保障。反观我国高校,我们的跨学科教育资金来源单一,且短效现象严重,缺少跨学科人才培养专项经费,资助力度也远远不够,难以为人才培养提供可持续发展的支撑力量。具体表现在"资金来源受限使得资助年限和覆盖范围有限,投入产出比很难计算"②,使我国高校跨学科人才培养的规模和速度受到了限制。因此,搭建完善的融资渠道,为人才培养工作提供持续的资金保障显得至关重要。

从现阶段来说,我国应积极寻求多种途径的跨学科资金来源,确保有充足的资金来加大对于跨学科研究生培养的投入,以形成多元化的跨学科人才培养经费保障体系。具体来说可以从以下几个方面入手。

一是政府要加大对于跨学科人才培养的资金倾斜力度,国家自然科学基金、社会科学基金要重点强化对于跨学科课题的资助力度,鼓励大学开展跨学科基础性、支撑性和战略性研究。国家财政部门也要承担起这份责

---

① 曲晓丹. 美国大学跨学科人才培养模式研究——以卡内基梅隆大学为例 [D]. 大连:大连理工大学,2013:1-44.

② 张莉. 跨学科研究生培养的误区分析及对策研究 [J]. 研究生教育研究,2018(5):18-22.

任,建立健全完善的专项跨学科教育资助机制,成立针对跨学科研究生的教育基金,建立专门的跨学科基金专项管理人员队伍,科学管理和分配跨学科教育基金。同时制定配套的资金保障措施,例如设立跨学科研究生培养的专项基金,或以经费资助的方式设立跨学科研究项目,也可以在各级各类研究项目和计划中单列出跨学科研究项目部,划出专区对跨学科研究进行重点支持。

二是鼓励企事业单位、相关社会组织主动参与跨学科人才培养,为高校跨学科人才培养提供资金支持,着力健全学校社会协同育人机制,促进人才培养链与产业链、创新链的有效衔接,以实现更高质量的教育创新,也为企事业单位、相关社会组织输送一批急需紧缺人才和后备人才。为了鼓励企事业单位、相关社会组织主动参与跨学科人才培养,一方面,国家可以通过减税免税政策,支持其与大学合作创建校企跨学科项目,在政策规定上调动其资助高校开展跨学科人才培养工作的积极性;另一方面,高校要主动与企事业单位、相关社会组织建立合作关系,例如,与企业建立产学研一体化培养机制,将跨学科研究成果转化为企业发展进步的助推力,同时为企业定向输送跨学科人才,不断吸引企业投资。高校还可以为社会组织培养定向跨学科研究生,鼓励社会组织积极投资,或者通过宣传及设立跨学科特色项目吸引校友赞助、爱心人士及机构的支持,从而扩大资金的外部来源。

三是高校要进一步完善校内学科培育经费分配机制,构建科学的跨学科研究生学习资助体系。我国高校的办学经费主要来自政府财政拨款,从某种意义上来说,高校所有学科的培育经费的"总蛋糕"是一定的,如果继续按照传统学科培育的方式分配经费的话,跨学科教育和跨学科人才培养就很难得到资金支持。事实上,除政府资金支持和企业资金支持外,英美研究型大学自身也为跨学科教育提供了倾斜性资金支持。哥伦比亚大学单独为跨学科教育活动设立了发展基金,该基金设置两种形式的资金拨款:第一是跨学科计划拨款,每年支出20000美元;第二是跨学科项目拨款,以2~3年为一个资助周期,每周期预计支出30000~50000美元。① 牛津大学校长办公室每学

---

① Office of the Provost. Announcing RFPs for the President's Global Innovation Fund and for the Global SchOlars Program[EB/OL].[2022-03-06]. https://provost.columbia.edu/news/announcing-rfps-presidents-global-innovation-fund-and-global-scholars-program.

年为跨学科教育设立专门的款项支持，这笔资金由每个学部的跨学科委员会监督执行，致力于支持牛津大学在跨学科人才培养方面的一切活动。[①] 借鉴英美研究型大学的做法，我国"双一流"建设高校可以在学科培育经费中单列出跨学科培育及其人才培养的经费，以保障跨学科研究生的教育需求与质量。与此同时，构建科学的跨学科研究生学习资助体系也非常重要，除一般性的研究生资助之外，我国高校还可以为跨学科研究生提供丰富的资助项目，如设立跨学科专项奖学金、为跨学科项目提供启动经费、资助跨学科研讨会的举办等方式，满足研究生的学费、生活费等基本支出。还可以适度减免跨学科研究生的学费，设置额外的跨学科生活补助和奖助项目，为具备跨学科潜质的学生创设优良的经济条件，也能够为家境不好但有学术潜力的学生免除后顾之忧，激励他们全身心地投入跨学科学习之中。

此外，我国"双一流"建设高校应该加大对于跨学科研究生培养重要意义的宣传力度，鼓励社会各界的爱心人士以捐资、捐献实验设备器材、设立专项奖学金等形式助力跨学科研究生培养。还应加强对优秀校友的追踪和联系，建立完善的校友联系网络，引导优秀校友对母校跨学科教育工作的资助和回馈。

8.5 本章小结

英美研究型大学高度重视跨学科研究与跨学科教育，为跨学科研究生培养的发展与改革带来了宝贵的经验。我国高校开展跨学科研究生培养的时间比较晚，还存在许多问题有待解决，本章通过对我国高校开展跨学科研究生的培养目的、培养内容、培养方式和保障机制进行深入分析，总结其存在的主要问题，对照英美研究型大学在这几个方面的优秀做法，为我国"双一流"建设高校开展跨学科研究生培养改革提供了几点参考建议。

其一，结合时代发展需求，进一步明确我国跨学科研究生的培养理念，把培养理念根植于高校发展的战略规划之中，渗透到师生教育学习的全过程之中。明晰跨学科研究生培养的目标定位，确定我国高校要培养的跨学科人

---

① University of Oxford. Strategic Plan 2018-23[R]. Oxford: University of Oxford Press, 2018:197-204.

才所应具备的具体特征。同时要依据学校自身的办学定位、特色和优势，制定个性化跨学科研究生培养方案，将培养目的落到实处。

其二，不断推行多学科交叉融合，构建开放综合的培养内容，强化跨学科研究生培养内容的跨学科性。主要从四个方面入手，即加强学科生态群建设以促进学科深度交叉融合，完善跨学科课程体系，推进产学研一体化以提升实践教学内容，通过"寓研于教"开展跨学科科研训练。

其三，采用多种方式培养跨学科研究生，提升其综合素养。在招生方式上，不断拓宽招生路径，综合选拔具备跨学科潜质的学生；在教学方式上，不断突破传统单一学科的授课方式，创新教学形式培育研究生创造性思维；在评价方式上，建立面向跨学科研究生培养特点的专门评价机制。

其四，健全跨学科研究生培养的内外保障机制。出台具体可行的支持跨学科研究生培养的相关政策制度，从聘任、培养、考核和晋升全环节入手建设一支高水平的跨学科教师队伍，为跨学科研究生培养搭建多种形式的实践研究平台和学术交流平台，加大对跨学科研究生培养的资金投入，确保跨学科研究生培养体系的顺利运行。

结 语

跨学科是适应科学技术发展和知识经济不可回避的道路,在此基础上衍生而来的跨学科教育,尤其是跨学科研究生培养是适应当代社会和学科发展的重要工作。英美两国的联邦政府和研究型大学敏锐地察觉到了这一点,其跨学科研究和跨学科教育起步较早,培养体系也较为成熟,培养成效显著,受到社会各界的认可和高度评价。我国为了应对日益复杂的社会问题,大力增强国家的核心竞争力,紧锣密鼓地开始了跨学科研究生培养的探索。尽管有不少高校已经开始尝试建立跨学科研究生培养体系,然而,由于我国高校的跨学科人才培养起步较晚、经验不足,还存在着培养理念不明确、学科壁垒难打破、培养方式较单一、保障机制不完善等问题。学习英美研究型大学的成功经验,可为我国"双一流"建设高校进一步完善跨学科研究生培养体系提供思路与借鉴。

本研究综合运用知识生产模式变革理论、系统理论和自由教育理论,通过理论探析、文献总结、案例分析,围绕英美研究型大学跨学科研究生培养工作,就跨学科研究生培养体系的培养目的、培养内容、培养方式、保障机制及典型个案分析开展研究,得出以下结论。

第一,英美研究型大学之所以开展跨学科研究生培养工作,是联邦政府、社会发展和学科演化合力推进的结果,三者共同指引着跨学科研究生培养的大方向,而培养创新型、领军型人才,推进学科交叉融合的目标正是对这三方面的有力回应。

第二,英美研究型大学的跨学科研究生培养体系是一个由培养目的、培养内容、培养方式和各类保障机制组成的整体系统,它们相互之间联系密切,环环相扣,是整个培养体系的有机组成部分。首先,培养内容由课程、研究、实践和学术交流活动四个子系统构成,跨学科课程帮助学生掌握跨学科知识和系统的研究方法,而后三者是跨学科知识在实际情景之中的运用,将知识升华并内化为研究生解决实际问题的综合能力,因而从整体上来说培养内容的构成对学科知识和实践训练是并重的。其次,培养方式由招生选拔、教育教学和评价考核三个子系统构成,三者层层递进,分别作用于跨学科研究生培养过程的不同阶段。最后,保障机制由制度、师资、平台和资金构成,最大的特色在于保障机制是由政府、学校、社会(包括一些其他公益组织或个人)共同推动构建的,联合为英美研究型跨学科研究生培养创设了良好的环境。

第三,基于英美研究型大学建设跨学科研究生培养体系的做法经验,并结合我国"双一流"建设高校目前的实际情况,重点就培养理念、培养内容、培养方式和保障机制四个方面提出了进一步改善我国高校跨学科研究生培养体系的相关对策建议。具体包括:明晰跨学科人才培养理念和目标定位,制定个性化的跨学科研究生培养方案;提升培养内容的跨学科性和实践性;拓宽招生路径选拔优秀生源、创新教学方式和评价方式;建立健全完善的内外部保障机制,形成多主体参与、多方面保障的格局。

本研究创新点主要有以下三点。

一是研究视角的创新。将研究视角聚焦到研究型大学的跨学科研究生这一独特群体,在国家大力倡导交叉学科、推进跨学科教育的大背景下,着力挖掘跨学科研究生的培养问题,以期对我国"双一流"建设高校研究生教育改革带来启示与借鉴。

二是研究方法的创新。研究方法上注重案例探讨与一般规律、经验分析相结合,理论分析与实践运用相结合。先对英美研究型大学的具体跨学科研究生培养案例进行分析,将其分类整理,而后上升到宏观层面,总结英美研究型大学跨学科研究生培养体系中的规律和经验。同时,选取英美研究型大学跨学科研究生培养的代表——牛津大学、密歇根大学、麻省理工学院、斯坦福大学、加州理工学院、普林斯顿大学、加州大学伯克利分校,深入分析其跨学科人才培养的理念基础、背景动因、实现途径等,并对其进行了反思,确保提出的启示借鉴具有更强的针对性、适用性,为构建中国方案奠定基础。

三是研究内容的创新。研究内容上强调系统化,本研究以研究生培养的全过程为思路搭建分析框架,围绕培养体系的各个要素展开研究,并针对典型个案进行深入探讨。具体来说,研究内容从培养动因到培养内容、培养方式和保障机制逐一分类论述,系统全面且直观具体,再结合英美代表性研究型大学进行分析,有助于构建一个完整的跨学科研究生培养体系,为我国"双一流"建设高校优化其跨学科研究生培养体系提供框架指导。

跨学科研究生培养是我国研究生教育改革迎来的新一波热潮,其培养体系是一个系统而庞杂的工程,要想全面了解其运行机制、作用机理等还需要深入挖掘和思考。他山之石,可以攻玉。及时学习借鉴以英美为代表的发达国家研究型大学跨学科研究生培养的先进经验,为我国高校所用,将会达到事半功倍的效果。

参 考 文 献

1. 中文著作类

[1] [美]埃德加·沙因. 组织文化与领导力[M]. 4版. 章凯,罗文豪,朱超威,等译. 北京:中国人民大学出版社,2014.

[2] [美]艾伦·雷普克. 如何进行跨学科研究[M]. 傅存良,译. 北京:北京大学出版社,2016.

[3] [美]伯顿·克拉克. 研究生教育的科学研究基础[M]. 王承绪,译. 杭州:浙江教育出版社,2001.

[4] [美]伯顿·克拉克. 高等教育系统——学术组织的跨国研究[M]. 王承绪,译. 杭州:杭州大学出版社,1994.

[5] [美]博耶. 美国大学教育:现状·经验·问题及对策[M]. 复旦大学高等教育研究所,译. 上海:复旦大学出版社,1988.

[6] 陈文干. 美国大学与政府的权力关系变迁史研究[M]. 杭州:浙江大学出版社,2015.

[7] 陈学飞. 西方怎样培养博士:法、英、德、美的模式与经验[M]. 北京:教育科学出版社,2002.

[8] [美]保罗·戴维斯. 上帝与新物理学[M]. 徐培,译. 长沙:湖南科学技术出版社,2007.

[9] [美]德里克·博克. 大学的未来:美国高等教育启示录[M]. 曲强,译. 北京:中国人民大学出版社,2016.

[10] [美]德雷克·博克. 回归大学之道:对美国大学本科教育的反思与展望[M]. 侯定凯,梁爽,陈琼琼,译. 上海:华东师范大学出版社,2008.

［11］董成龙．大学与博雅教育［M］．北京：华夏出版社，2015．

［12］杜基尔，蔡富有．创新发展和战略选择［M］．北京：中国经济出版社，2005．

［13］范国睿．教育生态学［M］．北京：人民教育出版社，2000．

［14］冯增俊．现代研究生教育研究［M］．广州：广东高等教育出版社，1993．

［15］甘阳，陈来，苏力．中国大学的人文教育［M］．北京：生活·读书·新知三联书店，2006．

［16］高继华，狄增如．系统理论及应用［M］．北京：科学出版社，2018．

［17］高燕定．美国著名大学：152所综合性大学100所文理学院［M］．桂林：广西师范大学出版社，2013．

［18］顾明远．教育大辞典（第3卷）［M］．上海：上海教育出版社，1991．

［19］郭德红．美国大学课程思想的历史演进［M］．北京：中央编译出版社，2007．

［20］郝艳萍．美国联邦政府干预高等教育机制的确立［M］．杭州：浙江教育出版社，2015．

［21］黄海涛．学生学习成果评估：美国高等教育质量保障研究［M］．北京：教育科学出版社，2014．

［22］李文鑫，黄进．跨学科人才培养的实践探索［M］．武汉：武汉大学出版社，2004．

［23］贺国庆，华筑信．国外高等教育课程改革的动向和趋势［M］．保定：河北大学出版社，2000．

［24］胡玲琳．我国高校研究生培养模式研究［M］．上海：复旦大学出版社，2010．

［25］贺国庆．德国和美国大学发达史［M］．北京：人民教育出版社，1998．

［26］贺祖斌．高等教育生态论［M］．桂林：广西师范大学出版社，2005．

［27］金吾伦．跨学科研究引论［M］．北京：中央编译出版社，1997．

［28］［英］杰勒德·德兰迪．知识社会中的大学［M］．黄建如，译．北京：北京大学出版社，2019．

［29］［美］克利夫顿·康拉德，珍妮弗·格兰特·霍沃斯，苏珊·博雅德·米勒．美国如何培养硕士研究生［M］．袁本涛，刘帆，译．北京：北京大学出版社，2016．

［30］李德华．美国大学博雅教育的古今之变［M］．北京：中国水利水电出版社，2019．

［31］李佳敏．跨界与融合：基于学科交叉的大学人才培养研究［M］．苏州：苏州大学出版社，2016．

［32］李剑锋．组织行为学［M］．北京：首都经济贸易大学出版社，2003．

［33］李盛兵．研究生教育模式嬗变［M］．北京：教育科学出版社，1997．

［34］李雪飞．美国研究型大学竞争力发展策略研究［M］．北京：科学出版社，2016．

［35］刘宝存．为未来培养领袖：美国研究型大学本科生教育重建［M］．北京：高等教育出版社，2011．

［36］刘春华．美国博雅学院的现代转型［M］．杭州：浙江教育出版社，2015．

［37］刘凡丰．跨学科研究的组织与管理［M］．上海：复旦大学出版社，2014．

［38］刘献君．发达国家博士生教育中的创新人才培养［M］．武汉：华中科技大学出版社，2010．

［39］刘仲林．跨学科学导论［M］．杭州：浙江教育出版社，1990．

［40］刘仲林．跨学科教育论［M］．郑州：河南教育出版社，1991．

［41］刘仲林．现代交叉学科［M］．杭州：浙江教育出版社，1998．

［42］李光，任定成．交叉科学导论［M］．武汉：湖北人民出版社，1989．

［43］李文鑫，黄进．跨学科人才培养的理论研究［M］．武汉：武汉大学出版社，2004．

［44］刘洪涛．开放式学校教育的理论与实践［M］．青岛：中国海洋大

学出版社，2017.

[45] 陆有铨．现代西方教育哲学［M］．北京：北京大学出版社，2012.

[46] ［英］迈克尔·吉本斯，卡米耶·利摩日，黑尔佳·诺沃提尼，等．知识生产的新模式：当代社会科学与研究的动力学［M］．陈洪捷，沈文钦，等译．北京：北京大学出版社，2011.

[47] ［美］迈克尔·罗斯．超越大学：博雅教育何以重要［M］．陈凤姣，译．北京：中国社会科学出版社，2017.

[48] 潘懋元．中国高等教育大众化的结构与体系［M］．广州：广东高等教育出版社，2009.

[49] 潘艺林．从超越到世俗：西方高等教育的当代转型［M］．济南：山东教育出版社，2011.

[50] 马永红．中国博士研究生研究教育改革研究［M］．北京：科学出版社，2019.

[51] 倪文杰，张卫国，冀小军．现代汉语辞海［M］．北京：人民中国出版社，1994.

[52] ［英］约翰·亨利·纽曼．大学的理想［M］．徐辉，顾建新，何曙荣，译．杭州：浙江教育出版社，2001.

[53] 瞿葆奎．教育学文集·智育［M］．北京：人民教育出版社，1993.

[54] 乔锦忠．学术生态治理：研究型大学教师激励机制探索［M］．北京：教育科学出版社，2008.

[55] 秦惠民．学位与研究生教育大辞典［M］．北京：北京理工大学出版社，1994.

[56] 世界银行和联合国教科文组织高等教育与社会特别工作组．发展中国家的高等教育：危机与出路［M］．蒋凯，译．北京：教育科学出版社，2001.

[57] 石中英．知识转型与教育改革［M］．北京：教育科学出版社，2001.

[58] 唐磊，刘霓，高媛，等．跨学科研究的理论与实践：基于研究文献的考察［M］．北京：中国社会科学出版社，2016.

[59] 王承绪，朱勃，顾明远．比较教育［M］．北京：人民教育出版社，1982.

[60] 王定华. 美国高等教育: 观察与研究 [M]. 北京: 人民教育出版社, 2016.

[61] 王立科. 英国高校招生考试制度研究 [M]. 武汉: 华中师范大学出版社, 2008.

[62] 王霞. 美国研究型大学通识教育反思 [M]. 杭州: 浙江大学出版社, 2010.

[63] 王续琨. 交叉科学结构论 [M]. 大连: 大连理工大学出版社, 2003.

[64] 王英杰. 美国高等教育的发展与改革 [M]. 北京: 人民教育出版社, 2002.

[65] [美] 威廉·维尔斯曼. 教育研究方法导论 [M]. 袁振国, 译. 北京: 教育科学出版社, 1997.

[66] 魏宏森. 系统科学方法导论 [M]. 北京: 人民出版社, 1983.

[67] 魏建香. 学科交叉知识发现及可视化 [M]. 南京: 南京大学出版社, 2011.

[68] 文少保. 美国大学跨学科研究资助政策与组织机制 [M]. 北京: 科学出版社, 2016.

[69] 武杰. 跨学科研究与非线性思维 [M]. 北京: 中国社会科学出版社, 2004.

[70] 吴今培, 李学伟. 系统科学发展概论 [M]. 北京: 清华大学出版社, 2010.

[71] 吴志功. 现代大学组织结构设计 [M]. 北京: 北京师范大学出版社, 1998.

[72] [美] 休·戴维斯·格拉汉姆, 南希·戴蒙德. 美国研究型大学的兴起: 战后年代的精英大学及其挑战者 [M]. 张斌贤, 於荣, 王璞, 译. 保定: 河北大学出版社, 2008.

[73] 徐飞. 科学交叉论 [M]. 合肥: 安徽教育出版社, 1991.

[74] 许红. 中美研究生培养模式比较研究 [M]. 成都: 四川大学出版社, 2010.

[75] 薛天祥. 研究生教育学 [M]. 桂林: 广西师范大学出版社, 2001.

[76] [美] 詹姆斯·杜德斯达. 21世纪的大学 [M]. 刘彤, 屈书杰, 刘

向荣，译．北京：北京大学出版社，2005．

[77]［英］约翰·密尔．论自由［M］．许宝骙，译．北京：商务印书馆，2005．

[78] 曾开富，王孙禺．战略性研究型大学的崛起：1917—1980年的麻省理工学院［M］．北京：科学技术文献出版社，2016．

[79] 张慧洁．中外大学组织变革［M］．上海：复旦大学出版社，2005．

[80] 张岂之．大学的人文教育［M］．北京：商务印书馆，2014．

[81] 张晓报．美国研究型大学跨学科人才培养模式研究［M］．长沙：湖南师范大学出版社，2018．

[82] 张炜．学术组织再造：大学跨学科学术组织的成长机制［M］．杭州：浙江大学出版社，2012．

[83] 赵曙明．美国高等教育管理研究［M］．武汉：湖北教育出版社，1992．

[84] 周春燕．复杂性科学视野下的高校教师评价研究［M］．苏州：江苏大学出版社，2008．

[85] 周洪宇．学位与研究生教育史［M］．北京：高等教育出版社，2004．

[86]［日］筑波大学教育学研究会．现代教育学基础［M］．钟启泉，译．上海：上海教育出版社，2003．

[87] 朱立元．后现代主义文学理论思潮论稿（下）［M］．上海：人民出版社，2015．

[88]［美］朱丽·汤普森·克莱恩．跨越边界——知识、学科、学科互涉［M］．姜智芹，译．南京：南京大学出版社，2005．

2．中文期刊类

[1] 包水梅．跨学科博士生科研能力培养状况研究——基于48所研究生院的调查［J］．中国高教研究，2020（3）：86-91．

[2] 陈良．大科研背景下跨学科学术组织发展建议［J］．中国高校科技，2018（12）：4-6．

[3] 陈艾华，邹晓东．杜克大学提升跨学科科研生产力的实践创新［J］．高等工程教育研究，2017（5）：115-119．

［4］陈艾华，吴伟，王卫彬．跨学科研究的协同创新机理：基于高校跨学科组织的实证分析［J］．教育研究，2018（6）：70-79．

［5］陈艾华，邹晓东．英国研究型大学提升跨学科科研生产力的实践创新——基于剑桥大学卡文迪什实验室的分析［J］．自然辩证法研究，2012（8）：54-58．

［6］陈大胜．"双一流"建设视域下行业大学如何推进跨学科学术组织变革［J］．江苏高教，2020（11）：61-65．

［7］丁学芳，韩映雄．跨学科研究生的学科文化融入及培养探讨［J］．学位与研究生教育，2019（9）：20-25．

［8］樊秀娣，石雪怡．英国高校跨学科研究成果评价：困境、对策及启示［J］．中国高校科技，2020（6）：54-59．

［9］关辉．跨学科研究生教育的"碎片化"及其整合［J］．学位与研究生教育，2013（10）：40-44．

［10］高鹏飞，李知闻，张彦通．英国大学交叉学科建设——以苏塞克斯大学为例［J］．现代教育管理，2013（12）：116-119．

［11］郭婧．英国高校国际组织人才培养与输送研究［J］．比较教育研究，2019（2）：12-19．

［12］胡德鑫，张晶．加拿大研究型大学跨学科人才培养改革路径与借鉴［J］．中国高校科技，2020（9）：44-48．

［13］侯佛钢，张学敏．地方高校跨学科复合应用型人才培养的学科集群探究［J］．清华大学教育研究，2018（3）：99-104．

［14］胡乐乐．论"双一流"背景下研究型大学的跨学科改革［J］．江苏高教，2017（4）：42-47．

［15］华小洋，蒋胜永，朱志勇．试论应用型人才培养体系的建构［J］．高等工程教育研究，2017（6）：100-104．

［16］黄勇荣，蒋婷婷，刘楚珂．论研究生科技创新能力的培养——跨学科的观点［J］．黑龙江高教研究，2016（11）：82-84．

［17］黄巨臣．"双一流"背景下高校跨学科建设的动因、困境及对策［J］．当代教育科学，2018（6）：21-25．

［18］韩萌．英国一流大学博士生培养机制及其启示——基于牛津大学教育学院的经验［J］．高等教育研究，2016（8）：96-104．

[19] 焦磊,赵庆年.从"结构"到"准则":研究型大学跨学科转向的组织行为学研究[J].高等工程教育研究,2019(4):139-144,187.

[20] 焦磊,谢安邦.国外跨学科研究生教育组织形式探究[J].中国高教研究,2014(11):54-58.

[21] 李爱彬,梅静.博士生跨学科课程实施:内在逻辑、现实困境与突破路径[J].研究生教育研究,2020(3):29-34.

[22] 杨林,刘念才.中国研究型大学的分类与定位研究[J].高等教育研究,2008(11):23-29.

[23] 李丽娟,杨文斌,肖明,等.跨学科多专业融合的新工科人才培养模式探索与实践[J].高等工程教育研究,2020(1):25-30.

[24] 刘盛.英国华威大学工程教育的经验与启示[J].高等教育研究,2019(9):104-109.

[25] 刘晓璇,林成华.研究型大学研究生跨学科培养模式的要素识别与模式构建——基于内容分析法的多案例研究[J].中国高教研究,2019(1):66-71.

[26] 李金,王磊,梁洪.研究型大学跨学科研究生培养模式研究[J].黑龙江高教研究,2015(9):138-140.

[27] 李兴业.美英法日高校跨学科教育与人才培养探究[J].现代大学教育,2004(5):71-75.

[28] 李志峰,高慧,张忠家.知识生产模式的现代转型与大学科学研究的模式创新[J].教育研究,2014(3):55-63.

[29] 彭道林,曹丽梅.守护传统:牛津大学的自由教育[J].高等教育研究,2018(10):84-91.

[30] 茹宁,李薪茹.突破院系单位制:大学"外延型"跨学科组织发展策略探究[J].中国高教研究,2018(11):71-77.

[31] 饶舒琪.科研与实践能力兼顾的跨学科综合培养——剑桥大学研究生教育的新路径选择[J].外国教育研究,2015(5):25-36.

[32] 沈文钦.从博雅到自由——博雅教育概念的历史语义学分析[J].清华大学教育研究,2013(1):39-48.

[33] 吴立保,茆容英,吴政.跨学科博士研究生培养:缘起、困境与策略[J].研究生教育研究,2017(4):36-40,55.

[34] 吴伟, 何秀, 姜天悦, 等. 多学科交叉培养研究生的困境与出路 [J]. 教育发展研究, 2018 (21): 12-17.

[35] 王梅, 张琪佩. 英国一流大学战略规划的建设特征及启示 [J]. 中国高校科技, 2020 (5): 54-58.

[36] 于汝霜, 牛梦虎, 贾斌, 等. 研究生跨学科教育现状调查研究 [J]. 中国高教研究, 2012 (4): 61-64.

[37] 王传毅, 严会芬, 吕晓泓. 跨学科研究生培养: 加拿大大学的实践与特色 [J]. 研究生教育研究, 2016 (5): 84-89.

[38] 杨连生, 吴卓平, 钱甜甜. 英德日高校跨学科研究组织的运行机制及其启示 [J]. 学术论坛, 2013 (9): 212-215.

[39] 王锋雷, 邹晓东, 陈婵, 等. 我国跨学科研究与发展的现状探析——基于构建我国国家层面跨学科体系的思考 [J]. 高等工程教育研究, 2013 (1): 98-102.

[40] 张洋磊, 张应强. 大学跨学科学术组织发展的冲突及其治理 [J]. 教育研究, 2017 (9): 55-60, 131.

[41] 张莉. 跨学科研究生培养的误区分析及对策研究 [J]. 研究生教育研究, 2018 (5): 18-22.

[42] 张伟. 跨学科教育: 普林斯顿大学人才培养案例研究 [J]. 高等工程教育研究, 2014 (3): 118-125.

[43] 张炜, 童欣欣. 我国大学跨学科学术组织发展的现实困境与对策建议 [J]. 中国高教研究, 2011 (9): 34-37.

[44] 张晓报. 美国研究型大学跨学科专业教育的实践及启示 [J]. 高等教育管理, 2019 (5): 92-103.

[45] 郑昱, 蔡颖蔚, 徐骏. 跨学科教育与拔尖创新人才培养 [J]. 中国大学教学, 2019 (Z1): 36-40.

3. 英文专著类

[1] Apostel L. Interdisciplinarity Problems of Teaching and Research in Universities[M]. Mount Airy: Lomond Publications, 1986.

[2] Bardecki M. Developing and Managing Integrated Graduate Programs in Environmental Science and Management in a Collaborative Context[M].

Berlin:Springer International Publishing,2015.

[3] Boix-Mansilla V. The Oxford Handbook of Interdisciplinarity:Learning to Synthesize:The Development of Interdisciplinary Understandin[M]. Oxford:Oxford University Press,2010.

[4] Bonvillian G,Murphy R. The Liberal Arts College Adapting to Change:The Survival of Small Schools[M]. London:Routledge,1996.

[5] Van Hartesveldt C J. Integrative Graduate Education and Research[M]. Berlin:Springer International Publishing,2016.

[6] Chistopher B,Johnston D K,Ross H. Taking Teaching Seriously:How Liberal Arts Colleges Prepare Teachers to Meet Today's Educational Challenges in Schools[M]. London:Paradigm Publishers,2008.

[7] Breneman D W. Liberal Arts Colleges:Thriving,Surviving,or Endangered? [M]. Washington D.C.:Brookings Institution Press,1994.

[8] Glyer D,Weeks L D. The Liberal Arts in Higher Education:Challenging Assumptions,Exploring Possibilities[M]. Lanham:University Press of America,1998.

[9] Greene H,Greene M W. The Hidden Ivies,3rd Edition:63 of America's Top Liberal Arts Colleges and Universities[M]. Arizona:Collins Reference,2016.

[10] Docking J R,Curton C C. Crisis in Higher Education:A Plan to Save Small Liberal Arts Colleges in America[M]. Michigan:Michigan State University Press,2015.

[11] Newman J H. The Idea of a University :Defined and Illustrated[M]. Bristol:Thoemmes Press,1994.

[12] Brubacher J S, Rudy W. Higher Education in Transition:A History of American Colleges and Universities[M]. London:Transaction Publishers,1997.

[13] Klein J T. Interdisciplinarity:History,Theory,and Practice[M]. Durham:Duke University Press,1990.

[14] Kroll K. Fostering the Liberal Arts in the 21st-Century Community College:New Directions for Community Colleges Number 163[M]. Washing-

ton D. C. :John Wiley & Sons,Incorporated,2013.

[15] Mule L W. Teacher Education,Diversity,and Community Engagement in Liberal Arts Colleges[M]. Washington D. C. :Lexington Books,2010.

[16] Clark M E,Wawrytko S A. Rethinking the Curriculum:Toward an Integrated Interdisciplinary College Education New York Westport Connecticut[M]. London :Greenwood Press,1990.

[17] Gibbons M. The New Production of Knowledge:The Dynamics of Science and Research in Contemporary Societies[M]. London:Sage Publications,1994.

[18] Chopp R,Frost S,Weiss D H. Remaking College:Innovation and the Liberal Arts College[M]. Baltimore, Maryland: Johns Hopkins University Press,2014.

[19] Soares J A. The Decline of the Previlige:The Modernization of Oxford University[M]. Palo Alto:Stanford University Press,1999.

[20] Ferrall V E,Jr. Liberal Arts at the Brink[M]. Massachusetts:Harvard University Press,2011.

4. 英文期刊类

[1] Ashley B,David S. The World Needs Students with Interdisciplinary Education[J]. Issues in Science and Technology,2019,35(2):60-62.

[2] Van den Beemt A,MacLeod M, Van der Veen J. Interdisciplinary Engineering Education:A Review of Vision,Teaching,and Support[J]. Journal of Engineering Education,2020,109(3):508-555.

[3] Awad N A,Salman E,Barak M. Integrating Teachers to Teach an Interdisciplinary STEM-focused Program about Sound,Waves and Communication Systems[J]. European Journal of STEM Education,2019,4(1):5.

[4] Bosque-Perez N A,Zion K P,Ellen F J, et al. A Pedagogical Model for Team-Based,Problem-Focused Interdisciplinary Doctoral Education[J]. BioScience,2016,66(6):477-488.

[5] Allen B. Exploring the Role of Ideology in Interdisciplinary Science Education Policy[J]. Educational Studies,2017,53(6):642-653.

[6] Clark S G,Wallace R L. Integration and Interdisciplinarity:Concepts, Frameworks,and Education[J]. Policy Sciences,2015,48(2):23-27.

[7] Coffman J,Henderson T. Public Policies to Promote Community-based and Interdisciplinary Health Professions Education[J]. Education for Health Change in Learning & Practice,2004,14(2):21-30.

[8] Carr G,Loucks D P,Blöschl G. Gaining Insight into Interdisciplinary Research and Education Programmes:A Framework for Evaluation[J]. Research Policy,2018,47(1):35-48.

[9] Cairney P,McHarg A,McEween N,et al. How to Conceptualise Energy Law and Policy for an Interdisciplinary Audience:The Case of Post-Brexit UK[J]. Energy Policy,2019,129:459-466.

[10] Gallemí-Pérez A,Chávez-Medina V. Current and Future Challenges in Interdisciplinary Ph. D. Education as Perceived By Students[J]. Communications Physics,2021,4(1):1-5.

[11] Kim H N. A Conceptual Framework for Interdisciplinary Education in Engineering and Nursing Health Informatics[J]. Nurse Education Today, 2019,74:91-93.

[12] Kalbarczyk A,Martin N A,Combs E,et al. The Era of Single Disease Cowboys is Out:Evaluating the Experiences of Students, Faculty, and Collaborators in an Interdisciplinary Global Health Training Program[J]. Globalization and Health,2018,14(1):1-8.

[13] DePauw K P. Evolving Landscape of Global Higher Education:Challenges and Opportunities from a Graduate Education Perspective[J]. Major Challenges Facing Higher Education in the Anab World:Quality Assurance and Relevance,2019:125-132.

[14] Suzuki K,Shibuya T, Kanagawa T. Effectiveness of a Game-based Class for Interdisciplinary Energy Systems Education in Engineering Courses [J]. Sustainability Science,2021,16(2):523-539.

[15] Konstanze V K,Pelz J,Stroux A. Refinement of a Training Concept for Tutors in Problem-based Learning[J]. GMS Journal for Medical Education,2017,34(4):12-18.

[16] Sharma S, Catalano E, Seetzen H, et al. Taking Race Live: Exploring Experiences of Race through Interdisciplinary Collaboration in Higher Education[J]. London Review of Education, 2019, 17(2): 193-205.

[17] Nikitina S. Three Strategies for Interdisciplinary Teaching: Contextualizing, Conceptualizing, and Problem-centring[J]. Journal of Curriculum Studies, 2006, 38(3): 251-271.

[19] Self J A, Evans M, Jun T, et al. Interdisciplinary: Challenges and Opportunities for Design Education[J]. International Journal of Technology and Design Education, 2019, 29(4): 843-876.

[19] Tierney E, Hannigan A, Kinneen L, et al. Interdisciplinary Team Working in the Irish Primary Healthcare System: Analysis of Invisible Bottom up Innovations Using Normalisation Process Theory[J]. Health Policy, 2019, 123(11): 1083-1092.

[20] Terjesen S, Politic D. From the Editors: In Praise of Multidisciplinary Scholarship and the Polymath[J]. Academy of Management Learning & Education, 2015, 14(2): 151-157.

[21] Tang B L, Lee J S C. A Reflective Account of a Research Ethics Course for an Interdisciplinary Cohort of Graduate Students[J]. Science and Engineering Ethics, 2020, 26(2): 1089-1105.

[22] Vázquez R, Núñez P G. Learning Astrobiology 101 with Experiments in Baja California, Mexico[J]. EPJ Web of Conferences, 2019, 200(5): 2-9.

[23] Ozdilek Z, Oncu S. Pre-service Teachers' Views on Simulations in Education: An Interdisciplinary Instructional Development Experience[J]. Procedia-Social and Behavioral Sciences, 2014, 141: 1156-1160.